KB177343

사주명리학습의 나침반(羅針盤)

나이스 사주명리

이론편

改訂版(개정판)

사주명리학습의 나침반(羅針盤)

나잇스 사주명리

이론편

改訂版(개정판)

나이스 孟 起 玉 著

祥元文化社

우주는 잠시도 쉬지 않습니다

知命者不憂　知道者不愁
지 명 자 불 우　지 도 자 불 수

명을 아는 사람은 근심이 없고, 도를 아는 사람은 걱정이 없다

비가 온다는 일기예보를 들으면 비를 오지 못하게 할 수는 없지만 우산을 준비할 수는 있습니다. 급변하는 사회 속에서 불확실한 미래를 예측해 보고자 하는 사주명리학을 배우는 것은 우산을 준비하는 것과 같습니다.

누구나 앞으로의 삶이 궁금하고, 시험 합격 여부, 직업의 선택, 승진 가능성, 적합한 배우자, 이사 방향이나 질병, 소송의 결과 등을 미리 알고 싶어 합니다. 이러한 호기심은 개인의 정치적 성향이나 지역, 종교, 학력, 성별과 관계없이 본능에 속합니다. 그래서 미래를 미리 알아보고자 했던 시도는 동서양을 막론하고 수천 년 전부터 있어 왔습니다.

지구의 공전·자전을 비롯한 우주운동은 수억 년 전이나 지금이나 일정한 규칙을 가지고 움직이고 있습니다. 명리학은 이 우주운동을 보고 인간의

삶에도 규칙성이 있을 것이라는 생각으로 하늘과 땅이 변화하는 원리에 기반을 두고 출발하였습니다. 태어난 연월일시(사주팔자)를 기준점으로 삼고 운의 흐름에 따라 각 글자가 어떻게 변하는지 살펴보면서 미래의 운명을 예측했던 것입니다.

같은 부모로부터 태어나서 유전자나 교육적 환경이 같은 아이들도 성향이나 진로가 다른 경우가 많습니다. 명리학에서는 저마다 팔자가 달라 성격이나 능력도 다르고 추구하는 방향도 다르다고 생각합니다.

사주팔자는 태어날 때 각자에게 주어지는 시간표와 같습니다. 시간표를 잘 따르면 삶의 질서가 유지되고 무난하게 살아가지만 시간표를 잘 지키지 않으면 혼란이 옵니다. 학교나 직장의 일과 시간표를 생각하면 됩니다.

팔자대로 산다는 것은 마음에서 시키는 일을 하며 사는 것입니다. 하는 일의 귀천과 관계없이 하고 싶은 일을 하고, 만나고 싶은 사람을 만나고, 먹고 싶은 것을 먹고, 하고 싶은 공부를 하는 것이 팔자대로 사는 것입니다.

서문

그러나 하고 싶은 일만 하면서 산다는 것은 쉬운 일이 아닙니다. 먹고 살기 위해서 싫은 일도 해야 하고, 마음에 들지 않는 사람들과도 살아야 하는 경우가 많습니다. 그러다 보면 스트레스가 지속적으로 쌓여 결국에는 정신적, 육체적 질병으로 발전하게 될 것입니다. 한마디로 팔자대로 살지 않아서 문제가 발생하는 것입니다.

이 책은 2012년에 발간된 기존의 『나이스 사주명리(이론편)』을 개정한 책입니다. 시간이 흘러 더 보충하고 고칠 내용들이 생겼습니다. 필자는 전통적으로 내려오는 명리학 이론이 아직은 어설프다는 생각을 하고 있습니다. 대학에서 더 좋은 논문이 나오고 서로 다른 주장들이 대립과 경쟁을 통해 차츰 체계가 잡혀가리라 생각합니다. 이 『나이스 사주명리(이론편)』 개정판이 명리학을 공부하고자 하는 분들에게 좋은 길잡이가 되었으면 좋겠습니다.

끝으로 『나이스 사주명리(이론편)』 개정판이 나오도록 애써주신 상원문화사 문해성 대표님, 김영철 실장님께 감사를 드립니다. 그리고 교정을 봐주신 나이스 사주명리 카페 회원 임윤수님(대전), 이봉철님(서울), 봉일스님(영동), 이은수님(서울), 김승권님(대전), 조선호님(서울), 이현열님(양산), 권혁동님(서울)과 그 외 카페에서 온라인으로 교정을 봐주신 많은 분들께도 이 자리를 빌려 고마움을 전합니다.

2019년 봄
빛고을 光州에서
나이스 孟起玉 드림

명리학에 관한 더 많은 자료는 인터넷 다음(daum) 카페 '나이스 사주명리'에 있습니다.
(인터넷 검색 : 나이스 사주명리)

목차

제1부

명리
(입문편)

1 날로 각광받는 명리학

　사주팔자 명리학을 좋아하든 싫어하든 우리는 이미 명리학의 환경 속에서 살고 있다. 대표적인 것이 누구나 알고 있을 '띠' 라는 것이다. 뱀띠, 소띠, 닭띠 등등. 각 집안에 내려오는 항렬이 木火土金水 오행을 따르고 있으며, 각 지역의 명칭 역시 음양오행에 기반을 두고 있다. 또 각 지방의 장날이나 음식 궁합 역시 오행을 근거로 하고 있다. 또 우리 일상 생활에서 '팔자' 나 '운명' 등 일반화된 용어를 제외하고라도 삼재나 역마살, 원진살, 화개살, 도화살 등도 많이 들어볼 수 있는 명리학 용어들이다. 그리고 "개 팔자만도 못하다." "제 팔자 개 못준다." "개 팔자가 상팔자다." 등 팔자에 대한 속담들도 한번쯤은 들어봤을 것이다.

　또한 명리학 용어인 운(運)이라는 말도 많이 쓰인다. 많은 사람들이 성공한 후 "운(運)이 좋았다."는 말을 하고 실패한 후 "운(運)이 나빴다."는 말을 사용한다. 명리학이 생활 깊숙이 스며들어 있다는 방증이다.

최근에 인기를 끄는 생활풍수도 명리학에 근거를 두고 있다. 체질에 따라 약을 처방해야 하듯이 풍수 또한 각자의 사주팔자에 따라 적용되야 한다. 작명 역시 개인의 사주팔자에 근거를 두어야 한다. 그렇지 않으면 개인 체질을 파악하지 않고 보약을 짓는 것과 같다.

음지(陰地)의 학문으로 접근하기 힘들었던 명리학을 배우는 인구가 인터넷이나 디지털 매체를 통해 그 수가 엄청나게 늘었다. 또한 백화점과 각 대학의 평생교육원은 물론 대학이나 대학원에서 정규 교육과정으로 자리를 잡아가고 있다.

흔히 명리학을 공부하려면 한자를 많이 알아야 되는 것으로 생각하는데 다음 22개의 한자만 알면 된다. 천간은 甲갑 乙을 丙병 丁정 戊무 己기 庚경 辛신 壬임 癸계이고, 지지는 子자 丑축 寅인 卯묘 辰진 巳사 午오 未미 申신 酉유 戌술 亥해이다.

이 천간 지지의 글자들을 각각 첫 글자부터 서로 결합시켜 甲子 乙丑 丙寅 丁卯 戊辰 己巳…… 등으로 이어가면 60개의 조합이 나오는데 이것을 60갑자(甲子)라고 한다. 60갑자는 매년 하나씩 전진하게 되는데 한바퀴 돌면 회갑(回甲) 또는 환갑(還甲)이 된다. 환갑이 되면 태어난 해의 간지를 다시 맞게 된다. 60갑자는 사주팔자를 공부하는데 수학의 구구단과 같으니 반복해 읽어두면 좋다.

▮60갑자표▮

甲子갑자	1924	1984	2044	甲申갑신	1884	1944	2004	甲辰갑진	1904	1964	2024
乙丑을축	1925	1985	2045	乙酉을유	1885	1945	2005	乙巳을사	1905	1965	2025
丙寅병인	1926	1986	2046	丙戌병술	1886	1946	2006	丙午병오	1906	1966	2026
丁卯정묘	1927	1987	2047	丁亥정해	1887	1947	2007	丁未정미	1907	1967	2027
戊辰무진	1928	1988	2048	戊子무자	1888	1948	2008	戊申무신	1908	1968	2028
己巳기사	1929	1989	2049	己丑기축	1889	1949	2009	己酉기유	1909	1969	2029
庚午경오	1930	1990	2050	庚寅경인	1890	1950	2010	庚戌경술	1910	1970	2030
辛未신미	1931	1991	2051	辛卯신묘	1891	1951	2011	辛亥신해	1911	1971	2031
壬申임신	1932	1992	2052	壬辰임진	1892	1952	2012	壬子임자	1912	1972	2032
癸酉계유	1933	1993	2053	癸巳계사	1893	1953	2013	癸丑계축	1913	1973	2033
甲戌갑술	1934	1994	2054	甲午갑오	1894	1954	2014	甲寅갑인	1914	1974	2034
乙亥을해	1935	1995	2055	乙未을미	1895	1955	2015	乙卯을묘	1915	1975	2035
丙子병자	1936	1996	2056	丙申병신	1896	1956	2016	丙辰병진	1916	1976	2036
丁丑정축	1937	1997	2057	丁酉정유	1897	1957	2017	丁巳정사	1917	1977	2037
戊寅무인	1938	1998	2058	戊戌무술	1898	1958	2018	戊午무오	1918	1978	2038
己卯기묘	1939	1999	2059	己亥기해	1899	1959	2019	己未기미	1919	1979	2039
庚辰경진	1940	2000	2060	庚子경자	1900	1960	2020	庚申경신	1920	1980	2040
辛巳신사	1941	2001	2061	辛丑신축	1901	1961	2021	辛酉신유	1921	1981	2041
壬午임오	1942	2002	2062	壬寅임인	1902	1962	2022	壬戌임술	1922	1982	2042
癸未계미	1943	2003	2063	癸卯계묘	1903	1963	2023	癸亥계해	1923	1983	2043

① 사주팔자 표

사주팔자는 4개의 기둥에 8개의 글자가 있으니 사주팔자(四柱八字)라고 한다. 개인의 사주팔자를 알아내는 방법은 《만세력》이라는 책을 사용한다. 지금은 인터넷에서 만세력을 검색하여 자기의 생년월일시(生年月日時)만 입력하면 사주팔자를 간단하게 찾아낼 수 있다.

곤(坤)

時	日	月	年
辛卯	丙午	戊寅	庚寅
甲乙乙	丙己丁	戊丙甲	戊丙甲

명리학(命理學)에서 생년월일시는 관행적으로 한자(漢字)로 표시하니 앞에서 말한 천간과 지지 22개의 한자를 알아야 한다. 甲 乙 丙 丁 戊 己 庚 辛 壬 癸 라는 10개의 천간 글자와 子 丑 寅 卯 辰 巳 午 未 申 酉 戌 亥 라는 12개의 지지 글자이다. 이러한 글자들은 친숙한 글자이기는 하지만 보는 것과 쓰는 것은 다르므로 정확히 알아두어야 한다.

위의 사주팔자 표에서 위쪽을 보면 곤(坤)이라고 적혀 있다. 이것은 여자 사주라는 의미이다. 남자 사주는 건(乾)이라고 쓴다. 건(乾)은 주역 괘에서 하늘을 뜻하고, 곤(坤)은 땅을 뜻한다. 그냥 남명(男命), 여명(女命)이라고 써도 된다. 사주팔자를 보면 위쪽에 4개의 글자가 있고, 아래쪽에 4개의 글자가 있다. 위쪽 4개의 글자는 甲 乙 丙 丁 戊 己 庚 辛 壬 癸라는 천간의 글자에서 가져왔고, 아래 4개의 글자는 子 丑 寅 卯 辰 巳 午 未 申 酉 戌 亥라는 지지의 글자에서 가져왔다.

천간은 우주나 하늘을 나타내고, 지지는 지구나 땅을 나타낸다. 개인의 팔자에서 천간은 그 사람이 갖고 있는 마음을 나타내고, 지지는 살아가야 할 환경을 나타낸다. 그 사람이 생각하고 있는 마음, 생각, 소망, 욕심, 의지 등은 천간을 통해 파악할 수 있고, 그 사람이 있어야 할 환경, 현실 등은 지지를 보고 알 수 있다. 천간과 지지와의 구성을 보면서 어떤 생각을 하고 있고, 어떤 환경에서 살면 좋을지를 분석할 수 있다.

② 4개의 기둥 사주(四柱)

다음의 표를 살펴보면 위쪽에 년월일시(年月日時)라고 쓰여 있다. 사주를 써 나갈 때에는 관행적으로 오른쪽에서 왼쪽으로 년월일시 순서대로 써 나간다. 그리고 오른쪽부터 庚寅년 戊寅월 丙午일 辛卯시 등으로 읽는다.

時	日	月	年
辛 卯	丙 午	戊 寅	庚 寅
甲_乙	丙己丁	戊丙甲	戊丙甲

73	63	53	43	33	23	13	3
丙 戌	乙 酉	甲 申	癸 未	壬 午	辛 巳	庚 辰	己 卯

　위 표의 맨 오른쪽에는 庚寅년이라고 되어 있는데 이곳을 년주(年柱)라고 한다. 다음으로 자기가 태어난 달의 戊寅은 월주(月柱)라고 한다. 그다음은 태어난 날을 나타내는 丙午가 있는데 이곳을 일주(日柱)라고 한다. 마지막으로 태어난 시(時)의 기둥이 나오는데 시주(時柱)라고 하고 위의 사주에서는 辛卯가 된다. 다시 정리하면 오른쪽부터 년주(年柱) 월주(月柱) 일주(日柱) 시주(時柱)가 된다.

時	日	月	年
시주 (時柱)	일주 (日柱)	월주 (月柱)	년주 (年柱)

③ 간지(干支)의 이름

　사주의 년주(年柱) 위에 있는 천간을 년간(年干)이라 하고, 년주(年柱)

에서 아래쪽 지지를 년지(年支)라고 한다. 마찬가지로 월주(月柱)의 위쪽 천간을 월간(月干)이라 하고 아래쪽 지지를 월지(月支)라고 한다. 또 일주(日柱)의 위쪽 천간을 일간(日干)이라 하고 아래쪽 지지를 일지(日支)라고 하며, 시주(時柱)의 위쪽 천간을 시간(時干)이라 하고 아래쪽 지지를 시지(時支)라고 한다.

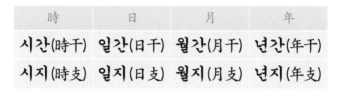

時	日	月	年
시간(時干)	일간(日干)	월간(月干)	년간(年干)
시지(時支)	일지(日支)	월지(月支)	년지(年支)

④ 지장간(支藏干)

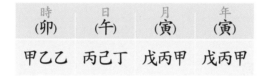

時 (卯)	日 (午)	月 (寅)	年 (寅)
甲乙乙	丙己丁	戊丙甲	戊丙甲

위의 표에서 지지 밑을 보면 각 글자당 세 개의 글자가 쓰여 있는데 이 글자들을 지지 속에 숨어 있는 천간이라는 뜻으로 지장간(支藏干)이라고 한다. 하늘의 기운이 땅 속에 스며 있는 것을 표시한 것이다. 땅 속의 지하자원처럼 드러나지 않고 숨어 있기에 잠재능력이나 드러나지 않은 생각, 숨겨놓은 사람, 숨겨놓은 재산 등을 볼 때 사용한다. 땅 속 지하자원이 언젠가는 나올 수 있듯이 지장간들도 운에 따라 밖으로 나올 수 있다.

보통 천지인(天地人)이라는 용어를 많이 쓰는데 명리학에서는 천간을 천(天), 지지를 지(地), 지장간을 인(人)으로 나타낸다. 드러난 하늘과 땅의 모습을 파악하는 것은 비교적 쉽지만, 숨어 있는 사람의 마음은 파악하기 힘드니 지장간을 잘 공부해야 한다. '열 길 물 속은 알아도 한 길 사람 속은 모른다' 는 말도 지장간을 의미한 것이다. 지장간이 어렵다고 무시하는 경향이 있는데 사람에 관한 모든 것은 지장간에서 읽을 수 있으니 명리 입문자라면 우선 지장간을 암기해야 한다.

사주팔자는 천간과 지지 그리고 지지 속에 들어 있는 지장간으로 되어 있다. 태어나는 순간 정해지는 사주팔자는 10년마다 바뀌는 대운, 매년 바뀌는 세운 그리고 매달 바뀌는 월운 등의 글자와 반응하여 다양하게 나타난다. 태어날 때 주어지는 사주팔자가 운의 글자와 반응하여 춤을 추는 것이다. 나무가 비바람에 흔들리는 현상과 같다.

5 대운(大運)

73	63	53	43	33	23	13	3
丙戌	乙酉	甲申	癸未	壬午	辛巳	庚辰	己卯

사주팔자만큼 대운이 중요하다. 대운은 위의 표에서 볼 수 있는 것처럼 오른쪽부터 3, 13, 23, 33……처럼 숫자와 간지로 쓰여 있다. 대운은 10년마다 바뀌는데 처음 시작하는 숫자는 팔자에 따라 다를 수 있다. 만

일 처음 숫자가 4로 시작하면 4, 14, 24, 34……로 나가게 되고, 7로 시작하면 7, 17, 27, 37……로 나가게 된다. 대운은 사주팔자가 처하게 되는 커다란 환경이다. 보통 대운과 사주팔자와의 관계를 군신(君臣)관계로 표시할 만큼 대운의 비중은 크다. 대운이 임금이고 사주팔자가 신하이다. 주변의 나무를 보면 계절의 변화에 따라 모습이 달라지는데 계절의 변화가 대운의 흐름이다.

대운 위의 숫자는 대운이 바뀌는 시기의 나이를 표시한 것이다. 앞의 사주는 3대운으로 3세, 13세, 23세……에서 대운이 바뀌고 있음을 알 수 있다. 대운이 어떻게 정해지는가는 태어난 달의 절기와 태어난 날을 따져 좀 복잡한 과정을 거치는데 인터넷이나 스마트폰 또는 《만세력》에 나와 있는 숫자를 사용하면 된다.

대운은 월주(月柱)를 기준으로 순행 또는 역행하게 된다. 년간 글자가 양간인 남자는 월주부터 순행 즉 甲子 乙丑 丙寅 丁卯…… 순서로 적어가고, 여자는 역행 즉 丁卯 丙寅 乙丑 甲子…… 순서로 적어간다. 만일 년간 글자가 음간이면 남자는 역행 즉 丁卯 丙寅 乙丑 甲子…… 순서로 적어가고, 여자는 순행 즉 甲子 乙丑 丙寅 丁卯…… 순서로 적어간다.

이처럼 사주팔자는 천간과 지지 글자로만 되어 있다. 지장간은 지지 속에 들어 있는 천간이다. 천간과 지지의 글자는 하늘과 땅의 변화 모습을 글자로 표시한 것이므로 팔자의 글자를 보며 그 글자가 나타내고자 하는 자연의 변화를 읽어낼 수 있도록 해야 한다.

2
팔자가 있는 위치의 의미

앞에서 보았듯이 사주팔자는 4개의 기둥과 8개의 글자로 구성되어 있다. 이 여덟 글자 중에서 팔자 주인공을 나타내는 대표 글자는 일간(日干)이다. 그래서 팔자를 본다는 것은 일간을 중심으로 나머지 일곱 글자와의 관계를 따지는 것이다. 즉 일간과 년간, 일간과 년지, 일간과 월간, 일간과 월지, 일간과 일지, 일간과 시간, 일간과 시지와의 관계를 통변하는 것이다.

시주	일주	월주	년주
시간	일간	월간	년간
시지	일지	월지	년지

사주팔자 각 글자는 위치에 따라 다른 의미를 나타낸다. 보통 년주, 월주, 일주, 시주의 순서대로 근묘화실(根苗花實)로 표현하는데 그 위치에 따라 나타내는 의미가 다르니 미리 정리해 둘 필요가 있다.

時	日	月	年
실(實)	화(花)	묘(苗)	근(根)
열매	꽃	싹	뿌리
노년 시절	중년 시절	청년 시절	어린 시절

먼저 년주는 초목의 뿌리[根]에 해당한다. 어린 시절을 의미하니 어렸을 때 처한 전통이나 인습, 조상, 집안 환경, 가풍 등을 나타낸다. 어린 시절에 가졌던 마음이나 성장 환경이 년주에 나타난다. 그다음 월주는 초목의 싹[苗]에 비유된다. 청년기를 나타내는데 이 시기에 부모나 형제자매의 영향을 가장 많이 받는다. 그래서 부모, 형제자매를 볼 때 사용한다.

일주는 초목의 꽃[花]에 해당한다. 부모의 품을 떠나 직업도 갖고 결혼도 하며 자기 주도적으로 살아가는 때이다. 일주(日柱)의 일간은 사주의 주인공을 나타내고 일지(日支)는 배우자를 의미한다. 그래서 배우자를 볼 때는 일지를 본다. 그리고 시주는 초목의 열매[實]에 비유한다. 즉, 결실이다. 인간의 삶에서는 노년기를 나타내는데 이때는 자식이 중심이 되는 기간이다. 그래서 자신의 노후나 자식의 운을 살필 때는 시주를 본다.

시 주	일 주	월 주	년 주
겨울	가을	여름	봄
밤	저녁	낮	아침

　사주팔자의 각 위치는 계절이나 하루 중 어느 때를 나타내기도 한다. 봄·여름·가을·겨울이 순환하고 아침·낮·저녁·밤이 순환하듯이, 년주·월주·일주·시주도 끊임없이 순환한다. 봄이나 아침은 년주가 나타내고, 여름이나 낮은 월주가 나타낸다. 그리고 일주는 가을이나 저녁을 나타내고, 시주는 겨울이나 밤을 나타낸다.

시 주	일 주	월 주	년 주
자식	나(=사주 주인공)	부모, 형제	조상, 부모
자식	배우자	부모, 형제	조상, 부모

　사주의 각 위치를 통해서 가족관계도 알아볼 수 있다. 년주는 나보다 윗사람들인 조상이나 부모를 나타내고, 월주는 나의 성장기에 함께 지냈던 부모나 형제를 나타낸다. 그리고 일주는 나와 배우자와의 상황 등을 나타내고, 시주를 통해서 자식의 상황을 파악할 수 있다.

시 주	일 주	월 주	년 주
노년 시절	중년 시절	청년 시절	어린 시절
45세 이상	31~45세쯤	15~30세쯤	1~15세쯤

　사주의 위치를 통해 평생 운수도 알 수 있는데 년주는 태어나서 중학
교 정도까지의 시기를 파악할 수 있고, 월주를 통해서는 15~30세 정도
까지를 짐작할 수 있다. 일주는 바로 내가 사회의 중심 역할을 하는
31~45세 정도까지의 중년 시절을 파악할 수 있다. 그리고 시주는 45세
이상의 시절을 파악할 때 사용한다. 앞에서 말한 시기는 대충 그 정도의
시기를 나타낸다는 의미이지 어느 순간 갑자기 변한다는 뜻은 아니다.
계절이 바뀌듯이 자연의 변화는 항상 섞여서 다음 단계로 진행된다. 어
느 날 갑자기 봄에서 여름으로 바뀌는 것이 아니다.

① 사주보는 법

　사주보는 법을 알기 위해서는 앞으로 무엇을 어떻게 학습해 나가야 할
지 알아보자. 앞에서 보았듯이 사주팔자는 일간 중심으로 나머지 일곱
글자와의 관계를 살핀다.
　먼저 천간은 주인공의 하고자 하는 마음이나 욕심을 나타내고, 지지
는 살아가야 할 환경을 나타낸다. 이 천간과 지지 글자들의 배합을 보면

서 그 사람이 어떤 환경에서 무슨 생각을 하는지 파악할 수 있다. 팔자의 지시대로 살아가는 사람이 있는가 하면 그렇지 못한 사람도 많다.

●천간과 지지

우선 팔자를 구성하고 있는 천간과 지지에 대해 간략하게 알아보자. 팔자를 구성하고 있는 글자는 10개의 천간과 12개의 지지로 이루어져 있다. 천간은 우주운동을 나타내고, 지지는 지구운동을 나타낸다.

지구는 지축이 기울어져 있어서 우주와는 약간 다른 운동을 한다. 우주는 木火土金水 오행운동을 하지만, 지구는 춘하추동 사계절운동을 하는 것이다. 우주 오행운동에서 각 오행을 음양으로 구분하면 열 개의 천간이 되고, 지구 사계절을 각각 세 개로 구분하면 열두 개의 지지가 된다.

천간	우주	하늘	오행운동	10 천간	甲乙丙丁戊己庚辛壬癸
지지	지구	땅	사계절운동	12 지지	子丑寅卯辰巳午未申酉戌亥

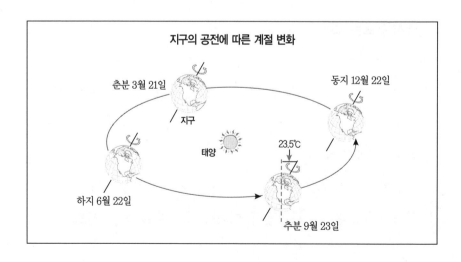

지구의 공전에 따른 계절 변화

춘분 3월 21일
동지 12월 22일
지구
태양
23.5℃
하지 6월 22일
추분 9월 23일

오행	木		火		土		金		水	
천간	甲	乙	丙	丁	戊	己	庚	辛	壬	癸

계절	봄	환절기	여름	환절기	가을	환절기	겨울	환절기
지지	寅 卯	辰	巳 午	未	申 酉	戌	亥 子	丑
오행	木	土	火	土	金	土	水	土

사주팔자를 살펴본 다음에는 운(運)을 본다. 운에는 10년의 주기를 가진 대운과 매년 돌아오는 세운이 있다. 일간을 기준으로 운에서 오는 글자들이 팔자의 글자들과 어떻게 반응하는지 살펴보며 팔자를 통변하게 된다. 팔자를 본다는 것은 운의 흐름을 살피는 것이다. 처음에는 팔자 원국을 분석하는데 그 팔자 원국이 운에 따라 어떻게 반응하는지 살펴야 한다.

물론 운을 보지 않고 앞의 표에서 배운 것처럼 근묘화실(根苗花實) 이론을 대입하여 큰 흐름의 운명을 파악하는 방법도 있지만 더 구체적인 삶의 변화 모습을 보기 위해서는 운을 봐야 한다.

3
음양(陰陽)

하늘과 땅에 있는 모든 만물은 음양(陰陽)운동을 한다. 수축하여 힘을 축적하는 것이 음(陰)운동이고, 축적된 힘을 다시 발산하는 것이 양(陽)운동이다. 만물은 음양운동을 통해 생명력을 유지한다. 즉 생명을 유지하기 위해서 음양운동을 해야 한다. 숨쉬기가 대표적인 음양운동이다.

음양운동은 정지상태가 아닌 변화의 운동이다. 음(陰)이 성장하면 양(陽)은 줄어들고 양(陽)이 성장하면 음(陰)이 줄어든다. 놀이터의 시소처럼 한쪽이 올라가면 다른 한쪽은 반드시 내려오게 된다. 음양운동은 태극문양에도 잘 나타나 있다. 음양운동은 규칙적으로 반복 순환운동을 한다. 인간이라고 예외가 될 수 없다. 음양운동을 적용해 인간의 삶의 변화를 예측해 보려는 학문이 명리학(命理學)이다.

음양운동에서 음과 양의 비율 변화는 일정하게 점진적으로 이루어진다. 아침, 낮, 저녁, 밤의 변화나 봄, 여름, 가을, 겨울의 변화를 보면 알 수 있다. 어느 순간 갑자기 아침에서 낮으로 변하는 것이 아니다. 낮에서 저녁으로 또는 저녁에서 밤으로 변하는 것도 마찬가지다. 계절의 변화도 마찬가지고⋯⋯ 甲 乙 丙 丁⋯⋯으로 변해가는 천간의 변화나 子丑 寅 卯⋯⋯로 변해가는 지지의 변화도 마찬가지다.

사람들이 편리하게 두 개, 세 개 혹은 네 개, 다섯 개, 열 개, 열두 개로 나누어 놓았을 뿐 자연은 그냥 돌고 도는 순환운동을 할 뿐이다. 그래서 팔자에 있는 글자나 운의 흐름을 읽을 때도 하나의 글자가 쇠퇴하면서 다음의 글자가 떠오르는 변화의 흐름을 파악해야지 어느 순간 갑자기 이 글자에서 저 글자로 바뀌는 것이 아니라는 것을 명심해야 한다. 예를 들면 子에서 丑으로 넘어갈 때 子가 내려가면서 丑이 올라가고 丑이 내려가면서 寅이 올라오는 것이다. 甲에서 乙로 갈 때도 마찬가지다. 甲이 약해지면서 乙이 힘을 얻어가게 된다.

음양운동은 양(陽)이 시작하고 음(陰)이 마무리한다. 그래서 음양이 조화를 이루면 좋다. 음양이 치우쳐 있으면 반드시 불균형에서 오는 문제가 생긴다. 놀이터의 시소가 한쪽으로 기울어져 있는 것과 같다. 기울어져 있는 시소를 움직이려면 더 많은 노력과 에너지가 소모된다. 사주에서도 음양이 한쪽으로 치우쳐 있으면 그만큼 힘든 삶을 살게 된다. 음양이 치우쳐 있을 경우에는 사는 장소나 이름, 색깔, 숫자, 음식 등으로 음양의 균형을 맞추면 좋다.

사주팔자에 적용하는 甲 乙 丙 丁……의 천간의 글자나, 子 丑 寅 卯…… 의 지지의 글자는 모두 음양이 있다. 양이 시작하고 음이 마무리 하므로 봄·여름이 양이고 가을·겨울이 음이다. 하루는 아침과 낮이 양이고, 저녁과 밤이 음이다.

양		중간	음	
아침	낮	중간	저녁	밤
봄	여름	중간	가을	겨울
어린 시절	청년 시절	중간	중년 시절	노년 시절
木	火	土	金	水
甲 乙	丙 丁	戊 己	庚 辛	壬 癸
寅 卯	巳 午	辰戌丑未	申 酉	亥 子

위의 표에서 보듯이 오행으로 보면 木火가 양이고 金水가 음이다. 양에서 음으로 넘어가는 시기에 土가 있다. 木운동에도 시작이 있고 끝이 있으니 천간에서는 甲木이 시작하고 乙木이 마무리를 한다.

木火가 양이고 金水가 음이지만 **木운동**만 보면 甲木이 시작하고 乙木이 마무리를 하니 甲木은 양이 되고 乙木은 음이 된다.

마찬가지로 **火운동**만 본다면 丙火가 시작하고 丁火가 마무리를 하니 丙火가 양이고 丁火가 음이 된다.

土운동만 보면 戊土가 시작하고 己土가 마무리를 하니 戊土는 양이 되고 己土가 음이 되며, **金운동**은 庚金이 시작하고 辛金이 마무리를 하니 庚金이 양이 되고 辛金이 음이 된다. **水운동**은 壬水가 시작하고 癸水가 마무리를 하니 壬水는 양이고 癸水는 음이 된다.

　木火土金水 전체를 볼 때 음양과 오행으로만 볼 때 음양이 달라 혼동될 수 있으니 주의해야 한다. 예를 들면 乙木은 봄에 속하니 양이지만 木운동에서만 보면 木운동을 마무리하니 음이 된다. 또 壬水는 겨울에 속하니 음이지만 水운동에서만 보면 水운동을 시작하니 양이 된다.

오행	양(陽)		중간		음(陰)	
	木	火	土		金	水
	봄	여름	중간		가을	겨울
천간	甲木　乙木	丙火　丁火	戊土　己土		庚金　辛金	壬水　癸水
음양	양(陽)　음(陰)	양(陽)　음(陰)	양(陽)　음(陰)		양(陽)　음(陰)	양(陽)　음(陰)

　지지도 마찬가지다. 木火가 양이고 金水가 음이니 봄에 속하는 寅木과 卯木, 여름에 속하는 巳火와 午火는 양에 속한다. 그리고 가을에 속하는 申金과 酉金, 겨울에 속하는 亥水와 子水는 음에 속한다. 그러나 **木운동**에서만 보면 寅木이 시작하고 卯木이 마무리를 하니 寅木은 양이 되고 卯木은 음이 된다. **火운동**에서만 보면 巳火가 시작하고 午火가 마무리를 하니 巳火는 양이 되고 午火는 음이 되며, **金운동**에서만 보면 申金이 시작하고 酉金이 마무리를 하니 申金은 양이고 酉金은 음이다. 그리고 **水운동**은 亥水가 시작하니 양이고 子水는 마무리를 하니 음이 된다.

지지 土는 천간과 다르게 각 계절이 바뀌는 환절기에 해당하는데 봄에서 여름으로 갈 때 辰土가 있고, 여름에서 가을로 갈 때는 未土가 있다. 가을에서 겨울로 갈 때는 戌土가 있고, 겨울에서 봄으로 가는 전환기에는 丑土가 있다.

계절	봄(春)		중간	여름(夏)	환절기	가을(秋)	환절기	겨울(冬)		환절기
하루	아침		전환기	낮	전환기	저녁	전환기	밤		전환기
지지	寅	卯	辰	巳	午	未	申	酉	戌	亥	子	丑
시간	3-5시	5-7시	7-9시	9-11시	11-13시	13-15시	15-17시	17-19시	19-21시	21-23시	23-1시	1-3시
월	1월	2월	3월	4월	5월	6월	7월	8월	9월	10월	11월	12월

양은 봄·여름처럼 확산을 나타낸다. 싹이 나고 꽃이 피는 것이다. 음은 가을·겨울처럼 응축을 나타낸다. 봄·여름에 잎이나 꽃으로 펼쳐졌던 만물은 가을·겨울이 되면 열매를 맺어 씨앗이 된다.

흔히 양이 좋고 음이 나쁘다는 생각을 가지고 있는데 그렇지 않다. 음과 양은 동등하다. 음양이 균형을 이루었을 때 생명력과 활력이 생긴다. 균형을 잃으면 그만큼 답답한 삶을 살게 된다. 그래서 음과 양이 항상 균형을 이루도록 하는 것이 중요하다. 너무 지나치게 일을 했으면 쉬어야 하고, 올라갔으면 내려와야 한다.

음양의 균형이 깨진 팔자는 밤낮의 균형이 깨진 것과 같다. 낮과 밤이 균형을 잃으면 피곤하다. 열대지방이나 극지방은 음양의 균형을 잃었으니 거기에 사는 사람들은 온대지방 사람들보다 힘들다. 金水로만 되어 있는 음팔통사주나 木火로만 되어있는 양팔통사주도 마찬가지다. 밤만 계속되거나 낮만 계속되면 얼마나 피곤하겠는가?

음양이 균형을 이루면 활력이 생긴다. 양은 솜사탕처럼 부풀어 오르니 밀도가 낮아지고, 음은 쇠구슬처럼 응축되니 밀도가 높아진다. 밀도는 실속이다. 밀도가 높으면 작은 공간에 많은 것을 담아둘 수 있으니 실속이 있다. 양은 화려하고 보기는 좋으나 실속이 없고, 음은 단순하고 초라하게 보여도 실속은 있다. 싱싱한 잎과 꽃은 아름답지만 실속은 없고, 열매와 씨는 아름답지 않아도 실속은 있다. 봄과 여름에 꽃구경이나 피서를 가며 돈을 지출하게 되니 실속이 없고, 가을과 겨울에는 수확을 하고 보존을 하니 실속이 있다. 어린이와 청년의 성장은 아름답지만 키우는데 돈이 들고, 중년과 노인은 육체는 시들지만 젊은이들보다 돈이 많아 내실이 있다.

결론적으로 양은 아름답고 화려하지만 실속은 덜하고, 음은 외형이 아름답지는 않지만 실속은 있다.

① 음양의 차이

양(陽)	음(陰)	양(陽)	음(陰)
하늘	땅	동(東)	서(西)
여름	겨울	남(南)	북(北)
봄	가을	생(生)	사(死)
육지	바다	화(火)	수(水)
상(上)	하(下)	흥분	침착
자율	타율	동(動)	정(靜)
칭찬(稱讚)	모욕(侮辱)	희망	절망
해	달	선(善)	악(惡)
높다	낮다	창조	모방
진(進)	퇴(退)	빠르다	느리다
귀(貴)	천(賤)	기쁨(喜)	슬픔(悲)
덥다	춥다	이상	현실
건(乾)	곤(坤)	이(離)	감(坎)
낮	밤	가열	냉각
따뜻하다	차다	분명하다	모호하다
개방	폐쇄	강(强)	약(弱)
강(剛)	유(柔)	외향적	내성적
적극적	소극적	부친	모친
밝다	어둡다	위험	안전
곧다	구부러지다	소인(少人)	노인(老人)
즉흥적	계산적	소비	절약
건조하다	축축하다	임금	신하
발산	수렴	木·火	金·水
크다	작다	공(功)	과(過)
밖	안	시(是)	비(非)
좌(左)	우(右)	전(前)	후(後)

② 간지(干支)의 음양 정리

◉ 천간(天干)

천간은 오행이 음양으로 나뉘어 甲乙丙丁戊己庚辛壬癸 열 개가 되었다. 천간을 읽을 때 甲木 乙木 丙火 丁火 戊土 己土 庚金 辛金 壬水 癸水로 읽어가는 습관을 가져야 한다.

앞에서 정리한 내용을 다시 살펴보자.

시작은 양이 하고 마무리는 음이 하므로 木에서는 甲木이 양이고 乙木이 음이 된다. 火에서는 丙火가 시작하고 丁火가 마무리를 하니 丙火가 양이고 丁火가 음이 되고, 土에서는 戊土가 시작하고 己土가 마무리를 하므로 戊土가 양이고 己土가 음이 된다. 마찬가지로 金에서는 庚金이 시작하고 辛金이 마무리를 하므로 庚金이 양이 되고 辛金이 음이 된다. 마지막으로 水운동은 壬水가 시작하고 癸水가 마무리를 하니 壬水가 양이 되고 癸水가 음이 된다.

오행	木		火		土		金		水	
천간	甲木	乙木	丙火	丁火	戊土	己土	庚金	辛金	壬水	癸水
음양	양(陽)	음(陰)	양(陽)	음(陰)	양(陽)	음(陰)	양(陽)	음(陰)	양(陽)	음(陰)

◉ 지지(地支)

지지 子丑寅卯辰巳午未申酉戌亥의 글자도 음양으로 나눌 수 있다. 지지는 지구의 사계절을 나타내므로 봄·여름·가을·겨울에 각각 세 글자씩 있다.

봄에는 寅卯辰이 있고, 여름에는 巳午未, 가을에는 申酉戌 그리고 겨울에는 亥子丑이 있다. 각 계절의 끝에 있는 辰未戌丑은 계절이 바뀌는 환절기를 나타낸다.

지지를 읽을 때도 천간처럼 寅木 卯木 辰土 巳火 午火 未土 申金 酉金 戌土 亥水 子水 丑土라고 오행을 넣어 읽는다. 환절기의 辰戌丑 未를 빼면 봄은 寅木이 시작하고 卯木이 마무리를 하니 寅木이 양이고 卯木이 음이다. 여름은 巳火가 시작하고 午火가 마무리를 하니 巳火가 양이고 午火가 음이다. 마찬가지로 가을은 申金이 시작하니 양이 되고 酉金이 마무리를 하니 음이 된다. 겨울은 亥水가 시작하니 양이 되고 子水가 마무리를 하니 음이 된다. 앞에서 정리한 중요한 내용들이다.

辰戌丑未의 음양 구분은 辰戌이 양이고 丑未가 음이다. 봄·여름의 양을 마무리하는 未土와 가을·겨울의 음을 마무리하는 丑土는 음토(陰土)이다. 봄의 양을 더욱 펼치는 辰土와 가을의 음을 더욱 강화시키는 戌土는 양토(陽土)로 본다.

계절	양(陽)						음(陰)					
	봄		환절기	여름		환절기	가을		환절기	겨울		환절기
지지	寅	卯	辰	巳	午	未	申	酉	戌	亥	子	丑
오행	木	木	土	火	火	土	金	金	土	水	水	土
음양	양	음	양	양	음	음	양	음	양	양	음	음

❖ 다음 사주 글자들의 음양을 표시해 보자. 사주의 글자를 보는 순간 음양과 오행이 떠오르도록 반복하여 익혀보자.

위 사주는 곤(坤)으로 표시되어 있으니 여자 사주이다. 남자 사주는 건(乾)으로 나타낸다. 천간과 지지 각 글자의 음양을 살펴보면 년간 壬水는 양이 되고, 월간 己土는 음, 사주의 주인공을 나타내는 일간 壬水는 양 그리고 시간 乙木은 음이다. 년지에 寅木은 양이고 酉金은 음, 申金은 양, 그리고 시지의 巳火는 양이다. 대부분의 사주는 음양이 섞여 있지만 이따금 음으로만 또는 양으로만 되어있는 사주도 있다.

이 사주는 건(乾)으로 표시되어 있으니 남자 사주이다. 년간 丁火는 음이고 월간 辛金도 음이다. 일간 庚金은 양이고 戊土도 양이다. 지지를 보면 년지 巳火는 양이고 亥水도 양이다. 일지 申金도 양이고 시지 寅木도 양이다.

乾			
丙	戊	丙	丙
辰	寅	申	戌

　이 사주도 건(乾)으로 표시되어 있으니 남자 사주이다. 년간 丙火는 양이고 월간 丙火도 양이다. 일간 戊土는 양이고 시간 丙火도 양이다. 지지를 보면 년지 戌土는 양이고 월지 申金도 양이다. 일지 寅木도 양이고 시지 辰土도 양이다. 이 사주는 천간 지지가 온통 양으로만 되어 있어 양의 기운이 대단히 강하다. 이런 사주를 양팔통 사주라고 한다.

오행(五行)

◉ 목화토금수 – 목화토금수 – 목화토금수 – 목화토금수

◉ 木火土金水 – 木火土金水 – 木火土金水 – 木火土金水

木 생긴다. 시작한다.

火 발전한다. 확산한다.

土 중간이다. 조절한다.

金 내려간다. 정리한다.

水 휴식한다. 준비한다.

우주운동을 두 개로 구분하면 음양운동이 되고, 더 구체적으로 다섯 개로 구분하면 오행운동이 된다. 오행운동은 木 火 土 金 水로 불린다.

먼저 등산을 예로 들어 오행 운동을 정리해 본다.

등산을 갈 때 준비하고 출발하는 때는 木운동이라고 할 수 있다. 木운동 다음으로 땀 흘리면서 올라가는 때를 火운동이라고 한다면, 정상 근처에서 오르고 내려가는 시기는 土운동이 된다. 본격적으로 하산하는 시기는 金운동이 되고, 완전히 내려와 휴식을 취하며 다음 등산을 계획하는 때가 水운동이 된다. 水운동 다음에는 다시 木운동으로 이어진다.

우주는 이렇게 木火土金水 오행운동을 반복하면서 끊임없이 순환한다.

木火土金水라고 이름을 붙인 것은 한자(漢字)의 뜻 때문이다. 시작을 의미하는 木은 봄철에 성장하는 나무를 닮아 木이라고 붙였고, 火는 여름철의 태양처럼 확산하는 의미가 있어 火라고 붙였다. 오행운동의 중앙에서 조정·중재·전환의 역할을 하는 土는 항상 그 자리에 있는 땅을 닮아 土라고 하였고, 金은 딱딱한 철이나 바위를 닮아 金이라고 하였다. 水는 아래로 내려가 정지하는 물의 성질을 닮아서 水라고 붙였다.

편의상 木火土金水라는 5개의 단계로 나누었지만 우주운동은 쉬지 않고 움직이고 있으므로 각 글자의 경계선이 분명하지 않다. 봄·여름·가을·겨울을 구분할 때 입춘, 입하, 입추, 입동에 기준점을 두고 있다. 그러나 입춘을 기준으로 그 전날은 겨울이고 입춘 그다음 날 봄이 되는 것은 아니다. 그냥 일 년을 네 개로 나누었을 때 해당되는 시점을 표시하였을 뿐이다.

오행에서도 木이 성장하다가 쇠퇴하면 火가 상승하고, 火가 정점을 지나 쇠퇴할 때 土가 시작된다. 마찬가지로 土가 쇠퇴할 때 金이 시작되고, 金이 쇠퇴할 때 水가 시작된다. 마지막으로 水가 시작되어 성장하다가 정점을 찍고 쇠퇴하기 시작하면 다시 木이 시작된다. 낮 12시 정오가 지날 때 일음(一陰)이 시작되고, 밤 12시 자정이 지날 때 일양(一陽)이 시작된다는 주역의 원리도 마찬가지다.

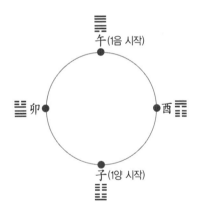

봄·여름을 나타내는 木火는 올라가는 양(陽)의 기운이고, 가을·겨울을 의미하는 金水는 내려가는 음(陰)의 기운이다. 양운동과 음운동의 중간에 土가 있는데, 土는 양운동을 음운동으로 전환하는 역할을 한다. 전환점, 즉 분기점에 土가 있는 것이다.

① 천간과 지지의 글자를 오행으로...

복습 삼아서 천간과 지지를 음양과 오행으로 다시 정리해 보자.

음양	오행				천간	지지
양(陽)	木	봄	아침	소년	甲木 +	寅木 +
					乙木 −	卯木 −
	火	여름	낮	청년	丙火 +	巳火 +
					丁火 −	午火 −
환절기, 커브길	土	중간	중간	중간	戊土 +	辰土 戌土 +
					己土 −	丑土 未土 −
음(陰)	金	가을	저녁	중년	庚金 +	申金 +
					辛金 −	酉金 −
	水	겨울	밤	노년	壬水 +	亥水 +
					癸水 −	子水 −

살아 있는 것들은 모두 음양오행운동을 한다. 음양오행운동을 하지 않으면 죽기 때문이다. 시작이 있으면 반드시 끝이 있는데 그 과정을 두 단계로 나누면 음양운동이고, 다섯 단계로 나누면 오행운동이다. 일이 시작되는 단계가 木운동, 본격적으로 확산되는 단계가 火운동, 정점에 이른 근처 시기가 土운동, 그리고 마무리를 하는 金운동, 마지막으로 일을 끝내고 새 출발을 준비하는 단계가 水운동이다.

명리 입문자라면 위 표를 보면서 천간과 지지의 글자를 읽을 때 오행을 넣어서 읽는 연습을 해야 한다. 甲木 乙木 丙火 丁火 戊土 己土 庚金 辛金 壬水 癸水 등으로 읽는 것이다. 지지를 읽을 때도 겨울의 亥水 子水

丑土, 봄의 寅木 卯木 辰土 그리고 여름의 巳火 午火 未土, 가을의 申金 酉金 戌土 등으로 읽으면 각 글자의 오행을 쉽게 익힐 수 있다.

② 오행의 표

오행운동은 자연에서 일어나는 현상으로 우리 주변의 여러 사물이나 현상에서도 나타난다.

다음에 나오는 오행 표는 사주풀이를 할 때 뿐만 아니라 실생활에서도 아주 요긴하게 사용된다. 사주에 부족한 기운을 보충하거나 넘치는 기운을 설기시킬 때 쓸 수 있다. 택일이나 작명을 할 때도 사용된다. 주변 상황에 적용하다 보면 저절로 외워질 것이다.

앞에서 말했듯이 봄은 만물이 솟아나니 木, 여름은 꽃이 피고 화려하니 火, 잎이 떨어지기 시작하는 가을은 金, 그리고 추위 속에서 쉬면서 봄을 기다리는 겨울은 水이다. 土는 음양의 전환점에 있으므로 여름과 가을의 중간에 위치한다. 지지의 木火金水는 천간의 木火金水와 비슷하지만 土는 천간과 지지의 위치에 차이가 있다. 천간의 土는 木火와 金水의 사이에 있지만 지지의 土는 각 계절이 바뀌는 환절기에 위치한다.

방향을 살펴보면 동쪽이 木이고, 남쪽이 火, 서쪽은 金, 그리고 북쪽은 水이다. 그래서 지구에서 해가 가장 먼저 뜨는 한국과 일본은 오행으로 木이 된다. 미국이나 유럽은 서쪽이니 金이다. 열대지방은 火이고, 러시아 등 추운 북쪽은 水이다. 그리고 중앙에 위치한 중국은 土로 본다. 한 집안에도 동서남북이 있고, 한 도시나 한 국가에도 동서남북이 있으니 각 상황에 맞추어 오행을 적용하면 된다.

성장하는 과정에 오행을 대입해 보면 木은 유년기, 火는 청년기, 土는 중간 전환점의 시기, 金은 중년기, 그리고 水는 노년기이다.

색깔을 오행에 적용해 보면 木은 청색이다. 火는 적색이고 土는 황색이다. 그리고 金은 백색이고 水는 흑색이다. 그래서 木과 火의 중간색은 청색과 적색의 혼합색으로 응용해 가면 된다.

한글의 자음도 오행에 근거를 두고 있다. 木은 ㄱ, ㅋ, 火는 ㄴ, ㄷ, ㄹ, ㅌ, 土는 ㅁ, ㅂ, ㅍ, 金은 ㅅ, ㅈ, ㅊ, 그리고 水는 ㅇ, ㅎ으로 표기한다. 이러한 한글 자음의 오행은 상표나 인명(人名)에 사용된다. 水와 土를 바꾸어 쓴 책도 있으나 소리를 낼 때 입모양을 봐도 그렇고, 훈민정음 해례본에서 한글을 만든 사람들이 분명하게 설명하고 있으므로 원칙을 지키면 좋겠다.

맛을 오행에 적용해 보면 신맛은 木이고, 쓴맛은 火이다. 단맛은 土이고, 매운맛은 金이다. 그리고 짠맛은 水이다. 맛의 오행도 몸·건강 등에 적용하는 경우가 많으니 알아두면 유용하다. 팔자나 운에서 부족한 오행은 본능적으로 좋아하는 음식이 된다. 그래서 평소에 먹고 싶은 음식을 먹고 먹기 싫을 때는 피하는 것이 좋다. 음식뿐 아니라 사람도 옷도 음악도 마찬가지다.

신체에서 木은 간·담이고, 심장·소장은 火이다. 비장·위장은 土이고, 폐·대장은 金이며, 신장·방광은 水이다. 오행이 부족하거나 넘치면 해당 장기에 문제가 된다. 얼굴에서는 눈이 木이고, 혀는 火, 입은 土, 코는 金, 귀는 水로 적용한다.

천간과 지지의 오행은 앞에서 다루었듯이 천간의 甲乙은 木, 丙丁은 火, 戊己는 土, 庚辛은 金, 壬癸는 水이다. 지지의 寅卯는 木, 巳午는 火, 申酉는 金, 그리고 亥子는 水이다. 지지에서 각 계절의 전환점인 辰戌丑未는 土로 분류한다.

인의예지신(仁義禮智信)도 오행으로 나눌 수 있다. 木은 인(仁), 火는 예(禮), 土는 신(信), 金은 의(義) 그리고 水는 지(智)이다. 그래서 木은 인자하며 학문에 적합하고, 火는 화끈하고 예의를 잘 지킨다. 土는 중립적인 자세를 취하여 믿음이 가고, 金은 강직하고 의리가 있다. 그리고 水는 지혜를 의미한다.

인체의 분비물도 오행으로 나눌 수 있다. 木은 눈물이고, 火는 땀이고, 土는 침이다. 그리고 金은 콧물, 水는 오줌으로 분류한다. 숫자도 오행으로 분류하는데 木은 3·8, 火는 2·7, 土는 5·10, 金은 4·9, 水는 1·6이 된다. 이러한 숫자는 옛날부터 시골의 장날 등에 사용되었다.

사상(四象)에서도 오행이 적용되는데 木은 양의 시작이니 소양(少陽), 火는 태양(太陽) 그리고 土는 중산을 나타내고, 金은 음의 시작이니 소음(少陰), 水는 태음(太陰)이 된다. 또 청룡(靑龍)은 청색의 용이니 동쪽의 木이 되고, 주작(朱雀)은 적색이니 남쪽의 火가 된다. 그리고 백호(白虎)는 흰색이니 서쪽의 金이 되고, 현무(玄武)는 검은 색이니 북쪽의 水가 된다.

▌오행표▐

木	火	土	金	水
춘(春)	하(夏)	장하(長夏)	추(秋)	동(冬)
동(東)	남(南)	중앙(中央)	서(西)	북(北)
유년	청년	중년	장년	노년
청(靑)	적(赤)	황(黃)	백(白)	흑(黑)
ㄱ ㅋ	ㄴ ㄷ ㄹ ㅌ	ㅁ ㅂ ㅍ	ㅅ ㅈ ㅊ	ㅇ ㅎ
신맛	쓴맛	단맛	매운맛	짠맛
간 담	심장 소장	비장 위장	폐장 대장	신장 방광
눈	혀	입	코	귀
갑을(甲乙)	병정(丙丁)	무기(戊己)	경신(庚辛)	임계(壬癸)
인묘(寅卯)	사오(巳午)	진술축미 (辰戌丑未)	신유(申酉)	해자(亥子)
인(仁)	예(禮)	신(信)	의(義)	지(智)
눈물	땀	침	콧물	오줌
3, 8	2, 7	5, 10	4, 9	1, 6
소양	태양	균형	소음	태음
청룡(靑龍)	주작(朱雀)	구진(句陳) 등사(螣蛇)	백호(白虎)	현무(玄武)

③ 木火土金水 - 木

먼저 오행 중 木에 대해 알아본다. 木운동은 봄의 계절과 밀접한 관계가 있으니 봄을 생각하면 木을 공부하는데 도움이 된다.

木은 木火土金水 오행 중 처음이다. 木은 처음이고 시작이다. 봄이 되어 만물이 솟아나니 많은 활력을 가지고 있다. 싱싱하다.

木은 태어나서부터 유치원이나 초·중학교까지이다. 그래서 착하고 순박하다. 木은 단순하고 솔직하다. 그래서 속마음이 그대로 밖으로 드러난다. 木은 복잡한 것을 싫어한다. 그러나 자기만 생각하는 이기적인 면도 있다. 木은 성장이 빠르고 쉬지 않고 움직인다. 그래서 활동력이 강하다. 가만히 있지 못하는 어린 아이들을 생각하면 된다. 방향으로는 해가 뜨는 동쪽을 나타낸다. 인의예지신(仁義禮智信) 중에서 木은 인(仁)을 나타낸다.

木은 주변을 둘러보지 않고 전진하는 것을 좋아한다. 소나무나 담쟁이덩굴처럼 앞으로만 나간다. 남의 의견을 잘 듣지 않고 자기주장만 하기 쉽다. 그래서 타협이나 조정을 잘 못한다. 색깔은 푸를 청(靑)이다. 나뭇잎의 녹색이기도 하다. 木은 앞에 장애물이 나타나면 어쩔 줄 모르거나 자기 뜻대로 안 되면 좌절해 버린다. 木에게는 자제심이나 인내심을 기대하기 힘들다.

木은 시작을 잘하니 일을 추진하는 곳에 적합하다. 우선 남보다 빠르다. 더 높게 더 멀리 나아가려 한다. 한국이 木이다. 그래서 인터넷이나 휴대폰 등은 한국인의 성향에 맞다. '빨리 빨리'를 좋아하는 한국인이다.

木은 간·담이고, 신경조직이다. 사주에 木이 좋으면 간이나 신경이 좋은 것이다. 자연의 법칙에서는 무엇이든 너무 많아도 너무 적어도 좋지 않다. 한국에서는 나무가 많은 동쪽지방 강원도가 木에 속하고 세계적으로는 극동지방인 한국, 일본이 木이다.

④ 木火土金水 – 火

木운동 다음에는 火운동이 일어난다. 木이 봄이라면 火는 여름이다. 그래서 여름의 여러 현상들을 잘 관찰하면 火를 쉽게 이해할 수 있다. 木에서 시작하여 본격적으로 성장을 하는 때가 火이다. 木보다 더 활발한 움직임을 보이고 빠르게 퍼져 나간다. 꽃이 피는 화려함이 있고 힘과 활력이 대단히 넘치는 시기이다. 고등학교나 대학교 시절 그리고 사회 초년 시절이 火의 시기이다.

木운동이 부모나 어른들의 돌봄을 받는 시절이었다면 火운동에서는 스스로 돌아다니며 남의 일에 참견하고 호기심이 많은 때이다. 활동 영역도 대폭 늘어난다. 초목들도 꽃이 피고 벌과 나비를 불러 모아 수정이 이루어지는 때가 된다. 활동 폭이 넓어지고 만나는 사람이 많으니 주변 사람과의 관계에서 지켜야할 예의를 배운다. 그래서 火는 인의예지신(仁義禮智信)의 예(禮)를 나타낸다. 火를 이해할 때는 태양이나 촛불을 생각하면 된다.

木운동이 오로지 미래를 위한 전진만을 한다면 火는 현재를 중요시한다. 현재에 관심이 많고 미래에는 관심이 적어 일단 저지르고 보는 때가 많다. 지속적인 성장보다 내적인 충실함과 부피를 늘리려고 한다. 내부적으로 많은 욕망과 열정을 갖게 된다. 그래서 시작하는 일은 木이 하면 좋고, 강력한 추진은 火가 하면 좋다.

인체에서 火는 쉴 새 없이 움직이는 심장이나 소장(小腸)이다. 심장에서 피를 운반하는 순환기이다. 木이 청색이나 녹색이라면 火는 빨간색이다. 火는 남쪽을 나타낸다. 남쪽이 火이니 북쪽은 水가 된다. 火가 환한 낮이라면 水는 어두운 밤이다. 한국에서는 경상도가 火이고, 세계적으로는 적도 근방이 火이다.

⑤ 木火土金水 － 土

土는 오행 운동의 木火와 金水의 중간이다. 그러나 순환 운동을 하는 우주 운동에서 가운데란 개념은 상대적이다. 천간의 土는 木火의 양 운동과 金水의 음 운동의 중간에 위치한다. 지지의 土는 각 계절의 전환기에 환절기로서 존재한다.

오행 운동에서 土는 火의 양 운동이 더 이상 진행되지 못하도록 음 운동으로 전환시킨다. 양의 성질은 한 번 확산하기 시작하면 멈추지 못하므로 土라는 제어장치가 필요한 것이다. 만일 土가 없으면 우주는 순환 운동을 못하고 끝없이 확산만 하게 될 것이다. 土가 있어 음 운동의 시작인 金운동으로 전환이 가능하다. 土는 양 운동의 끝이며 음 운동의 시작이다. 양 운동과 음 운동의 중간에 서서 조절 역할을 한다.

土의 이러한 음양의 조절 역할 때문에 土는 중용(中庸)이다. 중화(中和)이다. 가운데이다. 土는 믿음이고 신용이고 토대 기반이다. 그래서 土는 인의예지신(仁義禮智信)의 신(信)이다. 사람의 성장과정에서 보면 土는 중년쯤 된다. 사회의 중추세력으로 역할하면서 상하를 조절, 중화시키는 일을 한다.

천간의 土는 강렬한 火의 기운을 흡수하며 양 운동의 속도를 줄이면서 음 운동의 출발을 도우니 운동성이 가장 적어 열기는 있으나, 활력이 줄어든다. 그래서 土는 木과 같은 생동감이 없고 火처럼 화려하지도 않다. 金처럼 단단하고 매섭지도 않으며, 水처럼 이리저리 흘러가는 지혜도 없다. 그러나 우주 운동에서 土가 없으면 순환 운동이 되지 않으므로 土는 소중한 것이다. 土를 가진 사람은 협상력이 뛰어나고 공정하게 일처리를 한다. 무슨 일이든지 심사숙고하며 중립 · 중용 · 교섭 · 조절 등의 일을 잘한다.

몸에서도 인체의 중심인 위장과 비장이 土이니, 土의 상태에 따라 위(胃)의 건강도 달라진다. 土는 얼굴에서는 입을 나타내고, 색깔은 황색이다. 나라로는 가운데 중(中) 자를 쓰는 중국이다. 중국의 황하강이나 황사 등을 생각하면 된다.

⑥ 木火土金水 – 金

오행의 木火土金水 운동에서 양 운동인 木火가 土에 의해 음 운동으로 전환하면 金운동이 시작된다. 金에서 본격적인 음 운동이 시작되는 것이다. 木이 양 운동의 시작이라면 金은 음 운동의 시작이 된다.

金은 사계절로 보면 가을이다. 木火에서 일했던 것들에 대한 결실·수확을 하는 시기가 된다. 그래서 모든 것이 영글고 단단해지며 실속 있게 변해 간다. 확산을 중지하고 수축 운동을 하여 많은 것들을 없게 된다. 자연은 따뜻하면 확산하고 추워지면 수축하니 만물은 金운동 기간에는 움츠리기 시작한다. 나무들의 잎들도 가을이 되면 순식간에 떨어지게 된다. 金운동의 결과이다.

인간의 삶에서는 중년기를 넘어 장년기로 넘어가는 때가 된다. 金의 단절하는 숙살 기운에 의해 그동안 키워왔던 자식들을 결혼시켜 보낼 수 있다. 냉정함, 단단함, 강인함 그리고 매운맛의 느낌이 나는 것이 金운동이다. 金이 없으면 결단력이 없다. 金에는 싸늘함 살벌함이 있지만 정(情)을 실은 의리도 있다. 인의예지신(仁義禮智信) 가운데 의(義)이다.

金의 시기에 새로운 일을 시작하기보다는 마무리를 할 때이다. 단풍처럼 떠날 때 아름답게 떠나야 한다. 우주나 자연은 떠날 때를 정확히 알고 있다. 국가로는 유럽이나 미국이 金에 해당한다. 서쪽이다. 서쪽은 흰색이다. 金은 폐, 대장을 나타낸다. 활발한 火가 소장(小腸)이고 활동이 느린 대장(大腸)이 金이다. 호흡기나 폐와 연관된 부분이 약하면 흰색의 도라지나 배 등이 좋다고 한다. 金의 기운을 보강하는 것이다.

⑦ 木火土金水 – 水

　水는 木火土金水 오행 운동의 마지막이다. 水는 음이 극에 이른 극도의 축소, 응축을 의미한다. 가장 작은 형태로 있게 된다. 씨앗이다. 정자, 난자이다. 水는 아래로 흘러 정지하게 된다. 水는 다시 木으로 이어진다.

　水운동을 마치면 다시 자연스럽게 양 운동으로 이어진다. 음 운동은 수축이 극에 이르면 스스로 팽창하여 양의 성질로 돌아간다. 水는 木火土金의 시절을 거친 다양한 경험을 가지고 있어 신중함과 진지함이 있다. 어린 시절과 청년 시절, 중장년 시기를 넘기고 노년기에 이른 것이다. 활동력은 줄어들지만 水는 다양한 경험에서 오는 지혜가 있다고 한다. 그래서 水는 인의예지신(仁義禮智信)의 지(智)가 된다.

　水가 있어야 새로운 생명체가 탄생한다. 과학자들도 다른 행성에 물이 있는지부터 찾는다. 물이 있으면 생명체인 木이 있을 가능성이 커진다. 사람에게도 水의 기운이 있어야 생식 기능이 있다. 인체에서 水를 담당하는 곳은 신장, 방광이다. 水는 생식기나 성욕(性慾)과도 관련 있다. 여자 사주에 水가 없는 메마른 사주는 출산에 문제가 있을 수 있다.

　水는 사람의 인생에서 노년에 해당한다. 휴식이다. 겨울이다. 춥다.

북쪽이다. 어둠이다. 水는 동작이 느리다. 水는 우리나라의 북쪽지방에 해당하고 세계적으로는 북극과 가까운 러시아 등의 나라이다. 水는 검정색이다. 죽음이다. 최근에는 상가(喪家)에서 검정색을 입는다. 망자(亡者)에게 힘을 보내주는 의미이다. 한국 전통사회에서는 장례식 때 하얀색을 입었었다. 흰색은 金이다. 흰옷은 금생수(金生水)의 모습이다. 죽은 자를 예우하면서 무릎을 꿇는 것이다.

⑧ 오행의 상생(相生) 운동

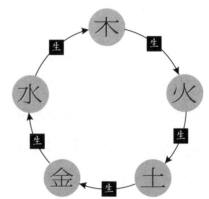

●목생화(木生火)
●화생토(火生土)
●토생금(土生金)
●금생수(金生水)
●수생목(水生木)

오행은 우주변화의 법칙이다. 천간은 木火土金水라는 오행 운동을 한다. 그래서 木운동은 자연스럽게 火로 넘어가고, 火운동은 土로 넘어가서 음양의 전환을 한다. 그리고 土운동은 金으로 넘어가고, 金운동은 다시 水로 간다. 水운동은 다시 木으로 이어지면서 오행의 순환 운동이 계속된다. 이렇게 한 오행이 다음 오행을 생하는 운동을 오행의 상생 운동

(相生 運動)이라고 한다.

목생화(木生火), 화생토(火生土), 토생금(土生金), 금생수(金生水), 수생목(水生木)이 오행의 상생 운동이다. 목생화 상생 운동에서 木은 火를 생하면서 힘이 빠지고 火는 木에게 힘을 받게 된다. 다시 火는 土를 생하면서 힘이 빠지고 土는 火에게 힘을 받는다. 화생토 운동이다. 다음으로 토생금, 금생수, 수생목 운동도 같은 양상으로 이어진다. 이렇게 앞의 오행에서 힘을 받고 다음 오행을 생해 주는 오행의 상생 운동으로 우주 운동은 계속된다.

힘을 받는 오행의 경우는 힘이 강해지고, 다음 오행을 생해 주는 오행은 힘이 약해진다. 앞의 오행으로부터 생을 받는다는 것은 정신적으로나 육체적으로 도움을 받는 것을 말한다. 생을 받는 것에는 학업·자격증·도움·칭찬·격려 등이 있는데 생을 받는 것이 꼭 좋다는 의미는 아니다. 내가 약할 때는 생을 받는 것이 좋지만 내가 강할 때는 생을 받으면 해가 된다. 뭐든지 지나치면 좋지 않다.

그래서 한 오행은 앞의 오행으로부터 생을 받고 다음 오행을 생하기 위해 힘을 빼게 된다. 주고 받는 반복 운동을 통해서 우주 운동은 계속되는 것이다.

오행이 상생작용을 할 때도 오행의 고유성질을 가지고 운동을 하게 된다. 목생화(木生火)에서 木은 木답게 火를 생하고, 화생토(火生土)에서 火는 火답게 土를 생하고, 토생금(土生金)에서 土는 土답게 金을 생하고, 금생수(金生水)에서 金은 金답게 水를 생하고, 그리고 수생목(水

生木)에서 水는 水답게 木을 생한다. 그래서 같은 상생 운동이라도 방법은 모두 다르게 나타난다. 오행에 대한 폭넓은 이해가 먼저 되어 있어야겠다.

⑨ 오행의 상극(相剋) 운동

● 목극토(木剋土)
● 토극수(土剋水)
● 수극화(水剋火)
● 화극금(火剋金)
● 금극목(金剋木)

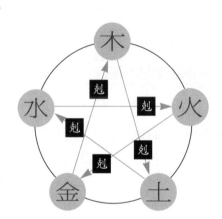

오행의 상생작용과 같은 운동으로만 우주 운동이 계속 이어질 수는 없다. 자극이 필요한 것이다. 팽이가 돌 때 혼자 놓아두면 내부적으로 상생작용이 일어나고 있겠지만 결국 멈춰버리고 만다. 그래서 지속적인 운동을 위해서는 상극의 채찍질이 필요하게 된다.

목생화(木生火), 화생토(火生土)로 예를 들어본다.

木의 입장에서는 火를 생하느라 내 힘이 소모된다. 그러나 火는 생해주는 木에게는 관심이 없고 土를 생하는 데 전념한다. 내리사랑은 자연

현상이다. 木의 입장에서는 내가 도와주었던 火가 土만 생각하니 土가 미워진다. 그래서 木은 土를 목극토(木剋土) 한다. 마찬가지로 火의 입장에서도 화극금(火剋金)이 되고 土의 입장에서는 토극수(土剋水) 그리고 水의 입장에서는 수극화(水剋火), 金의 입장에서는 금극목(金剋木)하게 된다. 이렇게 서로간의 상극 관계로 인하여 우주 운동은 긴장감이 조성되어 건전한 순환 관계가 유지된다.

상극의 이치는 운동의 긴장감을 높여주어 지속적인 운동을 가능하게 만든다. 부모나 선생님의 내리사랑만 있고 사랑의 채찍이 없다면 아이들은 긴장감을 잃을 것이다. 그래서 우주 운동에는 상생과 상극이 동시에 있다. 상과 벌이 있어야 하는 것이다.

극이란 나쁜 것이 아니고 발전의 원동력이 될 수도 있다. 교육에서도 생과 극이 조화를 이룰 때 가장 이상적인 교육이 된다. 칭찬과 꾸중, 상과 벌을 적절하게 조화시켜야 한다. 그래서 우주 운동은 상생과 상극의 운동을 통해 순환 운동을 하면서 생명력을 이어 나간다.

5

사주에 특정 오행이 없을 경우

① 木이 없을 경우

- 봄이나 아침이 없는 것과 같으니 생기가 없다.

- 적극적 진취성이 부족하다.

- 시작을 얼버무리니 기획 등에 맞지 않다.

- 긍정적인 생각이 부족하다.

- 木이 없으면 火의 에너지 공급원이 없고 土는 木의 자극을 받지 못해 긴장감이 풀려 할 일이 없어진다.

② 火가 없을 경우

● 여름과 낮이 없는 것과 같으니 소극적이고 활동성이 부족하다.
● 사교성이 부족하고 열정이 없다.
● 차분하고 언행이 무겁다.
● 火가 없으면 반대편 글자인 金이 자극을 받지 못해 쓸모가 없고, 水도 제대로 힘을 못쓴다.

③ 土가 없을 경우

● 중간 역할을 하는 글자가 없으니 삶의 기복이 심하다.
● 직업도 자주 바꾸고 안정감이 없다.
● 조절하는 힘이 부족하고 뿌리를 내릴 터전을 잃는다.
● 土가 없으면 金이 생을 받지 못해 金의 원천이 없는 것이고 水가 자극을 받지 못하여 건강하지 못하다.

④ 金이 없을 경우

● 가을과 저녁이 없으니 결실이 없다.

●결단력이 없고 마무리를 못한다.

●金은 돈, 재산, 결실, 추수와 연관이 있는데 이런 것들과 인연이 적다.

●金이 없으면 木을 잘 사용할 수 없고, 火는 극을 하지 못해 할 일을 잃게 된다. 水는 근원을 잃으니 시간이 지나면 고갈된다.

⑤ 水가 없을 경우

●水는 겨울이나 밤이다.

●휴식, 정지를 의미하는 水가 없으면 피곤하다.

●차분함과 여유, 융통성이 부족하다.

●水가 없으면 火를 통제할 수 없고 土는 토극수를 못해 할 일을 잃는다.

●木을 생하는 水가 없으면 木은 시간이 지날수록 시들게 된다.

10천간(天干)

천간은 木火土金水 오행이 각각 음양으로 나누어져서 甲乙丙丁戊己 庚辛壬癸 10개가 된다.

- 木에도 음양 운동이 있어 甲木과 乙木으로 나누어진다.
- 火에도 음양 운동이 있어 丙火와 丁火로 나누어진다.
- 土에도 음양 운동이 있어 戊土와 己土로 나누어진다.
- 金에도 음양 운동이 있어 庚金과 辛金으로 나누어진다.
- 水에도 음양 운동이 있어 壬水와 癸水로 나누어진다.

甲木⊕ **양의 木**　　乙木⊖ **음의 木**

丙火⊕ **양의 火**　　丁火⊖ **음의 火**

戊土⊕ **양의 土**　　己土⊖ **음의 土**

庚金⊕ **양의 金**　　辛金⊖ **음의 金**

壬水⊕ **양의 水**　　癸水⊖ **음의 水**

　천간을 이해하기 위해서 甲木은 곧은 나무, 乙木은 풀이나 덩굴식물, 丙火는 태양, 丁火는 촛불이나 등대, 戊土는 사막이나 산, 己土는 논밭, 庚金은 바위나 철, 辛金은 보석이나 씨앗, 壬水는 호수나 바다, 癸水는 빗물이나 계곡물로 생각하면 좋다. 그러나 이러한 사물에 집착하다 보면 자연운동의 큰 의미를 놓치는 수가 있으니 주의할 일이다. 우주나 대자연 운동을 글자로 표시했고, 글자를 이해하기 위해 주변 사물에 대입해 본 것이니 달을 가리키는 손가락만 보지 않도록 주의해야 한다.

甲	乙	丙	丁	戊	己	庚	辛	壬	癸
양木	음木	양火	음火	양土	음土	양金	음金	양水	음水
초봄	늦봄	초여름	늦여름	양기운 끝	음기운 시작	초가을	늦가을	초겨울	늦겨울
쓸개 담(膽)	간(肝)	소장 (小腸)	심장 (心臟)	위장 (胃臟)	비장 (脾臟)	대장 (大腸)	폐(肺)	방광 (膀胱)	신장 (腎臟)
소나무	담쟁이	태양	촛불 달	지리산	논 밭	바위 암석	보석 서릿발	바다	시냇물
1세 ~8세	9세 ~16세	17세 ~24세	25세 ~32세	33세 ~40세	41세 ~48세	49세 ~56세	57세 ~64세	65세 ~72세	73세 ~80세

① 십천간의 설명

甲木

甲木은 초봄의 기운으로 이해하면 좋다. 이른 봄에 돋아나는 수많은 새싹들이 甲木이다. 산 속의 소나무들이 甲木이다. 모두 직선적으로 위로 솟아나는 느낌을 준다. 甲木은 겨울의 꽁꽁 언 두터운 땅을 뚫고 나오는 기운이고 단단한 나뭇가지를 뚫고 나오는 어린 새싹의 기운이다. 연약하고 순진하지만 강력한 힘이 있다. 甲木에는 생명력이 있다. 살아 있는 느낌이 있다. 일직선으로 힘차고 곧게 앞으로만 쭉쭉 뻗어간다.

甲木은 남보다 앞장서는 것을 좋아한다. 빠른 것을 좋아하고 1등을 좋아한다. 그래서 단체의 우두머리 역도 잘 맡는다. 남보다 뒤지면 즉시 좌절하고 다시 일어서려 하지 않는다. 한국은 甲木의 성질이 강하다. 속도 경쟁을 하는 휴대폰이나 인터넷 강국이 된 것도 이유가 있다.

甲木은 나 중심으로 생각하고 남을 위한 배려가 부족하다. 무뚝뚝하고 경직된 성질이 있으며 우쭐대고 뽐내는 것을 좋아하고 소유욕이나 욕심이 많다. 내실을 기하기보다 앞서는 것만 좋아하니 하는 일에 금방 싫증내고 뒤처리는 생각하지 않는다.

甲木은 마음속의 생각이 행동으로 나타나니 얼굴에 그대로 드러난다. 甲木은 어린아이처럼 순진하고 천진난만하다. 봄철의 새싹인 것이다. 남과 쉽게 친해지지 않지만 한번 친해지면 변심하지 않는다. 어렸을 때 친구가 오래 간다.

甲木의 외모는 단정하지만 약간 경직되고 뻣뻣한 느낌을 준다. 움직이지 않으면 멈춤이다. 그래서 유연성이 부족하고 골격이 뚜렷한 인상을 준다. 소나무를 생각하면 된다. 이런 甲木이 가장 좋아하는 천간은 축축한 己土이다. 신체에서 甲木은 쓸개를 나타내고, 乙木은 간(肝)을 나타낸다.

甲木의 사주풀이

고집, 돌진, 우두머리, 책임자, 양육, 유아, 나무, 대들보, 목재, 가구, 농업, 원예, 과일, 섬유, 종묘, 건축업, 조림, 과수 등으로 해석된다.

❶ 일간이 甲木이다.

❷ 일간은 사주팔자에서 나를 나타내는 가장 중요한 글자이다.

❸ 甲木은 직선적, 적극적, 앞으로 나아가려는 성향이 있다.

❶ 천간에 甲木이 두 개, 세 개 있으면 甲木의 성질이 더욱 강해진다.

❷ 甲木이 두 개 있으면 경쟁하듯이 전진하는 모습이 된다.

❸ 甲木이 세 개 있으면 추진력이 더욱 강해진다.

乙木

乙木도 甲木처럼 앞으로만 성장해 간다. 甲木이 경직되었다면 乙木은 부드럽고 유연한 잡초, 덩굴식물이다. 乙木은 유연성을 발휘하여 좌우상하로 성장하여 나간다. 乙木이 사주에 있으면 적응력이 강하며 누구하고나 쉽게 잘 어울린다. 처음 만나는 사람과도 쉽게 친해질 수 있다. 乙木은 어떤 환경에서나 잘 자라는 덩굴식물이나 잡초이다.

乙木은 애교가 많다. 부드럽다. 친근하다. 여리다. 유연하다. 그래서 어느 환경에서나 잘 살아간다. 앞으로 나아가다가도 막히면 돌아간다. 담쟁이가 소나무를 타고 가는 것처럼 乙木은 자기보다 강한 사람을 좋아한다. 그래서 乙木과 甲木과의 관계는 대체로 좋으나 乙木이 지나치면 큰 나무나 바위도 휘감아 버리니 甲木도 죽일 수 있다. 보통 일본을 乙木으로 본다. 작은 섬나라 일본은 한때 한국은 물론 중국까지 점령하고 태평양을 건너기도 했다.

乙木은 상대방에게 호소력도 강하고 순진한 이미지로 처세를 잘한다. 일본은 전쟁에서 패한 뒤 다시 乙木의 기운을 발휘하여 경제대국을 이루었다. 한국은 甲木이다. 甲木은 자존심이 강하다. 신체에서 乙木은 간(肝)이다. 甲木은 쓸개이다.

乙木의 사주풀이

유연, 적응, 초목, 화초, 덩굴식물, 쌀, 곡식, 교육, 목재, 종이, 제지, 가구,
문구, 서적, 출판, 인쇄 등으로 해석한다.

❶ 일간이 乙木이다.

❷ 일간은 사주팔자에서 사주의 주인공을 나타낸다.

❸ 乙木도 甲木처럼 앞으로만 나아가려는 성질이 있다.

❹ 甲木처럼 직선적이지 않고 담쟁이처럼 유연하게 전진한다.

❶ 천간에 乙木이 두 개 있으면 乙木의 성질이 더욱 강해진다.

❷ 乙木이 두 개 있으면 담쟁이덩굴처럼 서로 엉킬 수도 있다.

❸ 보리나 벼, 억새처럼 엉키지 않고 나란히 서 있을 수도 있다.

❹ 乙木은 친화력이 좋지만 서로 엉키면 제 일을 못할 수도 있다.

丙火

丙火는 태양이다. 정열적이고 저돌적이다. 뜨겁고 자신만만하고 또 화려한 존재이다. 모든 양(陽)의 대표이다. 丙火는 저돌성과 도전정신이 있고 대담하다. 화끈하다. 모임의 우두머리인 경우가 많고 큰소리치는 사람들이 많다. 이런 사람 앞에서는 화가 나도 참아야 한다.

丙火는 양의 火로서 초여름에 해당하는 기운이다. 甲木에서 직선적으로 성장하고 乙木에서 옆으로 퍼져 나갔던 초목이 丙火에서 꽃봉오리를 맺기 시작한다. 丙火는 이것저것 호기심도 많고 움직임도 많다. 자기주장이 강하여 남에게 뒤지지 않으려 한다.

丙火는 성격이 급하여 실수가 많다. 화를 잘 내고 싸우기도 잘하고 잊기도 잘한다. 그리고 또 같은 일을 반복한다. 말이나 행동을 생각없이 하고 또 후회하는 경우가 많다.

丙火는 甲木과 비슷한 점이 있는데 앞장서기를 좋아한다는 것이다. 甲木이 자기 생각대로 독선적으로 이끌고 나간다면 丙火는 주변을 둘러보며 화끈하게 리드해 나간다. 甲木이 이기적인 냄새가 난다면 丙火는 남을 위해 희생한다는 느낌을 준다. 다른 사람들이 머뭇거릴 때 먼저 나서는 것도 丙火이다. 항상 움직임이 많아 돌아다니는 직업도 잘 어울린다.

丙火는 혼자 있는 것을 좋아하지 않으니 다양한 사람을 사귀게 된다. 여기저기 비추는 태양을 생각하면 된다. 그래서 호기심도 많고 간섭도 많다. 남과 깊이 사귀지 않지만 일단 마음을 열면 오래 간다. 丙火는 화끈하지만 순진한 모습도 있고 스케일이 큰 것 같지만 의외로 섬세하기도 하다.

丙火는 공사(公私)를 분명하게 구분한다. 아는 친구 사이라도 꼼꼼하게 따진다. 丙火가 무서워하는 천간이 있는데 辛金이다. 丙辛합이 된다. 辛金은 丙火와 합쳐서 丙火가 싫어하는 水를 만든다. 인체에서 丙火는 소장(小腸)이다. 丁火는 심장(心臟)이다.

丙火의 사주풀이

정열, 저돌, 태양, 불, 열기, 화산, 보일러, 조명, 빛, 광학, 엔진, 전자, 가스, 에너지, 석유, 휘발유, 석탄, 전기, 사치, 예술로 설명된다.

❶ 일간이 丙火가 사주의 주인공을 나타낸다.

❷ 丙火는 태양처럼 곳곳을 비추며 활발하게 움직인다.

❸ 丙火는 양간의 대표로서 추진력이 있고 나서기를 좋아한다.

時	日	月	年
	丙	丙	

❶ 천간에 丙火가 두 개 있으면 丙火의 성질이 더욱 강해진다.

❷ 丙火가 두 개 있으면 너무 밝아 눈을 뜰 수가 없다.

丁火

丁火는 오행으로 火의 성질을 가졌지만 음의 불이기에 작은 불이다. 달빛이고 촛불이며 화롯불이다. 어둠을 밝히는 연약한 丁火는 적극적으로 나서지는 않으나 우리에게 꼭 필요한 불이다. 그래서 봉사와 인연이 있다. 丙火가 화려한 것을 좋아한다면 丁火는 깔끔한 것을 좋아한다.

丁火는 부드럽고 마음이 따뜻하다. 그러나 눈에 띄지 않는다. 丁火는 누구에게나 잘하려 하는데 잘 보이려고 그러는 것은 아니다. 항상 은은하고 단정한 느낌을 주며 성실하고 예의를 갖추려 한다. 그래서 어린이나 노인들을 잘 돌보는데, 동료들과는 그저 그렇게 지낸다.

丁火는 좀처럼 속을 내보이는 경우가 드무니 아주 가까운 사람이 아니고는 속마음을 잘 모른다. 가까운 사람의 일을 내 일처럼 해주니 차분하고 좋은 인상을 풍긴다. 그래서 많은 친구는 없더라도 깊이 사귀는 친구가 있다. 丁火는 옳은 일에는 말없이 나서지만 옳지 않은 일에는 관여하지 않는다. 소극적이다 보니 기회를 놓치는 경우가 많은데 상대방이 적극적으로 다가오면 거절을 못한다.

丁火는 서두르지 않는다. 그래서 동작이 느리지만 성실히 끈기 있게 마무리를 한다. 丁火도 火이니 미래보다는 현재에 관심이 많다. 인생에서 20대 후반에서 30대 초반에 해당하니 미래의 계획보다는 우선 취업이나 결혼, 출산 등 눈앞의 일에 초점을 맞추는 것이다.

丁火가 좋아하는 천간은 壬水이다. 丁壬합으로 木을 만들어 낸다. 인체에서 丁火는 심장(心臟)이다. 丙火는 소장(小腸)이다.

丁火의 사주풀이

연약, 포근, 달, 별, 전기, 전자, 레이저, 통신, 전등, 광명, 봉사, 안내자, 유류, 도시가스, 사진, 전파, 반도체, 모터, 보일러로 해석된다.

❶ 일간이 丁火로서 일간은 사주의 주인공이다.

❷ 丁火는 음의 火로서 반딧불, 촛불, 등대, 화롯불 등으로 비유한다.

❸ 丁火는 봉사정신이 있다.

❹ 같은 火이지만 丙火와는 다른 소박함, 깔끔함, 조용함이 있다.

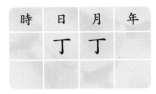

時	日	月	年
	丁	丁	

❶ 천간에 丁火가 두 개 있으면 丁火의 성질이 더욱 강해진다.

❷ 丁火가 두 개 있으면 촛불이나 반딧불이 모여 있는 것과 같다.

❸ 촛불이나 반딧불은 많으면 더 좋다.

❹ 일반적으로 음간은 두 개 이상 있으면 좋지 않으나 丁火는 좋다.

戊土

戊土는 양의 土로서 양 운동의 끝에 위치한다. 산의 정상으로 올라가는 마지막 단계이다. 木火의 양 운동을 막 지났기에 양의 기운이 듬뿍들어 있다. 산의 정상 근방에는 戊土와 己土가 있는데 戊土는 정상으로 올라가는 쪽이고, 己土는 정상에서 내려가는 쪽이다. 그래서 戊土와 己土는 정상에 있으니 음과 양의 모든 방향을 볼 수 있는 중립적인 위치에 있다. 그래서 土는 중앙·중립 등을 나타낸다.

戊土는 양의 土로 지리산처럼 큰 산으로 비유한다. 거대하고 안정감있고 흔들리지 않는 느낌이 있다. 戊土는 표정도 없고 말도 없다. 고지식하고 답답하여 속내를 알 수가 없다. 포용하는 느낌을 주지만 자기주장이 강하고 독선적이 될 수도 있다.

戊土는 양의 土로 내부적으로는 허약하다. 그리고 항상 그 자리에 고독하게 있다. 많은 것을 알면서도 나서질 않고 말하지 않으니 교만하다는 오해를 받기도 한다. 무뚝뚝하고 스케일이 크다 보니 섬세한 면은 부족하지만 아기자기한 면도 많다. 지리산도 계절에 따라 색다른 아름다움을 내뿜는 것이다.

戊土는 늘 변함이 없이 그대로이다. 다른 사람들이 믿고 의지할 만한 사람이다. 戊土는 마른 土, 즉 건토(乾土)이다. 그래서 己土처럼 유용한 식물을 기를 수는 없다. 戊土는 메마른 속을 채워줄 癸水를 좋아한다. 戊土는 癸水를 보면 합을 한다. 戊癸합이다. 戊土에 癸水가 내리면 만물이 활기를 띤다.

戊土는 모든 걸 기억한다. 말하지 않고 있다가 화가 나면 한꺼번에 쏟는다. 큰 산이 무너지는 모습을 상상하라. 지리산이 화나면 정말 무섭다. 그러나 土는 좀처럼 화를 내지 않는다. 신체에서 戊土는 위장(胃臟)이다. 己土는 비장(脾臟)이다.

戊土의 사주풀이

답답, 중립, 지구, 대지, 가옥, 건축, 제방, 부동산, 온천, 토건업, 토목, 석재, 산, 자갈 등으로 해석한다.

❶ 일간이 戊土로서 사주의 주인공이다.

❷ 戊土는 열기가 가득하여 건토(乾土)라고 한다.

❸ 戊土는 양의 정점으로 지리산처럼 듬직하다.

❹ 戊土는 중립적인 입장에서 교섭, 중재를 잘하고 믿음직스럽다.

❶ 천간에 戊土가 두 개 있으면 지리산이 두 개 있는 모습이다.

❷ 戊土는 움직임이 없으니 두 개의 戊土는 너무 둔해 보인다.

❸ 꿈만 크고 실속이 없거나 지나친 고집이 느껴진다.

❹ 천간은 甲木과 丁火를 제외하고 같은 글자가 함께 있으면 안 좋다.

己土

己土는 음의 土로서 음 운동의 시작점이다. 己土에서부터 金水 운동으로 이어진다. 甲乙丙丁戊의 양의 단계를 거쳐 己土부터 음 운동이 시작한다. 그래서 같은 土이지만 戊土와 己土는 다르다. 보통 戊土는 지리산, 己土는 논밭 등으로 비유한다. 己土는 옥토 논밭처럼 인간이 만든 땅이다.

己土는 어머니 대지와 같은 존재이다. 그래서 己土는 포용력이 좋다. 있는 듯 없는 듯하지만 편안함이 있고 어루만지는 힘이 있다. 나서지 않고 주로 잘 듣는 편이다. 사시사철 제자리에 있는 논밭을 생각하라. 불만이 있어도 참고 이해한다. 그래서 모두가 己土를 싫어하지 않는다. 속으로 많은 것을 알면서도 좀처럼 드러내지 않는다. 그래서 다른 사람들이 믿고 이야기하고 의지하려 한다.

대개 음간들이 그렇지만 己土도 자기주장이 강하지는 않다. 알고는 있어도 말하지 않고 불만이 있어도 잘 드러내지 않으나, 己土도 화가 나면 무섭다. 己土를 잘못 건드리면 크게 다칠 수 있다. 그러나 己土가 그 상태까지 가는 경우는 드물다.

己土를 싫어하는 천간이 있으니 壬水이다. 壬水는 己土에 의하여 물이 흐려진다. 기토탁임(己土濁壬)이라고 한다. 己土는 甲木이 좋아한다. 甲己합이 된다. 甲木은 己土에 뿌리를 박고 성장한다. 물론 乙木도 己土를 좋아한다. 己土는 모든 나무의 사랑을 받는다. 신체에서 己土는 비장(脾臟)이다. 戊土는 위장(胃臟)이다.

己土의 사주풀이

포용력, 편안함, 논밭, 담, 성벽, 묘지, 도로, 중개자, 바둑, 도자기, 기와, 벽돌, 주차장 등으로 해석한다.

❶ 일간이 己土이니 사주팔자의 주인공이다.

❷ 己土는 음의 土로서 논밭처럼 편안함을 준다.

❸ 己土는 음양 운동에서 음 운동을 시작하는 천간이 된다.

❹ 戊土가 마른 건토(乾土)라면 己土는 축축한 습토(濕土)이다.

❶ 천간에 己土가 두 개 있으면 己土의 성질이 더욱 강해진다.

❷ 己土가 두 개 있으면 하는 일에 장애가 발생할 수 있다.

❸ 甲木과 丁火를 제외한 천간은 나란히 있으면 좋지 않은 경우가 많다.

庚金

庚金은 가을의 시작으로 음이 본격적으로 시작되는 때이다. 결실과 수확의 계절로 접어든다. 庚金은 다듬어지지 않은 바위나 쇠에 비유된다. 양의 金이기에 단단하고 고집 있고 세련미는 없다. 천진하고 사심이 없으나 우직한 면이 있다. 가공하지 않은 바위나 철로 생각하면 된다. 일반적으로 양간들은 가공하지 않은 자연산처럼 세련미는 없다. 바위는 처음 움직이는 것이 어렵지 구르기 시작하면 거침없이 구른다. 庚金도 처음에는 무뚝뚝하나 일단 마음을 열면 활짝 연다. 그러나 일단 마음을 닫으면 또 끝이다. 구르는 바위가 멈춰버린 격이다.

庚金은 당하더라도 밀고 나가 끝장을 보려 한다. 어떻게 보면 답답한 면도 있다. 자기주장을 포기하는 것을 치욕으로 생각한다. 이러한 성향은 甲木과 비슷한데, 甲木은 양의 성질이라 일을 저지르려 한다면 庚金은 음의 성질이 강해 견제하고 단속하려 한다. 음양의 차이이다.

庚金은 새로운 환경을 꺼려 한다. 새로운 사람도 사귀지 못한다. 새로운 일도 좋아하지 않고 하던 일을 계속하려 한다. 한마디로 변화를 싫어한다. 자기가 하고 싶은 일은 기어코 하는데 마음에 들지 않으면 쉽게 포기해 버린다. 庚金의 이런 보수적 성향 때문에 세상의 변화에 어둡다.

庚金이 좋아하는 천간은 乙木이다. 乙庚합이 된다. 庚金은 인체의 대장(大腸)이다. 辛金은 폐(肺)이다.

庚金의 사주풀이

철강, 철재, 금속, 철물, 광업, 탄광, 광산, 기계, 방앗간, 재봉틀, 중기, 파이프, 조선, 차량, 고물, 바위, 도끼, 경찰, 검찰, 보안, 경비, 군인, 폭력 등으로 해석한다.

❶ 庚金이 사주팔자의 주인공이 된다.
❷ 庚金은 가공되지 않아 세련되지 않은 쇳덩어리이다.
❸ 고집스럽고 우직하고 단단한 맛이 있다.

時	日	月	年
	庚	庚	

❶ 천간에 두 개의 庚金은 庚金의 성질이 더욱 강해진다.

❷ 庚金이 두 개 있으면 다듬어지지 않은 금속끼리 부딪치는 모습이다.

❸ 우직하고 거칠어 일생에 한번은 크게 다칠 수도 있다.

辛金

辛金은 늦가을에 해당한다. 辛金은 단단한 결정체이다. 씨앗이다. 완전히 익은 과일, 곡식이다. 결실이다. 내실이 있다. 빛나는 보석이나 면도칼이다. 찬서리, 싸늘함, 살벌함 등의 느낌이 있다. 辛金은 모든 초목의 잎을 순식간에 잘라버린다. 매울 辛. 적응력이 좋은 乙木도 辛金은 싫어한다.

辛金 일간은 섬세하고 날카롭고 매운맛이 있다. 그러나 단정하고 깔끔하게 보인다. 내실은 견고하다. 대체로 이성적이며 논리정연하다. 庚金은 가공되지 않은 철이지만 辛金은 다듬어진 빛나는 보석이다. 그래서 자기중심적이고 자질구레한 일은 싫어한다. 자신이 싫어하는 것은 관심도 갖지 않는다.

辛金은 보석처럼 혼자 빛나고 싶어한다. 속으로 은근히 잘난 척한다. 나서는 것은 싫어하나 남이 알아주면 좋아한다. 그러나 깊이가 있으면서 순진한 사람들이 훨씬 많다.

辛金은 머리가 좋고 이해도 빠르다. 辛金은 모든 일을 잘 기억한다. 辛金은 자존심이 강하다. 보석의 자존심이다. 辛金은 자존심에 상처를 받으면 잘 기억해 두었다가 복수한다. 끝까지 모질게 물고 늘어진다. 무서운 丙火가 꼼짝 못하는 것이 있는데 辛金이다. 화극금(火剋金)이 안 통하는 것이다. 辛金은 태양 丙火를 만나면 오히려 빛난다. 丙辛합이다. 인체에서 辛金은 폐[허파]이다. 庚金은 대장(大腸)이다.

辛金의 사주풀이

싸늘, 살벌, 쇳물, 주방기구, 기계부속, 바늘, 보석, 도금, 귀금속, 장신구, 세공, 금은, 시계, 정밀기계, 스프링, 화학기계, 계산기, 광학, 경금속 등으로 해석한다.

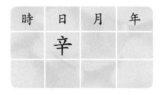

❶ 사주팔자의 주인공은 일간인 辛金이다.

❷ 사주는 일간과 다른 글자와의 관계를 보는 것이다.

❸ 辛金은 가을이 무르익어 모든 결실이 이루어지는 때이다.

❹ 서릿발 같은 살벌함이 있어 추풍낙엽(秋風落葉)을 연상케 한다.

❺ 반짝이는 보석이나 면도칼로도 비유된다.

時	日	月	年
	辛	辛	

❶ 천간에 辛金이 두 개 있으면 예리함이 가중된다.

❷ 찬바람이 불고 복수심이 강한 잔인함이 예상된다.

❸ 丙火나 壬水를 보면 보석이 깨끗해지고 빛이 나니 좋다.

壬水

壬水는 초겨울이다. 양의 水로서 이제 모든 활동을 멈추고 겨울로 들어가 휴식을 취한다. 계곡의 물이 흘러 강을 지나 바다에 머무른다. 壬水는 바다, 강, 호수의 물이다. 癸水는 계곡이나 옹달샘, 또는 빗물이다.

壬水는 큰 바다처럼 차분하고, 표정도 없고, 동작도 느리다. 그러나 속으로는 많은 것을 알고 있다. 단지 반응을 안 할 뿐이다. 壬水는 성실하고 변덕없이 침착하다. 경거망동(輕擧妄動)하지 않는다. 壬水는 무뚝뚝하고 애교가 없다.

壬水는 표정의 변화가 적으니 속을 알 수가 없다. 그래서 壬水는 음흉하다고 한다. 속을 알 수 없으니 상대하기 어렵다. 바다는 가만히 있는 것처럼 보이지만 속으로는 끊임없이 움직인다. 생각하고 또 생각한다. 생각이 많아 학자나 도인(道人)처럼 자기 자신을 갈고 닦는 것을 좋아한다. 壬水는 잘 나서지 않으나 일단 나서면 어려운 문제도 잘 처리한다. 남을 생각하지 않고 비판하는 것을 잘하여 냉정하게 보이기도 한다.

壬水는 현실적이다. 절대 손해 보지 않으려 한다. 물질적인 면을 중시하고 생활력도 강하다. 그래서 이기적이고 무뚝뚝하고 비협조적이며 냉소적으로 보인다. 그러나 사교성이 있고 비밀도 잘 지킨다. 그래서 남들이 壬水에게 속내를 잘 털어놓는다. 인체에서 壬水는 방광(膀胱)이다. 癸水는 신장(腎臟)이다.

壬水의 사주풀이

바다, 호수, 눈, 비, 빙산, 유류, 주류, 해운, 연구, 기획, 발상, 발명 등으로 통변한다.

❶ 壬水가 일간으로 사주팔자의 주인공이다.

❷ 壬水는 겨울의 시작으로 움츠리고 정지된 모습이다.

❸ 정체, 조용, 느림을 나타낸다.

❹ 답답하게 앉아서 머릿속으로만 많은 생각을 한다.

❶ 壬水 두 개의 기세가 무섭다.

❷ 壬水는 큰 물로 비유되니 홍수가 난 것이다. 쓰나미이다.

❸ 스케일이 크다 보니 사소한 일은 대충 지나쳐 실패할 수 있다.

❹ 甲木과 丁火를 제외한 천간은 나란히 있으면 좋지 않은 경우가 많다.

癸水

癸水는 늦겨울에 해당하니 곧 봄이 올 시기이다. 癸水는 겨울과 봄의 전환점이다. 음이 극에 이르면 양이 저절로 열리게 된다. 癸水에는 겨울에서 봄으로 가는 이중성이 있다. 어두움과 밝음, 우울함과 명랑함이 함께 있다.

癸水는 옹달샘이고 샘물이다. 여름철의 단비이다. 바다, 저수지의 물은 壬水이고 봄과 여름의 비는 癸水이다.

癸水는 환경에 잘 적응하므로 누구와도 쉽게 친해진다. 乙木이 순진하고 여린 사교성이 있다면 癸水는 발랄하고 재잘거리는 명랑함이 있다. 그래서 사람들과 말하는 것을 좋아하고 밝은 곳을 좋아한다. 겨울이 곧 다가올 봄을 그리워하는 것이다.

癸水는 감정이 풍부하다. 주변의 상황에 따라 분위기 조절을 잘한다. 활달한 때가 있는가 하면 말없이 조용하기도 하다. 이것은 변덕으로 보이기도 한다. 좋아하는 물건을 취했다가 금방 싫증을 내기도 하고 심지어 사람에게도 그러한 성향을 보인다. 이러한 모습은 의도적이고 계획적으로 느껴지지 않아 크게 욕먹지는 않는다. 싫을 때는 복수도 하는데 순진한 면이 있다.

癸水는 말하기 좋아하고 감정이 풍부하여 한 가지에 집중을 못하니 한 분야에서 전문가가 되기는 어렵다. 인체에서 癸水는 신장(腎臟)이다. 壬水는 방광(膀胱)이다.

癸水의 사주풀이

눈물, 가랑비, 샘물, 하수, 액체, 소변, 주류, 음료, 우유, 온천, 목욕, 세탁 등으로 해석한다.

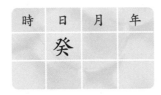

❶ 일간이 癸水로 늦은 겨울이다. 곧 봄이 온다.

❷ 癸水는 시냇물, 계곡물에 비유하니 시원하고 상큼함이 있다.

❸ 癸水는 음이 절정에 이르러 스스로 양의 기운으로 넘어간다.

❹ 癸水는 음에서 양이 탄생하며 복잡 다양한 상황을 연출한다.

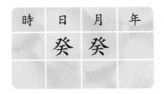

❶ 천간에 癸水가 두 개 있으면 癸水의 성질이 더욱 강해진다.

❷ 癸水는 늦겨울이면서 내심 봄을 꿈꾸는 이중적인 면이 있다.

❸ 甲木과 丁火를 제외한 천간은 나란히 있으면 좋지 않은 경우가 많다.

② 천간의 생극(生剋)

오행의 생극에서 보았듯이 생과 극을 통해 우주와 대자연은 순환 운동을 한다. 상생과 상극의 조화로운 균형이 있을 때 우주 운동과 대자연 운동은 순조롭게 진행되고 우리 인간도 자연스런 삶을 살아갈 수 있다.

사주에서 천간의 글자는 하늘의 뜻, 인간의 마음을 나타낸다. 천간의 흐름이 잘 흘러가면 마음의 평화가 있지만, 천간의 흐름이 순조롭지 못하면 갈등, 근심, 걱정 등으로 마음이 편안하지 못하다.

다음 예를 살펴본다.

계절로 연관시켜 보면 년간부터 초가을-초여름-늦가을-늦봄으로 지나간다. 이 사주는 봄·여름·가을 기운은 있으나 겨울 기운은 없다. 겨울의 휴식 기운이 없는 것이다. 천간이 가을-여름-가을-봄으로 이어지니 그 순서가 자연의 이치에 맞지 않아 순조로운 흐름은 아니다.

위 사주는 초겨울-초겨울-초여름-늦가을의 기운으로 흐른다. 봄의 기운이 없는 사주이다. 겨울에서 시작하여 겨울, 여름을 거쳐 가을로 간다. 자연의 흐름과 맞지 않다. 봄·여름·가을·겨울로 흘러가는 것이 자연의 법칙이다.

천간을 보면 모두 음의 글자로 늦여름-늦봄-늦가을-늦봄으로 간다. 이 사주는 겨울의 기운이 없다. 휴식을 의미하는 水가 없다. 여름-봄-가을-봄으로 흘러 역시 자연의 법칙에 어긋나는 사주이다.

위에서 보았듯이 대부분의 사주는 자연의 법칙처럼 봄·여름·가을·겨울의 순서로 가는 경우가 거의 없다. 그래서 삶에 우여곡절이 있게 된다. 그러나 무난한 사주가 꼭 좋다고는 볼 수 없다. 순탄한 사주는 위기가 왔을 때 대처하기 힘들고 우여곡절이 있는 사주는 평소에 강한 경쟁력이 생겨 어려움이 와도 이겨낸다. 어느 것이 좋다 나쁘다 단정짓기 어렵다.

7 12지지(地支)

① 지지의 성질

자 축 인 묘 진 사 오 미 신 유 술 해
子丑寅卯辰巳午未申酉戌亥

지지의 글자는 우리가 흔히 사용하는 태어난 해의 동물[띠]이나 12개의 달을 나타낸다. 천간은 하늘의 운동이지만 지지는 우리가 사는 지구의 운동이므로 12지지를 이해할 때는 지구에서 일어나는 계절이나 하루의 변화를 생각하면 이해가 빠르다.

지지의 12글자를 사계절로 나누어 보면 겨울은 亥子丑, 봄은 寅卯辰, 여름은 巳午未, 가을은 申酉戌로 구분이 되고, 하루를 나누어 보면 밤은 亥子丑, 아침은 寅卯辰, 낮은 巳午未, 저녁은 申酉戌에 해당한다.

寅卯辰에 해당하는 아침이나 봄은 새로운 시작이고 출발이다. 휴식을 취한 뒤라 생기가 돌고, 상쾌하다.
巳午未에 해당하는 여름이나 낮은 밝고, 덥고, 움직임이 많다.
申酉戌에 해당하는 가을이나 저녁은 어둡고, 쓸쓸하다.
亥子丑에 해당하는 겨울이나 밤은 춥고, 어둡고, 소용하다.

사주의 글자들을 보면서 자연의 현상과 연관시키는 습관을 들이면 명리학을 빨리 습득할 수 있다.

◉지지의 오행

오행이 10개의 천간과 12개의 지지로 세분화되었으므로 지지도 당연히 오행으로 분류할 수 있다.

봄의 기운은 寅卯辰이다. 여름의 기운은 巳午未이고, 가을의 기운은 申酉戌이다. 겨울의 기운은 亥子丑이 된다. 각 계절의 마지막 글자들, 즉 봄의 辰, 여름의 未, 가을의 戌, 겨울의 丑은 다음 계절로 전환하는 글자가 된다.

봄의 기운 寅卯는 木이다. 寅木, 卯木이라고 읽는다.

여름의 기운 巳午는 火가 된다. 巳火, 午火라고 읽는다.

가을의 기운 申酉는 金으로 申金, 酉金이라고 읽는다.

겨울의 기운 亥子는 水가 되고 亥水, 子水라고 읽는다.

환절기 辰戌丑未는 土가 되어 辰土, 戌土, 丑土, 未土라고 읽는다.

그래서 지지는 寅木, 卯木, 辰土, 巳火, 午火, 未土, 申金, 酉金, 戌土, 亥水, 子水, 丑土가 된다.

봄	☞	寅木, 卯木, 辰土
여름	☞	巳火, 午火, 未土
가을	☞	申金, 酉金, 戌土
겨울	☞	亥水, 子水, 丑土

◉지지의 상생상극(相生相剋)

오행 운동은 우주 운동이고 천간 운동이다. 지지가 나타내는 지구는 사계절 운동을 한다. 그래서 오행의 상생상극을 지지에 적용하는 것은 맞지 않다. 오행의 상생상극은 천간에만 적용한다.

지지의 상생 관계는 봄이 여름을 생하고, 여름은 가을을 생하고, 가을은 겨울을 생하고, 겨울은 봄을 생한다.

봄 生 ▶ 여름 生 ▶ 가을 生 ▶ 겨울 生 ▶ 봄

지지의 상극 관계는 봄이 가을을 극하고, 여름은 겨울을 극하고, 가을은 봄을 극하고, 겨울은 여름을 극한다.

봄 ◀─ 剋 ─ 가을   여름 ◀─ 剋 ─ 겨울

즉, 지지의 상생 관계는 목생화(木生火), 화생토(火生土), 토생금(土生金), 금생수(金生水), 수생목(水生木)이 되고 지지의 상극 관계는 목극금(木剋金), 금극목(金剋木), 화극수(火剋水), 수극화(水剋火)가 된다.

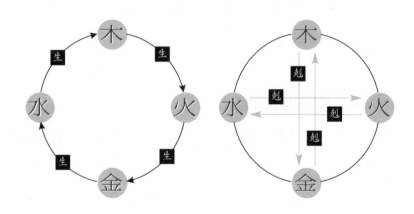

◉지지의 土

천간의 土는 木火의 양 기운을 金水의 음 기운으로 전환하고 木火 운

동에서 생긴 양의 기운을 듬뿍 품고 있다. 지지의 土는 각 계절의 중간에 있어 환절기에 해당한다. 그래서 봄과 여름을 가을과 겨울로 잇는 未土가 천간의 土와 가장 비슷하다. 未土는 木火라는 양의 기운을 金水라는 음의 기운으로 전환하면서 열기도 듬뿍 품고 있기 때문이다.

未土를 제외한 다른 戌丑辰의 土는 土의 기운이 약해진다. 봄·여름·가을·겨울을 나타내는 지지의 표를 보고 생각하면 간단한 자연의 이치이다.

> 봄의 끝에 오는 辰土는 木을 마무리하고 火를 생하고, 未土는 火를 마무리하며 金을 생한다. 戌土는 金을 마무리하며 水를 생하고, 丑土는 水를 마무리하며 木을 생한다.

오행 운동의 상생상극이나 사계절 운동의 상생상극은 우주나 대자연 운동에서 힘의 균형이 비슷할 때 일어난다. 그러나 실제 사주에서는 각 글자의 힘의 세기가 다르므로 상생상극 운동이 그대로 일어나지 않는다.

예를 들어 수극화(水剋火)에서 水가 약하고 火가 강하다면 水가 火를 극하지 못하고 오히려 당하는 것이다. 다른 글자들도 마찬가지이다.

五行 반생

❶ 물이 많으면 나무가 뜬다(**수다목부** 水多木浮) 浮 ☞ 뜨다

❷ 나무가 많으면 불길이 막힌다(**목다화색** 木多火塞) 塞 ☞ 막히다

❸ 불이 많으면 흙이 부스러진다(**화다토초** 火多土焦) 焦 ☞ 그을리다

❹ 흙이 많으면 쇠가 묻힌다(**토다금매** 土多金埋) 埋 ☞ 묻히다

❺ 쇠가 많으면 물이 흐리다(**금다수탁** 金多水濁) 濁 ☞ 흐리다

五行 반극

❶ 불이 많으면 나무가 탄다(**화다목분** 火多木焚) 焚 ☞ 타오르다

❷ 흙이 많으면 불이 어둡다(**토다화회** 土多火晦) 晦 ☞ 어둡다

❸ 쇠가 많으면 흙이 허약해진다(**금다토허** 金多土虛) 虛 ☞ 텅비다

❹ 물이 많으면 쇠가 가라앉는다(**수다금침** 水多金沈) 沈 ☞ 가라앉다

❺ 나무가 많으면 물이 마른다(**목다수축** 木多水縮) 縮 ☞ 마르다

五行 역극

❶ 흙이 많으면 나무가 부러진다(**토다목절** 土多木折) 折 ☞ 꺾어지다

❷ 쇠가 많으면 불이 꺼진다(**금다화식** 金多火熄) 熄 ☞ 꺼지다

❸ 물이 많으면 흙이 떠내려간다(**수다토류** 水多土流) 流 ☞ 떠밀리다

❹ 나무가 많으면 쇠가 이지러진다(**목다금결** 木多金缺) 缺 ☞ 이지러지다

❺ 불이 많으면 물이 없어진다(**화다수증** 火多水蒸) 蒸 ☞ 증발하다

② 지지의 생지(生地) 왕지(旺地) 고지(庫地)

생지(生地)　☞　寅申巳亥

왕지(旺地)　☞　子午卯酉

고지(庫地)　☞　辰戌丑未

　지지는 각 계절의 변화를 통해 정리하면 좋다. 각 계절을 여는 첫 번째 글자를 생지(生地)라 하고, 여기에는 寅申巳亥가 있다. 즉, 봄을 나타내는 寅卯辰 중의 첫 글자인 寅木, 여름을 나타내는 巳午未 중 첫 글자인 巳火, 그리고 가을을 나타내는 申酉戌 중의 첫 글자인 申金, 겨울을 나타내는 亥子丑 중의 첫 글자인 亥水가 생지의 글자들이다.

　다음으로 각 계절의 중간에 있는 글자들은 왕지(旺地)라 하고 子午卯酉가 있다. 즉, 봄을 나타내는 寅卯辰 중의 가운데 글자인 卯木, 여름을 나타내는 巳午未 중 가운데 글자인 午火, 그리고 가을을 나타내는 申酉戌 중 가운데 글자인 酉金, 겨울을 나타내는 亥子丑 중 가운데 글자인 子水가 왕지의 글자들이다.

　각 계절의 마지막 글자의 모임인 辰戌丑未는 각 계절이 끝나는 지점으로 고지(庫地) 또는 묘지(墓地)라고 한다. 즉, 봄을 나타내는 寅卯辰 중의 마지막 글자인 辰土, 여름을 나타내는 巳午未 중 마지막 글자인 未土, 그리고 가을을 나타내는 申酉戌 중의 마지막 글자인 戌土, 겨울을 나타내는 亥子丑 중의 마지막 글자인 丑土가 묘지의 글자들이다.

◉생지 寅申巳亥의 특징

寅申巳亥는 각 계절의 첫 글자들로 어린아이들과 같아 움직임이 많다. 일을 시작하고 저지르는 것을 좋아하고 활동적이고 적극적이다. 그래서 寅申巳亥 글자가 있으면 잘 돌아다니는 역마(驛馬)의 기질이 있다. 사주에 寅申巳亥 글자들이 많으면 움직임이 많아 이사를 다니거나 직장의 이동이 많다. 또한 시작은 잘하지만 끝마무리는 서툴다. 그래서 생지의 글자들은 이끌어주는 다른 글자의 도움이 필요하다.

◉왕지 子午卯酉의 특징

子午卯酉는 각 계절의 가운데 글자로 봄·여름·가을·겨울이 절정에 이르렀을 때이다. 그래서 子午卯酉를 왕지(旺地)라고 한다. 각 계절의 강한 기운을 가지고 있는 子午卯酉 글자가 사주에 있으면 남에게 지지 않으려는 자존심이 있다. 또한 어느 단체에서나 우두머리 역할을 하려하고, 장손이 아니면서도 장손 역할을 한다. 子午卯酉 모두 강한 기운이지만 특히 말띠[午]가 기(氣)가 세다는 것은 午가 여름철의 왕지여서 움직임이 가장 활발하기 때문이다.

◉고지 辰戌丑未의 특징

辰戌丑未는 각 계절의 마지막 글자로 환절기를 나타낸다. 하나의 계절 기운이 가고 다음 계절의 기운이 나타나는 때이다. 그래서 사주에 辰戌丑未가 있으면 복잡한 이중 심리를 지닌다. 변화의 요소를 잠재적으로 가지고 있는 것이다. 운전할 때 커브길에서는 속도를 늦춰야 하는 것처럼 辰戌丑未 글자에는 조심해야 한다. 또 辰戌丑未는 백호(白虎)나 입묘(入墓) 등 좋지 않은 신살과 관련이 있을 때가 많다.

③ 12지지(地支)의 설명

▌子水

子水는 겉모습은 양이지만 실제 사용은 음水이다. 子水는 사주풀이에서 항상 음으로 취급된다. 절기로는 대설 이후 한 달간이고, 시간으로는 밤 12시 전후 2시간이다. 子水는 쥐를 나타낸다. 밤에 활동하는 쥐이다. 한밤중이고 한겨울이다. 음이 절정을 이루는 동지와 자정이 들어 있다. 음이 왕성한 때이니 양의 활동이 거의 없고 웅크리고 기운을 모으는 때이다. 子水의 반대쪽에는 午火가 있다.

子水의 사주풀이

밤, 어둠, 물, 바다, 강, 하천, 얼음, 비(rain), 귀, 방광으로 해석한다.

▌丑土

丑土는 음의 土이다. 절기로는 소한 이후 한 달간이고, 시간으로는 새벽 2시 전후 2시간이다. 겨울이 봄으로 바뀔 때이고 밤이 아침으로 바뀔 때이다. 음이 양으로 전환하는 시기이다. 丑은 소[牛]를 나타낸다. 丑은 金水라는 음운동을 마무리하는 곳이다. 丑土의 반대편에는 未土가 있는데 그래서 丑未충이 된다. 마무리는 음이 하니 양을 마무리하는 未土, 음을 마무리하는 丑土 모두 음의 土이다.

丑土의 사주풀이

논밭, 습지, 지하실, 굴, 터널, 묘지, 비장과 관련이 있다.

寅木

寅木 卯木 중에서 시작은 양이 하니 寅木은 양의 木이 된다. 절기로는 입춘 이후 한 달간이고, 시간으로는 새벽 4시 전후 2시간이다. 寅은 봄철의 시작이고, 아침의 시작이다. 이때 모든 생명의 움직임이 힘차게 시작한다. 寅은 힘차게 달리는 호랑이이다. 寅木은 스프링처럼 직선적으로 솟아오르는 느낌이 있다.

寅木의 사주풀이

담, 나무, 목재, 가구, 지물, 섬유, 의류, 화폐, 문구와 관련이 있다.

卯木

卯木은 음의 木이다. 절기로는 경칩 이후 한 달간이고, 시간으로는 아침 6시 전후 2시간이다. 寅月에 돋아난 새싹은 卯月에 잔가지와 잎이 무럭무럭 자란다. 봄의 절정이다. 청소년의 계절이다. 卯는 토끼이다.
반대편에는 酉金이 있다.

卯木의 사주풀이

간, 초목, 화초, 곡물, 과일, 야채, 손가락, 서책, 신문, 문서와 관련이 있다.

辰土

辰土는 양의 土이다. 절기로는 청명 이후 한 달간이고, 시간으로는
아침 8시 전후 2시간이다. 봄에서 여름으로 넘어가고 아침에서 낮으로
넘어가는 때이다. 가장 변화가 심한 때이니 용(龍)을 나타내는 辰을 썼
다. 용(龍)은 변화가 많다. 辰戌丑未는 모두 계절이나 하루의 전환점에
있다.

辰土의 사주풀이

위(胃), 진흙, 습지, 웅덩이, 댐, 물탱크 등으로 해석한다.

巳火

巳火는 양의 火이다. 절기로는 입하 이후 한 달간이고, 시간으로는 오
전 10시 전후 2시간이다. 여름의 시작이고 낮의 시작이다. 본격적으로
양기(陽氣)가 퍼져가는 때이다. 이 시절에 자연은 화려하게 꽃이 피고
수정이 이루어진다. 뱀은 巳가 상징하는 동물이다. 뱀 속에는 양기(陽

氣)가 가득하다. 뱀은 열기를 식히느라 온몸을 땅에 부비며 다닌다. 巳의 반대편에는 亥가 있다.

巳火의 사주풀이

심장, 달, 별, 전기, 자동차, 기차, 철로, 광선, 혈압 등으로 해석한다.

午火

午火는 음의 불이다. 절기로는 망종 이후 한 달간이고, 시간으로는 낮 12시 전후 2시간으로 午는 음(陰)의 火이다. 火의 기운을 마무리하니 음의 火가 된다. 오월(午月)에는 무더워지기 시작한다. 양의 기운을 가장 많이 받는 때이다. 하지가 있고 정오가 있다. 午火에서 음의 기운이 시작된다. 午의 반대편에는 子가 있어 子午충이 된다. 午는 말이다. 말띠 사람들은 양의 기운이 강해 부지런히 움직인다.

午火의 사주풀이

눈, 해, 전자, 화약, 총포, 폭발, 엔진, 열기, 불 등으로 해석한다.

未土

未土는 음의 土이다. 절기로는 소서 이후 한 달간이고, 시간으로는 오후 2시 전후 2시간이다. 음력 6월쯤이고 염소[양]이다. 未에는 양(陽)의 기운이 흠뻑 들어 있다. 巳午라는 火의 기간을 지났기 때문이다. 곧 金의 계절로 들어갈 것이다. 천간의 土와 가장 닮은 것이 지지에서는 未土이다. 양을 음으로 전환시키기 때문이다. 未土의 반대편에는 丑土가 있다.

未土의 사주풀이

비장, 토지, 도로, 마을, 주차장, 담, 전신주, 건축자재, 건토, 사찰 등과 관련이 있다.

申金

申金은 양의 金이다. 가을의 시작이다. 절기로는 입추 이후 한 달간이고, 시간으로는 오후 4시 전후 2시간이다. 음력 7월쯤이고 원숭이를 나타낸다. 이제 음의 기운은 응축하니 만물이 단단해져 간다. 과일들은 외모를 갖추어 가고 벼도 익어간다. 그러나 아직은 완전히 익은 것은 아니다. 申의 반대편에는 寅이 있다.

申金의 사주풀이

대장, 금속, 기계, 정미소, 선박, 바퀴, 절단기 등과 관련이 있다.

酉金

酉金은 음의 金이다. 절기로는 백로 이후 한 달간이고, 시간으로는 오후 6시 전후 2시간이다. 음력 8월쯤이고 닭을 나타낸다. 신월(申月)에 덜 익었던 곡식 과일이 유월(酉月)이 되면 단단하게 익어간다. 酉金은

보석처럼 단단한 기운이다. 수확과 결실로 넘치는 때이다. 매서운 서리
도 내린다. 나뭇잎도 모두 떨어진다. 살벌하다. 酉金의 반대편에는 卯木
이 있다.

酉金의 사주풀이

폐, 기계부품, 재단기, 금형, 재봉틀, 종, 바늘, 불상, 패물과 관련이 있다.

戌土

戌土는 양의 土이다. 절기로는 한로 이후 한 달산이고, 시간으로는 오
후 8시 전후 2시간으로 음력 9월쯤 가을을 마치고 겨울로 접어드는 때
이다. 완전히 영양가를 빼앗긴 土가 戌土이다. 戌土에는 물기도 없다.
이제 겨울이 되면 戌土는 다시 눈(snow)과 떨어진 낙엽으로 영양분을
만들게 될 것이다. 戌은 개(dog)이다. 戌土의 반대편에는 辰土가 있다.

戌土의 사주풀이

위, 가옥, 부동산, 건축물, 창고, 마른땅, 건축, 사찰, 묘지와 연관 있다.

亥水

亥水는 절기로는 입동 이후 한 달간이고, 시간으로는 밤 10시 전후 2
시간이다. 양이 시작하고 음이 마무리를 하니 亥水는 양이고 子水는 음
이다. 사주에 亥가 있으면 겨울의 시작이고 밤의 시작이다. 그래서 만

물이 휴식에 들어가 움직임이 줄어든다. 휴식을 취하며 소모된 에너지를 충전하는 때이다. 亥는 돼지를 나타낸다. 亥水의 반대편에는 巳火가 있다.

亥水의 사주풀이

신장(腎臟), 바다, 하천, 우물, 약수, 국물, 용수, 빙과로 해석한다.

8
지장간(支藏干)

    우주의 기운은 일정하나 지구의 공전과 자전 그리고 지축의 기울기에 의해 지구에 도달할 때는 우주의 기운에 변화가 생긴다. 우주의 기운이 그대로 지구로 전달되지 않는 것이다. 이 변형된 우주의 기운은 땅 속에 비정상적으로 스며들며 지구에 영향을 미친다.

    지구 속에 들어 있는 변형된 하늘의 기운을 표시한 것이 지장간이다. 그래서 지장간은 지지 속에 들어 있는 천간의 글자이다. 천간을 드러난 마음이라 하고, 지지를 살아가는 현실이라 한다면 지장간은 숨겨놓은 사실이나 심지어 자신도 잘 모르는 잠재의식이라고 이해하면 좋다. 쉽게 말해 천간은 누구나 볼 수 있으면서 수시로 변하는 하늘이고, 지지는 우리가 살아가는 주변의 자연환경이다. 그리고 지장간은 땅 속에 묻혀 있는 지하자원이라 생각하면 된다.

지장간을 통하여 드러나지 않는 여러 가지 사실들을 알아볼 수 있다. 그리고 옆에 있는 지지 글자들끼리 서로 영향을 미쳐 앞으로 일어날 다양한 사항들도 지장간을 통해 세밀하게 추측해 낼 수 있다.

천간이나 지지의 글자는 노출되어 있어서 수시로 변하고 다치고 훼손될 수 있지만 지장간의 글자는 숨어 있기 때문에 위험할 때 보호받는 맛이 있다. 그러나 가지고는 있지만 숨어 있기 때문에 잘 사용하지 못할 수도 있다. 땅 속의 지하자원처럼 충격을 주어 파내야 사용할 수가 있으니 장단점이 있다.

지장간의 글자를 사용하려면 운(運)에서 강도가 강한 글자가 와서 지지의 껍질을 깨주어야 사용할 수 있게 된다. 이렇게 껍질을 깰 수 있을 정도로 강한 충격을 주는 것에 형(刑)과 충(沖)이 있다.

지장간은 12개의 지지 속에 들어 있으니 일년 12개월이나 하루 24시간[지지 12글자]으로 나누어 생각하면 이해하기 쉽다. 지장간은 각 지지별로 3개 정도로 기간을 나누어 초기(=여기), 중기(=본기), 말기(=정기)로 나눈다.

지장간 초기(初期)는 앞 글자의 말기 기운이 이어져서 넘어오기 때문에 여기(餘氣)라고도 한다. 예를 들어 3월의 초기는 2월말의 기운이 이어져서 나타나게 된다. 물론 3월의 말기는 4월의 초기로 이어진다. 지장간 초기ㆍ중기ㆍ말기 중에서 가장 많은 비중을 차지하는 것은 말기이다. 그래서 말기를 정기(正氣)라고도 한다. 정기(正氣)는 힘이 왕성하

고 넘치니 지지의 대표 오행이 되고 다음 달로 이어져서 다음 달 초기
즉 여기(餘氣)를 형성한다.

① 지지 속의 지장간

◉子水의 지장간 = 壬 10, 癸 20

◉丑土의 지장간 = 癸 9, 辛 3, 己 18

◉寅木의 지장간 = 戊 7, 丙 7, 甲 16

◉卯木의 지장간 = 甲 10, 乙 20

◉辰土의 지장간 = 乙 9, 癸 3, 戊 18

◉巳火의 지장간 = 戊 7, 庚 7, 丙 16

◉午火의 지장간 = 丙 10, 己 9, 丁 11

◉未土의 지장간 = 丁 9, 乙 3, 己 18

◉申金의 지장간 = 戊 7, 壬 7, 庚 16

◉酉金의 지장간 = 庚 10, 辛 20

◉戌土의 지장간 = 辛 9, 丁 3, 戊 18

◉亥水의 지장간 = 戊 7, 甲 7, 壬 16

※숫자는 한 달 30일로 보았을 때 차지하는 일수, 즉 비율을 나타낸다

앞의 지장간 글자를 보면 숫자가 있다. 12지지는 일년 열두 달을 나타낸다고 보았을 때 하나의 지지는 한 달, 즉 30일 정도를 나타낸다. 이 30일을 세 개의 구간, 즉 초기·중기·정기로 나누었을 때 어떤 천간의 글자가 어떤 비율로 지지에 들어 있는가를 보여주는 것이 지장간의 숫자들이다.

예를 들어, 子水에는 壬水가 초기 10일을 차지하고 癸水가 중기와 말기 모두 20일 동안 차지하고 있다. 丑土에는 癸水가 초기 9일을 차지하고 그 다음 辛金이 3일 동안 중기를 형성하고 己土가 말기 18일을 차지하고 있다. 寅木은 초기 戊土가 7일, 중기 丙火가 7일 그리고 말기 甲木이 16일을 차지한다.

이러한 지장간의 배정 비율은 책마다 약간씩 다를 수가 있다. 경도와 위도에 따라 하늘의 기운이 다르게 지구에 도달하기 때문에 지리적인 위치에 따라 차이가 있을 수도 있다. 그러나 큰 의미에서는 모두 비슷하다. 어차피 우주의 기운을 글자로 표시하는 데는 한계가 있으니 글자에 얽매이기보다는 자연의 흐름을 살피는 것이 좋다.

사주에서 천간의 소망이 지지의 현실에서 이루어진다면 바람직하다. 그 말의 뜻은 천간과 지지의 글자가 같은 시기에 같은 오행이 되면 마음먹은 일을 현실에서 이룰 수가 있다는 뜻이다. 그런데 더 구체적으로 알 수 있는 것이 지장간 속 글자들이다. 지지가 같은 오행이라고 하더라도 지지 속 지장간의 오행은 다를 수 있기 때문이다. 지지의 글자는 지장간의 말기의 오행이 지지로 나타난 것이다.

지장간은 숨어 있어서 당장은 사용할 수 없지만 천간은 하고자 하는 욕구이므로 뜻이 있으면 언제인가는 지장간의 글자를 꺼내 쓰려 할 것이다.

천간의 글자와 지장간의 글자가 같은 오행이 되면 천간의 입장에서는 통근(通根)했다고 하고, 지장간의 입장에서는 같은 오행이 천간에 투출(透出)했다고 한다. 이렇게 천간과 지장간이 같은 오행으로 되어 있을 때 해당 오행의 힘이 강해진다. 마음과 현실이 일치되어야 뭔가를 이룰 수 있는 것이다. 이것은 사주가 강한지 약한지 따질 때 기본이 되는 중요한 이론이다.

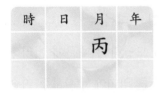

❶ 천간 丙火는 희망사항일 뿐이다.

❷ 상상이나 공상과 다를 바가 없다.

❶ 巳火는 현실이다. 우리가 사는 주변 환경이다.

❷ 천간에 같은 오행이 없으면 있어도 관심 밖의 환경이 된다.

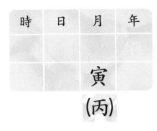

時	日	月	年
		寅	
		(丙)	

❶ 지지 寅 속에 지장간 丙火가 있다.

❷ 지장간은 가지고는 있지만 사용할 수 없는 땅 속의 지하자원과 같다.

❸ 사주의 주인공도 있는지조차 모를 때도 있다.

時	日	月	年
	丙		
	午		

❶ 천간은 丙火, 지지는 午火이다.

❷ 내가 원하는 것(천간)이 현실(지지)에 있다.

❸ 이렇게 되면 火기운이 강해진다.

時	日	月	年
	丙		
	寅		
	(丙)		

❶ 천간은 丙火인데 지지는 寅木이다.

❷ 그러나 지지 속 지장간에 丙火가 있다.

❸ 하고 싶은 일이 지장간에 잠재되어 있다.

❹ 지장간에라도 있으니 천간의 丙火는 언젠가는 사용할 수 있다.

천간과 지지와 지장간의 차이를 알아보았다. 천간의 글자는 욕구이고 지지의 글자는 현실적인 환경이다. 천간에 돈의 글자가 있으면 돈을 벌고 싶은 욕구가 생긴다. 지지에 돈의 글자가 있으면 돈이 있는 환경이 된다. 지지에 돈의 글자가 있을 때 천간에 돈의 글자가 없으면 있는 돈에 관심을 가지지 않는다. 그래서 천간과 지지가 같은 오행으로 간지결합(물상결합)될 때 마음속의 생각을 현실에서 이룰 수 있다.

사주팔자를 알면 천간을 통해 마음속의 생각을 알 수 있고 지지를 통해 현실 상황을 알 수 있다. 그리고 지장간을 통해 앞으로 일어날 세밀한 사항까지 점칠 수 있다. 그래서 사주 상담을 통해 소질이나 적성을 파악하여 진로 등을 말할 수 있고 직업이나 승진, 재산의 변화 등 삶의 흐름을 예측할 수 있다.

천간과 지지가 같은 오행으로 일치될 때 뜻을 이룰 수 있고, 천간과 지지가 다른 오행으로 흘러가면 아무리 노력해도 실현 가능성이 적어진다. 또 통근이나 투출을 통하여 강하고 약한 글자들을 파악하여 그 강도를 파악할 수도 있다.

지장간의 오행은 초기와 중기는 비중이 약하고, 말기가 가장 큰 비중을 차지한다. 그래서 비중이 큰 지장간 말기가 지지의 오행으로 나타나게 된다. 예를 들면 寅木 속에는 지장간이 戊土 丙火 甲木이 있는데 비

중이 가장 큰 지장간 말기 甲木이 양의 木 이므로 寅木을 양의 木이라고
한다.

② 지지의 음양

천간과 지지의 음양 구분은 양이 시작하고 음이 마무리한다는 우주
법칙에 따른다. 앞에서 배운 것처럼 천간의 각 글자에 음양이 있듯이 지
지의 글자도 음양으로 나눌 수 있다.

그렇다면 지지 글자의 음양 구분은 어떻게 될까?

지지는 사계절 운동을 한다. 그래서 봄·여름·가을·겨울의 사계절
도 시작은 양이 하고 마무리는 음이 한다. 그리고 각 계절의 전환점에
土가 있다.

봄	☞	寅木	卯木	辰土
여름	☞	巳火	午火	未土
가을	☞	申金	酉金	戌土
겨울	☞	亥水	子水	丑土

계절의 시작은 양이 하고 마무리는 음이 하니 寅木은 양이고 卯木은
음이다. 그리고 辰土는 봄의 기운을 여름의 기운으로 전환시킨다. 여름

은 巳火가 양이고 午火가 음이다. 그리고 未土는 여름의 기운을 가을의 기운으로 전환시킨다. 가을은 申金이 양이고 酉金이 음이다. 그리고 戌 土는 가을 기운이 겨울의 기운으로 전환하는 때이다. 겨울은 亥水가 양 이고 子水가 음이다. 그리고 丑土는 겨울 기운이 봄의 기운으로 넘어가 는 때이다.

각 계절의 환절기 기운인 辰戌丑未 역시 음양이 나뉜다. 辰土와 戌土 는 양이고 음양을 마무리하는 未土와 丑土는 음이다. 未土는 봄, 여름의 양의 기운을 마무리하고, 丑土는 음의 기운인 가을과 겨울의 기운을 마 무리한다.

지장간을 보면 지지의 음양을 더 구체적으로 알 수 있다. 지장간은 초 기(=여기), 중기(=본기), 말기(=정기)의 글자로 되어 있는데 말기(=정기) 의 글자가 지지를 대표하는 글자이다. 그래서 지장간 말기 글자의 음양 을 보고 지지의 음양을 결정한다.

예를 들면 子水(壬水 10일, 癸水 20일)는 壬水가 10일, 癸水가 20일을 담당하고 있으니 壬水보다 癸水가 더 많다. 癸水의 성질은 음(陰)에 속 하니 子水는 음수(陰水)가 된다. 辰土는 지장간을 보면 乙木 9일, 癸水 3일, 戊土 18일이니 마지막 戊土가 18일이라는 많은 비중을 차지한다. 辰土의 지장간에서 가장 많은 비중을 차지하는 戊土가 양의 土이니 辰 土는 양의 土가 된다.

특히 水와 火의 지지들은 음양을 잘 구분해야 한다. 그 이유는 겉모습 과 실제 사용이 다르기 때문이다. 亥水가 들어간 60갑자를 보면 乙亥

丁亥 己亥 辛亥 癸亥에서 보듯이 천간이 모두 음이다. 간지는 천간과 지지가 음양이 같으므로 천간이 음인 글자는 지지도 음이다. 따라서 亥水의 겉모습은 음이다. 그러나 양이 시작하고 음이 마무리를 하니 亥水는 양이 되고 子水는 음이 된다. 이것을 지장간으로 살펴보면 亥水에는 戊甲壬이라는 지장간이 들어 있다. 이 지장간의 말기가 壬水로 양의 水이니 亥水는 양의 水가 된다. 지장간의 말기 글자의 오행이 지지의 오행으로 나타나고 지장간 말기의 음양이 지지의 음양을 결정하는 것이다.

또 午火가 들어가는 60갑자를 보면 甲午 丙午 戊午 庚午 壬午가 있는데 이 역시 천간이 양이므로 지지의 겉모습도 양의 모습이다. 그러나 실제 사용은 여름철의 巳午에서 양이 시작하고 음이 마무리를 하니 巳火는 양이고 午火는 음이 된다. 이것을 지장간으로 살펴보면 午火 속에는 丙己丁의 지장간이 있다. 여기서 지장간 말기가 丁火로 음의 火이니 午火는 음의 火가 된다.

이처럼 봄과 가을의 글자들인 木金의 지지는 겉모습[체]과 실제 사용[용]에 차이가 없으나 火水의 글자들은 체와 용에서 차이가 있으니 주의해야 한다.

결론적으로 지지의 음양은 지장간의 말기(=정기) 글자의 음양으로 결정된다. 亥水는 양이고 子水는 음이다. 巳火는 양이고 午火는 음이다. 봄과 가을의 기운인 寅卯와 申酉의 체용은 같다.

9
24절기(節氣)

명리학은 우주 운동과 대자연 운동에 근거를 두고 있으므로 자연의 관찰에서 답을 찾아야 한다. 그래서 계절이나 밤낮의 변화와 함께 24절기에 대하여 정리해두어야 한다. 명리학에서는 각 달이 바뀌는 시기를 음력도 양력도 아닌 절기(節氣)를 기준으로 사용하기 때문이다. 절기가 바뀌어야 인월(寅月)에서 묘월(卯月)로, 묘월(卯月)에서 진월(辰月)……로 바뀌는 것이다.

절기는 보통 24절기가 사용되나 명리학에서는 12개의 지지만 사용되므로 12개의 절기만 알면 된다. 24절기는 태양 운동과 밀접한 관계가 있으므로 양력과 비슷하게 움직인다.

입춘(立春) ☞ 寅월	경칩(驚蟄) ☞ 卯월	청명(淸明) ☞ 辰월
입하(立夏) ☞ 巳월	망종(芒種) ☞ 午월	소서(小暑) ☞ 未월
입추(立秋) ☞ 申월	백로(白露) ☞ 酉월	한로(寒露) ☞ 戌월
입동(立冬) ☞ 亥월	대설(大雪) ☞ 子월	소한(小寒) ☞ 丑월

절기가 변하는 정확한 시각은 《만세력》에 나와 있으나 대강 다음과 같다.

봄(春)

입춘(立春)	양력 2월 4일	봄의 시작
우수(雨水)	양력 2월 18일	봄비가 내리고 싹이 틈
경칩(驚蟄)	양력 3월 5일	개구리가 겨울잠에서 깸
춘분(春分)	양력 3월 20일	낮이 길어지기 시작
청명(淸明)	양력 4월 5일	봄 농사 준비
곡우(穀雨)	양력 4월 20일	농사를 위한 비가 내림

여름(夏)

입하(立夏)	양력 5월 5일	여름의 시작
소만(小滿)	양력 5월 21일	본격적인 농사의 시작
망종(芒種)	양력 6월 5일	씨 뿌리기
하지(夏至)	양력 6월 21일	낮이 연중 가장 긴 시기
소서(小暑)	양력 7월 7일	여름 더위의 시작
대서(大暑)	양력 7월 23일	더위가 가장 심한 시기

가을(秋)

입추(立秋)	양력 8월 7일	가을의 시작
처서(處暑)	양력 8월 23일	더위 가고 일교차가 커짐
백로(白露)	양력 9월 7일	이슬이 내리는 시작
추분(秋分)	양력 9월 23일	밤이 길어지는 시기
한로(寒露)	양력 10월 8일	찬 이슬이 내리기 시작
상강(霜降)	양력 10월 23일	서리가 내리기 시작

겨울(冬)

입동(立冬)	양력 11월 7일	겨울의 시작
소설(小雪)	양력 11월 22일	얼음이 얼기 시작
대설(大雪)	양력 12월 7일	겨울 큰 눈이 옴
동지(冬至)	양력 12월 22일	밤이 연중 가장 긴 시기
소한(小寒)	양력 1월 5일	겨울 중 추운 때
대한(大寒)	양력 1월 20일	겨울 중 가장 추운 시기

육친(六親)

① 십신(十神)

십신(十神)을 흔히 십성(十星)이라고도 한다. 음양이나 오행, 그리고 천간 지지는 일상생활에서 들어볼 기회가 있지만, 십신에 나오는 용어들은 명리학 전문용어로 처음 듣는 경우가 많아서 반복학습이 필요하다. 명리 입문자들에게는 지장간 암기에 이어서 2차 고비일 수 있다.

십신은 '사주의 꽃'이라고 할 정도로 사주풀이에서 핵심적인 내용이다. 음양오행이나 천간 지지가 중요하지만 실제 상담은 십신 중심으로 이루어진다. 물론 음양오행과 천간 지지의 학습이 탄탄하지 못하면 모래성을 쌓는 것과 같다. 기초 체력을 충분히 다지고 링 위에 올라야 한다.

대부분의 상담 내용은 재산, 돈, 직장, 승진, 합격, 건강, 사업, 표현력, 인품 등과 배우자, 자식, 부모 등 가족 관계 등인데 이런 내용을 십신으로 알 수 있는 것이다. 지금까지 배워온 음양, 오행, 사계절, 천간, 지지, 지장간 등을 바탕으로 십신을 적용하면 사주풀이가 가능해진다.

십신이란 천간과 천간의 글자 관계를 말한다. 주로 사주팔자에서 주인공을 나타내는 일간(日干)을 기준으로 정하는데 다른 글자를 기준으로 사용할 때도 있다. 십신을 공부하기 전에 천간과 지지의 음양을 다시 복습해 보자.

● **양의 천간** ☞ 甲木 丙火 戊土 庚金 壬水
● **음의 천간** ☞ 乙木 丁火 己土 辛金 癸水

● **양의 지지** ☞ 寅木 巳火 申金 亥水 辰土 戌土
● **음의 지지** ☞ 卯木 午火 酉金 子水 丑土 未土

십신은 열 개의 천간끼리 관계를 살피는 것인데 그 이전에 오행끼리 관계를 보는 육친(六親)을 알아보자. 육친은 나=일간(日干), 비겁(比劫), 식상(食傷), 인성(印星), 재성(財星), 관성(官星)의 여섯 가지를 말한다. 여기서 일간인 나를 빼면 5가지가 되고, 이 다섯 가지를 음양으로 나누면 열 가지가 되니 십신(十神)이라고 한다.

일단 육친에 대해 알아본다.

나 = 아(我) = 일간(日干)

나와 같은 오행   ☞ **비겁**(比劫)

내가 생하는 오행   ☞ **식상**(食傷)

나를 생하는 오행   ☞ **인성**(印星)

내가 극하는 오행   ☞ **재성**(財星)

나를 극하는 오행   ☞ **관성**(官星)

예 나의 일간이 甲木이라면

아(我)   일간(日干)의 글자 甲木

비겁(比劫)   같은 오행의 글자이니 甲木 乙木 寅木 卯木

식상(食傷)   내가 생(生)하는 글자이니 丙火 丁火 巳火 午火

재성(財星)   내가 극(剋)하는 글자이니 戊土 己土 辰土 戌土 丑土
                                  未土

관성(官星)   나를 극(剋)하는 글자이니 庚金 辛金 申金 酉金

인성(印星)   나를 생(生)하는 글자이니 壬水 癸水 亥水 子水

◉ 비겁(比劫)

비겁은 나와 같은 오행이다. 일간이 木이라면 다른 木의 글자는 비겁
이 된다. 일간이 甲木일 때 甲木이나 乙木 또는 寅木이나 卯木이 있으면
이러한 글자가 비겁이 된다.

◉ 식상(食傷)

일간이 생하는 글자가 식상이다. 일간이 木이라고 했을 때 木이 생하는 글자는 火가 되니 火를 식상이라고 한다. 丙火 丁火 午火 巳火 등이 모두 木의 식상이다. 일간이 金이라면 金이 생하는 글자는 금생수로 水가 되니 水가 식상이다. 목생화, 화생토, 토생금, 금생수, 수생목에서 뒤에 나오는 글자가 모두 앞 글자의 식상이 된다.

◉ 재성(財星)

재성은 일간이 극하는 오행이다. 목극토, 토극수, 수극화, 화극금, 금극목에서 뒤에 나오는 글자가 앞 글자의 재성이 된다. 일간이 木이라면 목극토가 되니 土가 재성이 된다. 土에는 천간에 戊土, 己土 그리고 지지에는 4개의 辰戌丑未 土가 있다. 水의 재성은 수극화로 火가 재성이 된다.

◉ 관성(官星)

관성은 나를 극하는 오행이다. 목극토, 토극수, 수극화, 화극금, 금극목에서 내가 木이라면 나를 극하는 金이 관성이 된다. 내가 土라면 나를 극하는 木이 관성이 된다. 일간인 내가 水라면 토극수이니 나를 극하는 土가 관성이 된다.

◉ 인성(印星)

인성은 나를 생해 주는 오행이다. 목생화, 화생토, 토생금, 금생수, 수생목에서 앞의 글자가 뒤의 글자의 인성이 된다. 내가 木이라면 木을 생해 주는 水가 인성이 된다. 내가 金이라면 金을 생해 주는 土가 인성이 된다.

② 육친 연습

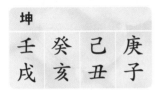

십신을 정할 때는 일간을 기준으로 한다. 위의 사주에서 일간은 癸水이다. 년간의 庚金은 일간 癸水 기준으로 금생수가 되어 일간을 생해 주니 인성이 된다. 월간의 己土는 토극수로 일간 癸水를 극하니 관성이 되고, 시간의 壬水는 癸水와 오행이 같으니 비겁이 된다.

지지를 본다. 년지의 子水는 일간 癸水와 오행이 같으니 비겁이고, 월지의 丑土는 토극수로 일간을 극하니 관성이 된다. 일지 亥水는 일간과 같은 오행으로 水이니 비겁이고, 시지 戌土는 토극수로 일간을 극하니 관성이 된다.

坤			
辛	辛	乙	癸
卯	丑	卯	丑

일간이 십신을 정하는 기준이 된다. 이 사주에서는 辛金이 일간이다. 년간의 癸水는 금생수로 일간이 생해주는 글자이니 식상이고, 월간의 乙木은 금극목으로 일간이 극을 하니 재성이다. 그리고 시간의 辛金은 일간과 같은 오행이니 비겁이 된다.

지지를 보면 년지의 丑土는 토생금으로 일간을 생해 주니 인성이고, 월지의 卯木은 금극목으로 일간이 극을 하니 재성이 된다. 일지의 丑土는 토생금으로 일간을 생해 주니 인성이고, 시지의 卯木은 금극목으로 일간이 극을 하니 재성이다.

③ 육친의 의미

앞에서 설명한 비겁, 식상, 재성, 관성, 인성 등에 육친을 적용하여 가족이나 주변의 인간관계를 파악할 수 있다. 그래서 각 육친이 나타내는 의미는 중요하다.

◉ **비겁**(比劫)은 나와 같은 오행이니 나와 동등한 형제, 자매, 친구, 동료 등을 나타낸다.

◉ **식상**(食傷)은 내가 생하는 오행이니 아랫사람, 후배, 자식 등이 되는데 구체적으로 보면 여자 사주에서는 자식이고 남자 사주에서는 장모가 된다.

◉ **재성**(財星)은 내가 극하는 오행으로 남녀 모두 친아버지가 되고, 남자에게는 처(妻)를 포함한 여자들이 된다.

◉ **관성**(官星)은 나를 극하는 오행으로 여자에게 남편이나 주변 남자가 되고, 남자에게 자식이 된다.

◉ **인성**(印星)은 나를 생해 주는 오행으로 윗사람, 선배 등이 되는데 주로 어머니를 의미한다.

◉ 처의 아버지는 남자에게 장인이 되는데 처[재성]의 친정아버지는 처의 재성이므로 **인성**이 된다[재극인].

◉ 시아버지는 남편[관성]의 부친[재성]이므로 **비겁**이 된다[관극아].

◉ 시어머니는 남편[관성]의 어머니[인성]이니 **재성**이 된다. 남편인 관성의 어머니이니 재성이 되는 것이다[재생관].

이런 방법으로 육친을 활용하여 주변의 인간 관계까지 확장하여 사주를 볼 수 있다. 오행의 표를 그려놓고 육친 관계를 표시하면서 이해하면 쉽다.

비겁(比劫) ☞	형제, 자매, 여자에게는 시아버지	
식상(食傷) ☞	여자에게 자식, 남자에게는 장모	
재성(財星) ☞	아버지, 처, 여자에게는 시어머니	
관성(官星) ☞	남자에게는 자식, 여자에게는 남편	
인성(印星) ☞	모(母), 남자에게는 장인	

사주 명리학은 기(氣)의 학문이기에 서로 영향력이 없는 경우에는 잘 맞지 않는다. 대가족 사회에서 함께 살 때는 주변 친인척도 내 사주를 통해 살필 수 있지만 현대 사회처럼 핵가족 사회에서는 본인 외에는 잘 맞지 않는 경우가 많다. 가족도 떨어져 사는 경우가 많기 때문이다.

육친은 이러한 인간관계 외에도 직장의 변화, 돈의 흐름, 새로운 일자리 등도 파악할 수 있다. **비겁**이 강하면 자기주장이나 고집이 강하다. **식상**은 언행으로 표현하는 모든 활동을 말하는데 먹고 살기 위해서 하는 모든 일이 식상이다. **재성**은 식상[일]의 결과물인데 흔히 경제적 활동을 의미한다. 일[식상]을 하는 것은 돈[재성]을 벌기 위해서가 대부분이기 때문이다. 그러나 노래[식상]를 해서 좋은 반응[재성]을 얻거나 그림[식상]을 그려 만족할 만한 작품[재성]이 나왔다면 그것도 재성이 된다. **관성**은 나를 극하는 오행으로 직업이나 직장을 나타낸다. 직장에서는 지시를 받아야 하니 내가 극을 당하게 된다. 그리고 **인성**은 나를 생하는 오행으로 문서, 학위, 인품, 명예 등을 나타낸다.

비겁(比劫) ☞ 나의 주장, 고집, 주체성

식상(食傷) ☞ 표현력, 먹고 살기 위해 하는 일(주로 하고 싶은 일)

재성(財星) ☞ 재(財), 돈, 건강

관성(官星) ☞ 직업, 직장(주로 지시받는 일)

인성(印星) ☞ 문서, 서류, 명예, 학위

④ 육친의 생극(生剋)

아(我)는 일간, 나, 비겁을 의미한다.

我生食 _아생식	나(我)는 식상을 생(生)하고,
食生財 _식생재	식상은 재성을 생(生)하고,
財生官 _재생관	재성은 관성을 생(生)하고,
官生印 _관생인	관성은 인성을 생(生)하고,
印生我 _인생아	인성은 나를 생(生)한다.

我剋財 _아극재	나(我)는 재성을 극(剋)하고,
財剋印 _재극인	재성은 인성을 극(剋)하고,
印剋食 _인극식	인성은 식상을 극(剋)하고,
食剋官 _식극관	식상은 관성을 극(剋)하고,
官剋我 _관극아	관성은 나를 극(剋)한다.

실제 사주풀이에서 육친의 생극(生剋)은 아주 유용하게 쓰인다. 오행의 생극을 적용하고 다시 육친으로 해석하는 이중적 절차를 바로 적용할 수 있기 때문이다.

예를 들면 아생식(我生食)에서 아(我)는 비겁이니 비겁이 식상을 생한다는 뜻이고, 식생재(食生財)는 식상이 재성을 생한다는 것을 의미한다. 재생관(財生官)은 재성이 관성을 생하고, 관생인(官生印)은 관성이 인성을 생한다는 뜻이다. 인생아(印生我)는 인성이 아(我), 즉 비겁을 생해주는 것이다. 생을 받으면 힘이 강해지고 생을 해주면 힘이 빠진다. 힘이 강하면 좋고, 힘이 약하면 나쁘다는 뜻은 아니다. 너무 강해도 좋지 않고 너무 약해도 좋지 않다. 생이 필요 없을 때 생해 주면 오히려 짜증이 난다.

극(剋)도 마찬가지다. 아극재(我剋財)에서 아(我)는 비겁이니 비겁이 재성을 극한다는 말이고, 재극인(財剋印)은 재성이 인성을 극하는 것이다. 인극식(印剋食)은 인성이 식상을 극하고, 식극관(食剋官)은 식상이 관성을 극하는 것을 말한다. 그리고 관극아(官剋我)는 관성이 나, 즉 일간이나 비겁을 극하는 것이다.

이 육친의 생극을 응용해 본다.

아생식(我生食)에서 아(我)는 비겁이니 내 힘이 넘치면 식상을 통해 내 힘을 빼면 좋다. 뭐든지 강할 때는 식상으로 설기하면 좋다.

식생재(食生財)는 식상이 재성을 생한다는 말인데 식상이 재성으로 잘 흘러가는 모습이라면 일을 해서 자연스럽게 돈을 벌게 된다. 그러나 실제 사주팔자를 보면 식상과 재의 균형이 틀어져 있는 경우가 대부분이다. 식상이나 재가 많거나 적거나 또는 없거나 하는 것이다.

재생관(財生官)은 재성이 관성을 생해 주니 돈이 많은 사람들이 관직에 쉽게 오르는 것을 볼 수 있고, 또 재성은 처가 되고 남자에게는 관성이 자식이니 처가 자식을 보살피는 모습이다.

관생인(官生印)은 관성이 인성을 생해 주는 것이니 직장에서 명예를 얻거나 승진하는 것이고, 남자에게 관성은 자식이고 인성은 어머니이니 자식이 나의 어머니인 할머니를 따르는 모습도 된다.

인생아(印生我)는 모친이 나를 돌봐주는 것이기도 하고, 명예나 학위 자격증을 얻으면 나를 생해 주니 내 맘이 흐뭇하다는 것도 알 수 있다.

극(剋)도 마찬가지다.

아극재(我剋財)는 내가 힘을 써서 돈을 벌거나 내가 처를 극하는 모습이다. 극 중에서도 가장 에너지 소모가 크다.

재극인(財剋印)은 재성이 인성을 극하니 처가 시어머니를 극하는 것으로 고부갈등을 나타낸다. 또 재성은 돈이고 인성은 명예나 학문이니 재극인(財剋印)은 돈에 관심을 가지면 공부가 안 되고 명예가 추락하게 된다. 돈에 관심을 가진 공직자들이 명예를 실추당하는 모습을 보이는 것도 재극인의 좋은 예이다.

인극식(印剋食)은 인성이 식상을 극하니 명예나 전통을 추구하는 어른들이 새로운 아이디어나 활동을 억제하는 것을 의미한다. 또 인성의 보수적인 면이 식상의 진보적인 것을 극한다고 보면 된다.

식극관(食剋官)은 식상이 관성을 극하는 것으로 새로운 생각 때문에 기존의 질서에 순응하려 하지 않는다. 진보는 보수를 받아들일 수 없는 것이다. 그래서 사주에 식상이 발달하면 직장생활에 적합하지 않다. 여자 입장에서는 자식[식상]이 남편[관성]을 극하는 모습이니, 여자는 남편에게 극을 당하다가[관성] 자식을 낳으면 자식의 도움으로 남편과 대등한 위치에 놓이게 된다. 자식이 성장하면 식상이 더 커지게 되니 남편을 압도할 수 있다.

관극아(官剋我)는 직장이나 법, 제도 등이 나를 통제하는 것을 나타낸다. 관이 강하다면 직장에서 스트레스가 강할 것이다. 또 남자 입장에서는 자식[관성]을 키우기 위해 희생하는 모습이기도 하다[관극아].

이렇게 육친의 상생상극은 실제 사주풀이에 곧바로 적용할 수 있다. 잊지 않아야 할 것은 육친의 생극작용 이전에 음양오행 고유 성질이 작용한다는 점이다. 식상에도 甲乙丙丁戊己庚辛壬癸에 따라 모두 다른 식상활동을 한다는 것이다. 무슨 일이든지 기본이 잘 되어 있어야 높은 탑을 쌓을 수 있다.

5 육친 정리

앞에서 배운 육친에는 일간인 나를 비롯하여 비겁, 식상, 재성, 관성,

인성이 있었다. 일간인 나와 오행이 같으면 비겁, 일간인 내가 생하는 오행은 식상, 일간인 내가 극하는 오행은 재성, 일간인 나를 극하는 오행을 관성, 일간인 나를 생하는 오행은 인성이라고 한다. 이 다섯 가지 종류가 음양으로 나뉘어 10개가 되니 십신(十神)이 된다.

　나와 같은 오행인 비겁에서 음양이 같으면 비견(比肩), 음양이 다르면 겁재(劫財)라고 한다. 내가 생(生)해 주는 오행인 식상에서 음양이 같으면 식신(食神), 음양이 다르면 상관(傷官)이라고 한다. 내가 극(剋)하는 오행은 재성인데 음양이 같으면 편재(偏財), 음양이 다르면 정재(正財)라고 한다. 나를 극(剋)하는 오행은 관성인데 음양이 같으면 편관(偏官), 음양이 다르면 정관(正官)이라고 한다. 나를 생(生)해 주는 오행은 인성인데 음양이 같으면 편인(偏印), 음양이 다르면 정인(正印)이라고 한다.

비견(比肩) ☞ 나와 오행이 같고, 음양이 같은 것
겁재(劫財) ☞ 나와 오행이 같고, 음양이 다른 것

식신(食神) ☞ 내가 생하고, 음양이 같은 것
상관(傷官) ☞ 내가 생하고, 음양이 다른 것

정재(正財) ☞ 내가 극하고, 음양이 다른 것
편재(偏財) ☞ 내가 극하고, 음양이 같은 것

정관(正官) ☞ 나를 극하고, 음양이 다른 것
편관(偏官) ☞ 나를 극하고, 음양이 같은 것

정인(正印) ☞ 나를 생하고, 음양이 다른 것
편인(偏印) ☞ 나를 생하고, 음양이 같은 것

비겁(比劫)

음양이 같은 비견과 음양이 다른 겁재로 나누어진다. 비겁은 일간과 같은 오행으로 비겁이 많으면 고집이 세고 자기주장이 강하다. 비겁이 강하면 남의 말을 듣기 싫어하니 어릴 때부터 독립적이다. 비겁이 많다는 것은 자기 동료, 친구, 형제가 많은 것이니 돈을 벌어도 나누어야 할 사람이 많다. 또 비겁이 많으면 재성을 극하니 재성을 나타내는 돈이나 아버지 또는 처가 약해진다[아극재]. 여성도 비겁이 강하면 자기주장이 강해 절대 지지 않으려고 하니 부부가 화목하지 못할 가능성이 있다. 남자도 마찬가지다. 그렇다고 비겁이 전혀 없으면 자기주장이 없는 사람이 된다. 기어코 이기겠다는 오기를 필요로 하는 운동선수 등은 비겁이 강해야 한다.

식상(食傷)

음양이 같은 식신과 음양이 다른 상관으로 나누어진다. 식상은 자신의 능력 표현이나 힘의 소모이다. 먹고 살기 위해서 하는 모든 일이 식상이다. 주로 하고 싶은 일을 식상으로 본다. 하고 싶은 일을 하면 즐겁고 일의 능률도 오른다. 강제로 시켜서 하는 일은 식상이 아니다. 식상은 말재주나 행동으로 자기표현을 잘하니 글이나 연설, 예술, 교육 등을 직업으로 가지면 좋다. 관성은 법과 질서이다. 식상은 관성을 극하니 법이나 질서를 위반하려 한다[식극관]. 시키면 시키는 대로 해야 하는 조직생활은 힘들다. 결국 자기가 좋아하는 전문직이나 사업으로 간다. 여성에게는 남편이 관성이니 여자 사주에 식상이 강하면 남편과 사이가 좋지 못하다[식극관]. 방송에 자주 나오는 연예인[상관]이나 전문가[식신] 등을 식상으로 볼 수 있다.

재성(財星)

재성은 내가 극하는 오행이다. 음양이 같은 편재와 음양이 다른 정재로 나누어진다. 재성은 식상의 결과물로 금전과 재물, 신체적 건강을 나타내는데 일반적으로 돈을 의미한다. 남자 사주에서는 여자 및 처(妻)를 나타내기도 한다. 식상이 재성으로 흘러가면[食傷生財] 좋아하는 일을 해서 그 결과를 얻는다는 의미이니 바람직하다. 사주에 재성이 많으면 인성을 극한다[재극인]. 인성은 어머니를 뜻하니 재성이 강하면 불효하기 쉽고, 또 인성은 인내심이나 학업, 학위를 뜻하니 재성이 많으면 공부를 싫어한다[재극인]. 또 재성은 남자에게 처를 의미하니 재성이 왕성하면 처가 강하다는 뜻으로 공처가의 모습도 된다. 여성의 사주에서 재성이 강하면 재성은 관성 즉 남편을 생하니 남편에게 잘하게 된다[재생관].

관성(官星)

관성은 나를 극하는 오행으로 나를 억압하고 통제한다. 음양이 같은 편관과 음양이 다른 정관으로 나누어진다. 관성은 나를 극하고 통제하니 함부로 행동하지 못하게 하고 예의를 갖추게 하며 인내심을 발휘하게 하여 올바른 길을 가게 한다. 법과 제도, 도덕 등이 관성이다. 그러나 관성의 통제가 심하면 스트레스를 많이 받게 된다. 관성은 직장을 나타내고 남자에게는 자식, 여자에게는 남편을 나타낸다. 남자 사주에 관성이 너무 강하면 자식들에게 시달리고, 직장에서 힘들게 된다. 여자에게 관성은 남편이니 관성이 강하면 아내가 힘들고, 여자 사주에 관성이 없으면 결혼이 힘들 수도 있다. 관성이 강할 때는 인성으로 흐르면 좋다[관생인]. 직장에서 승진하거나 명예를 얻는다는 뜻이기 때문이다.

인성(印星)

인성은 나를 생해 주는 오행으로 학문, 학위, 명예, 문서를 말하는데 문서는 부동산 같은 것을 의미한다. 음양이 같은 편인과 음양이 다른 정인으로 나누어진다. 인성은 활동성이 적고 보수적인 면이 있고 게으르다. 하고 싶은 일을 하는 식상을 극하기 때문이다[인극식]. 움직임이 적으니 앉아서 두뇌를 쓰게 된다. 독창적인 생각, 연구, 사상, 종교, 철학 등이 탄생한다. 식상은 순발력이 좋아 순간적으로 주변의 여러 가지를 응용한다면, 인성은 은근과 끈기로 접근하니 큰 시험에 유리하다.

반대편 육친을 잘 기억해 두어야 한다. 왜냐하면 팔자에서 하나의 육친이 강하면 반대편 육친이 약해지기 때문이다. 음양의 원리에 의해 하나가 강해지면 반드시 약해지는 것이 있고, 하나가 약해지면 반드시 강한 것들이 있게 된다.

비겁 ☞ 재성, 관성

식상 ☞ 관성, 인성

재성 ☞ 인성, 비겁

관성 ☞ 비겁, 식상

인성 ☞ 식상, 재성

11

십신(十神)의 성질

	甲	乙	丙	丁	戊	己	庚	辛	壬	癸
비견	甲	乙	丙	丁	戊	己	庚	辛	壬	癸
겁재	乙	甲	丁	丙	己	戊	辛	庚	癸	壬
식신	丙	丁	戊	己	庚	辛	壬	癸	甲	乙
상관	丁	丙	己	戊	辛	庚	癸	壬	乙	甲
편재	戊	己	庚	辛	壬	癸	甲	乙	丙	丁
정재	己	戊	辛	庚	癸	壬	乙	甲	丁	丙
편관	庚	辛	壬	癸	甲	乙	丙	丁	戊	己
정관	辛	庚	癸	壬	乙	甲	丁	丙	己	戊
편인	壬	癸	甲	乙	丙	丁	戊	己	庚	辛
정인	癸	壬	乙	甲	丁	丙	己	戊	辛	庚

십신(十神)은 앞의 표에서 보듯이 천간과 천간의 관계를 말한다.

사주팔자를 보는 것은 각 글자 하나하나를 따로 보는 것이 아니다. 다른 글자와의 영향력을 보는 것이기 때문에 일간과 다른 글자와의 관계를 파악하는 일은 중요하다. 음양을 구분하고, 오행을 분류하고, 천간과 지지 각각의 특성을 파악한 후, 십신을 적용하면 그 사람이 살아가야 할 인생 시간표를 파악할 수 있다.

십신(十神)은 앞에서 배운 육친(六親)보다 구체적이니 사주풀이에서 더 정밀한 해석을 할 수 있다. 천간에 따라 식신도 10가지, 상관도 10가지인데 식상이라고 두리뭉실하게 답하면 사주풀이를 올바로 하기 어렵다. 그래서 오행 중심의 육친보다는 천간 중심의 십신으로 팔자를 분석하는 것이 좋다. 십신도 육친처럼 일간을 중심으로 다른 글자들과의 관계를 파악한다.

비견(比肩)의 성질

비견은 일간인 나와 같은 오행으로 음양이 같다. 내가 甲木이라면 甲木이나 寅木이 비견이다. 비견은 어깨를 견준다는 말이다. 형제, 친구, 동료로 본다. 비견이 있으면 동료가 있으니 선의의 경쟁이 생긴다. 그러나 이득이 생기면 공평하게 분배해야 할 사람이기도 하다. 비견이 많으면 주변에 따르는 친구, 동료의 무리가 많아 인기가 있다.

비견이 강하면 재성을 극하니 부친(父親)이나 시모(媤母)를 무시하기 쉽다. 재성이 부친과 시모를 나타내기 때문이다. 남자나 여자나 비견이 너무 많으면 자기주장이 강해 다른 의견은 받아들이지 못하니 화합이 잘 안 되고 재성이나 관성이 약해지니 문제가 된다. 그래서 직장생활도 힘들게 된다. 비견이 강하면 자존심이 강해 마음에 없는 소리를 못하고 융통성도 부족하여 대인관계가 좋지 못하다. 그러나 독립심이 있고 자기 생각을 행동으로 옮기므로 말과 행동은 일치한다. 그렇다고 사주에 비견이 없으면 자기주장 없이 살아가는 사람이 될지도 모른다. 비견은 음양이 같아 겁재보다는 강도가 약하다.

겁재(劫財)의 성질

겁재는 비견처럼 나와 같은 오행이지만 음양이 다르다. 내가 甲木이라면 乙木이나 卯木이 겁재이다. 큰 재물을 노린다고 해서 겁재라 붙였으나 도박에서 보듯이 잃는 경우도 많다. 비견이 달리기처럼 평행선을 달리는 경쟁이라면 겁재는 마주보고 싸우는 권투와 같다. 겁재의 에너지 소모가 훨씬 크다. 그래서 위험요소도 더 많이 발생한다.

겁재는 길신(吉神)인 정재를 극하니 겁재는 흉신에 속한다. 겁재는 투기심이 강해 무리한 투자나 도박을 하기도 한다. 욕을 잘하고 술수를 쓰거나 잔머리를 굴리기도 하는데, 팔자에 식상이 있으면 겁재의 힘이 식상으로 흘러 재성으로 이어지는 바람직한 모습이 된다. 겁재 중에서 양간의 겁재는 양인(羊刃)이라고 하여 영향력이 더욱 강하다. 과거에 겁재는 사흉신(四凶神) 중 하나로 여겼다. 사흉신은 편관, 상관, 겁재, 편인인데 현대사회에는 오히려 길신으로 작용하는 경우도 많다.

식신(食神)의 성질

식신은 내가 힘을 빼면서 생해 주는 것으로 음양은 같다. 일간이 甲木이라면 丙火나 巳火가 식신이다. 식신은 여자에게는 아들이고, 남자에게는 장모에 해당한다. 식신은 즐겁게 하고 싶은 일을 말하니 길신 중하나이다. 정신적, 육체적으로 자기 자신을 표현하는 도구가 식신이다.

식신은 주로 한 가지에만 몰두하므로 전문가 소질이 있다. 식당을 해도 국밥, 추어탕처럼 하나의 종목만 파는 것이다. 그래서 다른 방면에는 관심이 없어서 사교적이지 못하다. 오로지 자기 관심 있는 것만 깊이 파고 산만한 것은 싫어한다. 융통성이나 변형, 응용, 퓨전 등은 기대하기힘들다. 음악, 미술 등 자기가 하고 싶은 일에만 몰두하니 생활능력이결여될 수 있지만 운이 좋으면 그 분야의 대가가 되기도 한다. 공직생활은 힘들지만[식극관] 식신이 있으면 의식주에는 불편이 없다. 적게 먹고도 하고 싶은 일을 하니 즐거운 것이다. 식신이 재성으로 이어지면 자기가 하는 일이 결과를 얻게 되니 바람직하다.

상관(傷官)의 성질

상관은 내가 생해 주면서 음양이 다른 것이다. 내가 甲木이라면 丁火나 午火이다. 상관은 다방면에 재능이 있고 두뇌 회전력과 처세술이 놀랍다. 순간적인 재치와 능변이 뛰어나고 자기를 포장하는 기술도 뛰어나다. 기존의 것을 버리고 새 것을 찾으니 창의력을 강조하는 현대사회에 적합하다. 과거에는 관직이나 남편을 극한다고 하여 흉신으로 여겼다. 최근 방송에 나와 다양한 재능을 뽐내는 사람들은 상관 기질이 풍부한 것이다. 문인 예술가 기술자 기자 연예인 등에 많다.

상관은 순발력은 좋으나 깊이 생각하지 않고 내뱉는 말로 반발을 살수 있다. 식신이 꾸미지 않고 있는 그대로 내보인다면 상관은 잘 꾸미고 변형시키고 개조하여 보여준다. 그래서 최근에 나오는 다양한 디자인의 제품들은 대부분 상관의 작품일 가능성이 크다. 사주에 상관이 강하면 월급받는 공직이나 기업보다는 창의력을 살려 자기 재능을 발휘하는 일을 하면 좋다. 식신의 메뉴가 하나라면 상관의 메뉴는 다양하다.

▌편재(偏財)의 성질

편재는 내가 극하면서 음양이 같은 오행이다. 내가 甲木이라면 戊土나 辰戌土가 편재에 해당한다. 편재는 부친에 해당하고 남자에게는 여자친구, 작은 부인 또는 첩이다. 정재가 월급 같은 고정수입이라면 편재는 갑자기 들어오고 나가는 돈이다. 정재는 안정적이지만 편재는 굴곡이 심하다. 정재가 자기 돈이라면 편재는 남의 돈이다. 은행, 증권회사, 보험회사 등의 돈이 편재이다. 대출로 사업하는 것도 편재이다. 크게 벌고 크게 잃는 경향이 있어 돈을 쓰는데 계획성이 없다. 자기가 하고 싶은 일을 하며 스스로 만족하며 산다.

정재는 저축이나 보험 등 안전한 투자를 하는데 편재는 안정성보다 투자나 투기 등에 관심이 많다. 뭐가 좋고 나쁘다고 말할 수 없다. 팔자가 달라서 각자 취향이 다르기 때문이다.

정재(正財)의 성질

정재는 내가 극하면서 음양이 다른 오행이다. 내가 甲木이라면 己土나 丑未土가 정재이다. 정재는 아내이고 편재는 첩, 애인으로 본다. 정재는 내가 노력하여 고정적, 정기적으로 생기는 월급, 연금 등이다. 정재는 고생해서 번 돈이므로 아끼고 중요하게 여긴다. 모험이나 투기 등은 하지 않고 돈에 대한 약속도 잘 지킨다. 그래서 바를 정(正)을 붙였다. 근검절약하고 성실하게 노력하며 책임감이 강하다. 모든 것을 돈으로 평가하는 경향이 있으며 돈이 된다면 무슨 일이든지 한다. 사람은 돈이 없으면 건강도 나빠진다. 그래서 재성은 몸의 건강상태를 나타내기도 한다. 정재는 겁재를 조심해야 한다. 애써 조금씩 모아둔 돈을 겁재운에 날릴 수 있다.

편관(偏官)의 성질

편관은 나를 극하는 것으로 음양이 같은 오행이 된다. 내가 甲木이라면 庚金이나 申金이 편관이다. 칠살(七殺)이라고도 한다. 나를 통제하고 제어하는 것이 관성인데 음양이 같은 편관은 나를 극하는 강도가 세다. 편관은 차갑고 냉정하고 극기심이 강하다. 남을 위해 희생하려 하고 옳다고 생각하면 손해를 봐도 행동한다. 공무원 중에서도 경찰, 검찰, 소방관, 군인 등을 생각하면 된다. 사교성이 부족하고 자기 자신에게 엄격하고 자기 생각과 다르면 타협을 거부한다. 그래서 합리적이지 못하고 독선적인 데가 있다. 그래도 자기 희생정신 때문에 많은 사람이 따르기도 한다. 여자에게는 남편이 정관이고 편관은 애인이다. 과거에는 사흉신(四凶神) 중 하나로 여겼다. 나를 심하게 극하니 스트레스 질병과도 관련이 있다.

정관(正官)의 성질

정관은 나를 극하면서 음양이 반대인 오행이다. 내가 甲木이라면 辛金이나 酉金이 정관이다. 정관은 여자에게는 남편이고 남자에게는 자식이다.

정관은 나를 통제하는 법, 이성, 규율, 제도, 관습 등이다. 이것들은 나를 통제하지만 사회 질서를 지키기 위해 필요하다. 거리의 신호등처럼 나를 보호해주는 것이다. 편관이 전투적이고 감정적이라면 정관은 이성적이고 합리적이다. 정관은 모든 일을 올바르고 공정하게 그리고 객관적으로 처리하려고 애를 쓴다. 정관은 준법정신이 뛰어나 악법도 충실하게 지킨다. 정관이 일을 하면 편법이 없다. 정관이 있으면 부단히 노력하여 착실하게 진급하니 삶에 안정감이 있다. 용모가 단정하고 일처리를 공평무사하게 잘 해낸다. 인간미는 별로 없다.

편인(偏印)의 성질

편인은 나를 생해 주는 것으로 음양이 같은 오행이다. 내가 甲木이면 壬水나 亥水가 편인이다. 식신을 극하니 도식(倒食)이라고도 한다[인극식]. 정인이 친모라면 편인은 계모에 비유된다. 계모도 나를 위해 도움을 주지만 친모보다는 차가운 느낌이 있다.

편인은 식상과 반대로 활동력이 적어 게으르다. 그 대신 생각이 많다. 남들에게 없는 기술이나 자격증, 재주, 발명 등으로 살아간다. 그래서 학문이나 학위, 문서 계약 등과 인연이 있다. 남과 다른 독특한 생각들이 많은데 용두사미의 기질이 있어 실행하지 못하는 경우가 많다. 세속적인 것을 싫어하고 세상일에 냉소적 방관적 비판적이다. 그래서 도사나 철학자, 종교인 등이 많다. 과거에는 사흉신 중의 하나였는데 창의력, 기획력이 있어 현대사회에서는 각광을 받기도 한다.

정인(正印)의 성질

정인은 나를 생해 주는 오행으로 음양이 다른 것이다. 내가 甲木이라면 癸水나 子水가 정인이다. 정인은 글과 학문, 자격, 도덕, 교양, 양심, 포용력, 인내 등과 관계가 있다.

정인은 편인과 비슷하지만 따뜻한 느낌이 있다. 편인이 계모라면 정인은 친모이다. 직관이나 영감에 의한 판단이 뛰어나고 새로운 아이디어가 많다. 그러나 정(情)에 움직이는 경향이 있어 합리적이지 못하니 경쟁사회에서는 부적합할 수도 있다. 그래서 사업은 안 된다. 정인도 편인처럼 활동력이 약해 학문이나 자격증, 문서 등으로 먹고 산다. 여자 사주에 정인이 강하면 식상이 극을 당하니 자식에 해(害)가 있을 수 있다.

12

형충회합파해(刑沖會合破害)

사주팔자는 천간은 천간끼리 지지는 지지끼리 우선적으로 반응한다.

그 후에 천간과 지지가 서로 영향을 미친다. 천간끼리 작용은 생극제화

를 통한 천간합이나 천간극 등이 있고, 지지끼리 작용은 형충회합파해

(刑沖會合破害)와 여러 가지 신살(神殺)이 있다. 천간과 지지에서도 공망

이나 12운성, 그리고 여러 가지 신살(神殺)이 있다.

> **천간 : 천간** ☞ 천간합, 천간극
>
> **지지 : 지지** ☞ 형충회합파해, 신살
>
> **천간 : 지지** ☞ 12운성, 공망, 신살

① 천간끼리의 반응

◉천간합(天干合)

甲己합　土

乙庚합　金

丙辛합　水

丁壬합　木

戊癸합　火

천간은 10개의 글자가 있으니 다른 천간과의 경우의 수를 보면 10×10 =100가지이다. 甲이 甲을 만나고, 甲이 乙을 만나고, 甲이 丙을 만나고…… 이렇게 천간끼리의 영향력을 살펴보는 것을 십간론(十干論)이라고 한다. 천간의 각 글자들이 다른 천간과 나란히 있을 때 서로 어떻게 작용하는지를 보는 것이다.

천간합에 대해서 알아본다.

우주의 법칙은 음양의 변화이다. 음과 양이 서로 순환하며 끝없이 성장과 쇠퇴를 반복하는 것이다. 잠시도 쉬지 않고 변하지만 음양의 총합은 항상 같다. 음과 양의 비율만 변할 뿐이다. 양이 활동할 때 음이 없는 것이 아니고, 음이 활동할 때 양이 없는 것은 아니다. 양이 일할 때는 음이 쉬고, 음이 일할 때는 양이 쉬고 있을 뿐이다.

겨울에도 木火土金水 모든 기운은 존재하고 여름에도 木火土金水 모든 기운이 존재한다. 甲木의 시기라고 온통 甲木의 기운만이 존재하는 것은 아니다. 甲乙丙丁戊己庚辛壬癸의 모든 기운이 각기 다른 모습으로 존재한다. 눈에 보이는 것이 전부가 아니다. 시인(詩人)이 일반인과는 다른 눈으로 사물을 보고 표현하듯이 명리를 공부하는 사람이라면 보이지 않는 기운을 읽을 수 있어야 한다.

천간합(天干合)은 천간의 음양합을 말하는데 열 개의 천간 글자가 반대편 글자와 합이 된다는 뜻이다. 즉 甲木의 상대편에는 己土가 있고, 乙木의 반대편에는 庚金이 있다. 이런 식으로 하나의 천간이 반대편 천간을 만나 짝을 이루어 합을 이룬다. 놀이터 시소의 반대편에 앉아 있는 천간을 생각하면 된다. 합이 되면 배우자를 만나 부부가 된 것과 같아 서로 묶여 고유의 역할은 감소된다. 또 외부의 충격에 보호되기도 한다. 천간합이 되면 부부가 되어 아이를 낳듯이 새로운 기운을 생산할 가능성이 열리는데 가능성만 있고 생산을 못할 수도 있다. 남녀가 만난다고 반드시 아이가 생기는 것은 아니다. 천간합이 되어 새로운 것을 생산하면 합화(合化)라고 하고, 생산하지 못하면 합거(合去)라고 한다.

천간에는 甲乙丙丁戊의 양운동과 己庚辛壬癸의 음운동이 있다. 천간은 같은 단계의 음양끼리 짝지으려고 하는데 甲己, 乙庚, 丙辛, 丁壬, 戊癸가 짝이 된다. 양운동의 첫 단계인 甲木과 음운동의 첫 단계인 己土가 합하고, 두 번째 단계의 乙庚, 세 번째 단계의 丙辛, 네 번째 단계의 丁壬, 다섯 번째 단계의 戊癸가 서로 합이 된다. 유유상종(類類相從)이다.

천간의 글자들이 합을 하면 두 글자 모두 고유 역할이 감소된다. 산소와 수소가 합하여 물이 되면 산소 수소 역할을 못하는 것과 비슷하다. 천간합의 글자를 보면 모두 오행으로 극의 관계로 되어 있으나 극하는 일을 잊고 먼저 합을 한다. 이를 탐합망극(貪合忘剋)이라고 한다. 합을 탐하느라 극을 잊어버린다는 뜻이다.

천간합의 두 글자가 만나 어떤 조건에 맞으면 새로운 합화(合化) 기운이 형성된다. 음양의 첫 단계인 甲己합土에 의해 새로운 기운 土가 형성되는데 이때 만들어진 土는 만물이 생성되는 기반이 된다. 지구도 이 첫 단계인 甲己합에 의해서 생성되었다. 土가 생성된 후 두 번째 단계인 乙과 庚이 만나면 토생금에 의해 金이 생성된다. 만들어진 土가 단단해지는 과정이다. 乙庚합金이다. 이런 방법으로 丙火와 辛金이 만나면 금생수에 의해 水기운이 만들어지고, 그다음으로 丁火와 壬水가 만나 수생목으로 木의 기운이 생성된다. 마지막으로 癸水가 戊土를 만나면 戊癸합이 되어 火의 기운을 형성한다. 다시 말해 우주는 甲己합土, 乙庚합金, 丙辛합水, 丁壬합木, 戊癸합火 운동 속에서 생장소멸(生長消滅)의 과정을 반복한다.

천간합의 종류에는 팔자에 드러나 있는 천간끼리 합[明合], 지장간과 사주에 있는 천간과의 합[半明合], 그리고 지장간끼리 합[暗合]이 있다. 지장간은 잠재의식이나 지하자원과 같은데 운에서 같은 오행의 글자가 천간으로 오거나 운에서 오는 글자와 지지가 형충되면 충격에 의해 개고(開庫)될 수 있다.

　보통 통변을 할 때는 일간을 제외한 다른 천간끼리 합은 제 역할을 못하는 것으로 보고, 일간과 합된 글자는 일간과 유정(有情)하다고 본다. 예를 들면 년간과 월간이 합이 될 때는 내 팔자에 있으면서도 그 글자가 무용(無用)하게 되지만 일간과 합이 되는 글자는 유용(有用)하게 본다.

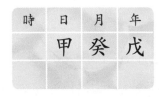

❶ 년월간의 戊와 癸는 戊癸합으로 힘을 상실했다.

❷ 있어도 제 역할이 감소된다.

❶ 떨어져 있으면 영향력이 줄어든다.

❷ 乙과 庚은 떨어져 있어서 원칙적으로 합이 성립되지 않는다.

❶ 일간을 사이에 두고 쟁합(爭合)을 하는 모양이다.

❷ 쟁합이 되면 양다리를 걸친 모습이다.

❶ 일간의 합은 최후에 일어난다.

❷ 월간의 己土는 년간의 甲木과 먼저 합한다.

❸ 만일 일간이 己土를 취했다면 년간의 甲木을 거치고 온 己土이다.

❶ 壬운이 오면 丁壬합이 된다.

❷ 丁火가 壬水운에 역할이 감소된다.

❸ 재운이 오니 인성이 사라진다.

❹ 돈에 대한 욕심으로 명예를 잃는다.

◉천간합화(天干合化)

천간합이 되어 조건이 맞아 새로운 오행을 만들어내는 것을 합화(合化)라고 한다. 즉, 합화란 甲木과 己土가 만나서 새로운 土를 만드는 것을 말한다. 乙庚합金, 丙辛합水, 丁壬합木, 戊癸합火도 마찬가지이다. 그러나 천간합이 합화가 되려면 어떤 조건을 갖추어야 한다. 남녀가 만난다고 무조건 아이가 생기지 않는 것과 같다.

천간합이 되어 새로운 기운을 만드는 합화는 지지에 합화 오행의 기운이 강하면 강할수록 잘 생성된다. 즉, 丙辛합에서 만들어지는 합화 기운 水는 지지에 水의 기운이 강할수록 잘 생성된다. 적어도 팔자에서 가장 강한 글자인 월지에 水가 있으면 좋을 것이다. 물론 亥子丑처럼 水의 기운이 강하면 더욱 잘 생성된다. 또 하나 합화 조건이 있는데 대운의 지지가 합화오행과 같을 때이다. 대운은 계절과 같아서 팔자에 水의 기운이 미약하다고 할지라도 운에서 겨울이 오면 水의 기운을 더 잘 만들 수 있다. 팔자에 양의 기운이 강한 사람도 겨울이 되면 두꺼운 옷을 입어야 되는 것과 같다.

천간합화는 뭔가를 투자해서 바라는 것을 득할 수 있느냐 없느냐를 볼 때 잘 사용된다. 예를 들면 자본금과 문서를 투자해서 돈을 벌 수 있는지 등이다. 많은 사람들이 돈을 벌려고 사업을 하지만 될 사람과 안 될 사람은 이미 팔자에 어느 정도 예견되어 있을 수 있다. 될 성 싶은 나무는 떡잎부터 알아 볼 수 있는 것이다.

❶ 乙庚합이 되어 새로운 金을 만들 수 있을까?

❷ 월지가 酉金, 즉 가을에 태어났기 때문에 金을 득할 수 있다.

❸ 가을은 金의 계절이기에 金이 잘 생성된다.

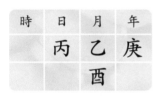

❶ 乙木 인성과 庚金 재성을 투자하였다.

❷ 인성과 재성을 투자하여 돈을 벌 수 있을까?

❸ 월지가 재성의 계절 酉이니 가능하다.

❶ 지지에 金 재성의 기운이 강하니 재를 더 잘 취할 수 있다.

❷ 돈이 있는 사람이 돈을 더 잘 벌 수 있다.

❸ 지지는 현실의 상황을 나타내기 때문이다.

❶ 운에서 乙木이 왔을 때 金을 취할 수 있을까?

❷ 가을에 태어났기 때문에 金을 취할 수 있다.

❸ 운에서 오는 것은 운의 기간 동안만 가능하다.

❶ 운에서 乙木이 왔을 때 金을 취할 수 있을까?

❷ 봄에 태어났기 때문에 金을 취할 수 없다.

❸ 봄에는 金이 잠을 자는 기간이다.

❶ 乙木운에 乙庚합에서 나오는 金을 취할 수 있을까?

❷ 대운의 지지가 酉이면 취할 수 있다.

❸ 대운은 가을이 온 것과 같기 때문이다.

❹ 대운은 월지가 10년마다 변해가는 과정을 보여준다.

② 지지끼리의 반응

지지는 현실에서 일어나는 일들을 표시한 것이므로 생활과 직접 관련이 있어 민감하다. 천간은 수시로 변하는 마음과 같지만 지지는 현실이니 쉽게 변하지 않고, 내 뜻과 관계없이 일어나니 매우 복잡하다.

먼저 같은 위도에 있는 지지끼리는 합을 한다. 지지의 합[지합 또는 육합]이라고 한다. 지지가 12개 이므로 子丑합, 卯戌합 등 6가지가 있다. 또 반대편 지지와는 서로 함께 할 수 없으니 충(沖)이라고 한다. 역시 子午충, 卯酉충 등 6개가 있다. 또 잘못된 것을 고쳐보려는 형(刑)이 있고, 같은 계절의 지지끼리 모이는 방합(方合), 또 사계절의 생지, 왕지, 고지가 모이는 삼합(三合) 등이 있다. 형충회합 외에도 지지에서는 파(破), 해(害), 귀문(鬼門), 원진(怨嗔), 역마(驛馬), 도화(桃花), 망신(亡身) 등 여러 가지가 있다. 현실에서 일어나는 복잡다단한 일들은 지지를 통해 알 수 있다.

● 육합(六合)

육합은 지합(支合)이라고도 하는데 지지 글자끼리의 합(合)을 말한다. 즉, 12개의 지지가 두 개씩 짝을 지어 합이 되면 총 6개가 되니 육합이라고 한다. 육합은 다음과 같다.

子丑合　土
寅亥合　木
卯戌合　火
辰酉合　金
巳申合　水
午未合　허공

　　지구가 지축을 중심으로 빠른 속도로 회전을 하면 같은 위도에는 비슷한 기운들끼리 섞이게 된다. 지지가 합을 하면 합된 글자들은 묶이게 되니 합된 글자는 사용할 수 없게 된다. 배우자 글자가 있는데도 혼인이 늦어지고, 땅을 팔고 싶어도 팔리지가 않는다. 운에서 오는 글자와도 육합이 될 수 있다. 팔자의 글자가 운에서 오는 글자와 육합이 되면 그 운에는 묶여서 답답함을 느끼게 된다. 마음대로 사용하지 못하는 것이지 없어지는 것은 아니다. 땅이 안 팔려서 그렇지 그대로 있는 것이다. 지지 육합은 합이나 충으로 풀 수 있다.

　　지지에도 천간처럼 합이 되면 나오는 합화(合化) 기운이 있다. 그러나 천간합화도 조건을 갖추어야 되듯이 지지육합도 합화가 되려면 조건에 맞아야 한다. 마음은 쉽게 통하지만 현실은 쉬운 것이 아니어서 지지에서 발생하는 합화는 거의 없다고 봐도 된다. 지지 합화오행에는 子丑합에서 생기는 土, 寅亥합에서 생기는 木, 卯戌합에서 생기는 火, 辰酉합에서 생기는 金, 巳申합에서 생기는 水가 있다. 지지육합도 떨어져 있으면 약해져서 원칙적으로 성립하지 않는다.

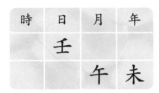

❶ 사주 원국에 午未합이 있다.

❷ 午未가 묶여서 재관이 있어도 사용을 못한다.

❸ 평소에는 모르고 지내다가 사용하려 할 때 답답함을 느낀다.

❶ 亥운이 오면 寅亥합이 된다.

❷ 寅木 재성은 亥년에는 내 맘대로 못하게 된다.

❸ 亥운이 지나면 다시 사용할 수 있다.

◉충(沖)

子午충
卯酉충
寅申충
巳亥충
辰戌충
丑未충

충(沖)의 글자는 서로 정반대의 자리에 위치하고 있다.

충이 되면 떨어져 있으라는 것인데 함께 있으면 충돌이 일어난다. 충이 되면 충돌한다는 부정적인 의미도 있지만 또 한편으로는 싸우면서 경쟁력이 길러진다는 긍정적인 의미도 있다. 싸우면서 실력이 길러지기 때문이다. 스포츠에서 정식 게임 전에 연습게임을 하는 이유도 경쟁력 향상 때문이다. 적과 같은 공간에 있으면서 일부러 충을 일으키는 것이다.

충이 동할 때 충을 당하는 글자가 복종하면 아무 일 없이 지나간다. 가을이 되면 봄의 글자는 복종해야 하고[寅←申], 겨울이 오면 여름의 글자는 복종해야 한다[午←子]. 봄이 오면 가을의 글자가[酉←卯], 그리고 여름이 오면 겨울의 글자가 복종해야 한다[亥←巳]. 만일 복종하지 않으면 충을 당한 글자는 지장간이 개고되는 일이 벌어진다.

지장간 개고는 충을 당해 지장간이 밖으로 튀어 나오는 것을 말하는데 잠재되어 있던 숨겨진 것들이 밖으로 쏟아져 나오게 된다. 누구에겐가 당하면 화가 나서 속마음이 밖으로 터져 나오는 것과 같다. 이러한 현상이 일어나면 현실에서 소란이나 소동이 일어나게 된다.

❶ 팔자원국에서는 월지가 강하다.

❷ 일지 子水는 월지 午火에 복종해야 한다.

❸ 복종한다는 것은 실내에 피해 있으라는 것이다.

❹ 여름이 왔으니 겨울옷은 장롱 속으로 들어가야 하는 것과 같다.

❺ 만일 子水가 숨지 않고 午火에게 대든다면 충을 당하니 子水가 개고된다.

❻ 子水의 지장간이 개고되어 숨겨놓은 것들이 드러나게 된다.

❼ 子水를 실내에서 조용히 쓴다면 탈 없이 지나간다.

❽ 원국의 충이 동하는 것은 운에서 충의 글자를 건드렸을 경우이다.

❾ 운에서 동요시키지 않으면 팔자의 글자는 조용히 지나간다.

時	日	月	年
	甲		
	寅	申	

❶ 일지 寅木은 월지 申金에게 복종해야 한다.

❷ 가을이 왔으니 봄옷은 장롱 속으로 들어가는 것이 좋다.

❸ 가을에도 봄의 글자가 돌아다니면 申金이 용납을 하지 않는다.

❹ 寅木을 개고시키는 것이다.

❺ 충을 당하면 寅 중 戊丙甲이 개고된다.

❻ 寅木이 흔들리면서 삶의 변화가 일어난다.

◉ 형(刑)

寅申巳 삼형

丑戌未 삼형

子卯형

자형(自刑) - 辰辰형, 午午형, 酉酉형, 亥亥형

형(刑)은 보통 형살(刑殺)이라고도 하는데 잘못된 것을 고치려는 시도를 말한다. 잔소리부터 시작해서 체벌, 기합, 사랑의 매, 징계, 처벌 등 다양하다. 사람뿐만 아니라 물건이나 몸에도 이상이 있을 때는 수선, 수리, 수정, 수술을 하는데 이 또한 모두 형이다.

寅申巳亥의 생지 중에서 亥를 제외한 寅申巳 글자 중 두 글자만 있으면 형이 성립한다. 또 辰戌丑未 묘지(=고지)의 글자 중에서 辰을 제외한 丑戌未 세 개 글자 중 두 개만 있어도 형이 성립한다. 또 子卯형이 있고, 같은 글자끼리 모여서 형이 되는 辰辰형, 午午형, 酉酉형, 亥亥형 등 자형(自刑)도 있다.

여기서 子卯형과 자형은 가벼운 수선이나 수술 또는 형벌에 해당하지만, 형 중에서도 寅申巳, 丑戌未의 세 글자가 동시에 있으면 형의 부정적인 내용이 더욱 강하게 나타난다. 寅申巳, 丑戌未가 모이는 삼형이 되면 지장간이 개고될 만큼 강렬하다. 잔소리나 체벌 등 형벌도 개고되지 않도록 적당히 해야 한다.

충이나 형에 의해서 개고된 지장간은 천간에 있는 글자들과 상호작용을 하면서 여러 가지 삶의 변화를 일으킨다. 대개 충이나 형으로 인하여 지장간이 개고되면 지지가 흔들리게 되어 살아온 방식에 변화가 일어난다. 지지 네 개의 축 중 한 두 개가 흔들거리는 것이다. 이러한 변화를 통해 새로운 세계가 열리기도 한다.

時	日	月	年
	甲		
	寅	巳	申

❶ 지지에 寅申巳 삼형이 있다.

❷ 寅申巳 삼형으로 묶여 있는 글자는 한 글자만 동해도 함께 움직인다.

❸ 寅巳형, 巳申형이 연속해서 동해 파란이 예상된다.

❹ 물론 운에 의해서 동했을 경우이다.

❺ 寅申巳나 丑戌未는 세 글자가 묶여 동할 가능성이 그만큼 커진다.

❻ 삼형이 동할 때에도 대외적 활동을 줄이고 조용히 있으면 탈이 없다.

❶ 원국에 丑戌형이 있어서 未운에 丑戌未 삼형으로 동한다.

❷ 戌未형과 丑未충이 연달아 일어나니 조심하는 것이 좋다.

❸ 운의 글자가 왕이니 무조건 복종하는 것이 좋다.

❹ 운의 글자에 복종하면 아무 탈 없이 지나간다.

❺ 未운에 丑은 조용히 실내에서 충전하면 좋다.

◉ **파해(破害)**

파(破)는 '깨진다.' 는 뜻이며 해(害)는 '해친다.' 는 뜻이다. 파해(破害)
의 글자 또한 팔자의 글자를 동하게 하는 힘이 있다. 태어날 때 정해지
는 사주팔자는 정적(靜的)으로 고요하게 있다가 운에 의해 동하게 된다.
팔자에 형충파해가 있다면 동할 가능성이 커지니 그만큼 격동의 삶이
될 것이다.

◉ 파(破)

子酉파   丑辰파

寅亥파   午卯파

巳申파   戌未파

파(破)는 말 그대로 '깨졌다.' '손상되었다.'는 뜻이다. 원래 모양은 유지하면서 한 쪽이 파손되었으니 정상적으로 작동은 되지만 흠이 있는 전자제품이라고 생각하면 된다. 중고제품이나 약간 손상된 의류 등을 다루는 일과 인연이 있다. 몸의 일부가 아프거나 상처가 난 경우라고도 할 수 있다. 그래서 파가 있으면 정품보다 가치가 많이 떨어진다.

사주에 파가 있으면 정상적인 글자처럼 보이지만 내부적으로 문제가 있게 된다. 관(官)이 파를 당하면 정통 관청이 아닌 별정직이나 임시직, 비정규직, 기간제 등이라고 생각하면 된다. 그래서 심한 심리적, 육체적 고통에 시달리기도 한다. 똑같은 재성의 글자라도 파가 된 글자는 손상된 재성을 쓰고 있는 것이다. 그런 사람들은 팔자대로 산다고 생각하고 현실을 인정할 필요가 있다. 팔자를 벗어나면 결과도 내지 못하면서 헛된 노력이 가해지기 때문이다.

◉ 해(害)

子未해	丑午해
寅巳해	卯辰해
申亥해	酉戌해

해(害)는 '해롭다' 는 뜻이다. 정상적으로 가동은 되면서 고통이 따르는 파(破)와는 다르다. 해는 합을 방해하는 글자이다. 예를 들어 子丑합이 있으면 이 子와 丑의 글자를 충하는 글자가 해가 된다. 즉 子丑합을 충하는 글자끼리 子未해·丑午해가 된다.

마찬가지로 卯戌합과 辰酉합을 충하는 卯辰해·酉戌해가 되고, 寅亥합, 巳申합을 충하는 寅巳해·申亥해가 성립한다. 그래서 해는 합을 방해하는 글자로 정리하면 된다. 해가 되면 그 글자가 해로움을 끼치니 좋지 않다. 접촉사고로 가볍게 파(破)를 당한 자동차는 몰고 다닐 수 있지만 바퀴나 핸들이 고장난 경우는 해(害)가 되니 몰고 다닐 수가 없다.

子	丑	합
午	未	합
충	충	

세로는 충　　　　子午충, 丑未충
가로는 합　　　　子丑합, 午未합
대각선은 해　　　子未해, 丑午해

◉삼합(三合)

| 亥卯未 | 삼합 | 寅午戌 | 삼합 |
| 巳酉丑 | 삼합 | 申子辰 | 삼합 |

- **생지(生地)** 각 계절의 첫 글자이면서 삼합의 첫 글자 寅申巳亥
- **왕지(旺地)** 각 계절의 가운데 글자이면서 삼합의 가운데 글자
  子午卯酉
- **고지(庫地)(=묘지)** 각 계절을 바꾸는 환절기 글자이면서 삼합의 마
  지막 글자 辰戌丑未

    삼합은 지장간 중기가 같은 오행으로 이루어졌는데 사회적인 합이라고 한다. 직업 등 사회생활을 할 때 보는 합이다. 그래서 진로, 적성, 전공 등과 관련이 깊다. 사주에 申子辰 글자가 함께 있다면 강한 水의 기운이 형성되니 水에 해당하는 일을 하면 좋다. 寅午戌 글자가 함께 있으면 강한 火의 기운이 만들어지니 火의 일을 하면 좋고, 巳酉丑 글자가 모두 있으면 강한 金의 기운이 형성되니 金에 관계된 일을 하면 좋다. 亥卯未 글자가 함께 있으면 강한 木의 기운이 만들어지니 木의 일을 하면 좋다.

    삼합이 만들어낸 기운은 강한 기운이어서 그 오행을 제외한 다른 약한 오행들은 피해를 당하기 쉽다. 예를 들어 삼합으로 강한 水의 기운이 생성되면 木은 떠내려가고, 火는 꺼지고, 金은 잠기며, 土는 흩어지게 된다. 그래서 미약한 오행의 일을 한다면 실패를 할 가능성이 크다. 팔자의 강한 세력을 사용하는 것이 바람직하다. 팔자의 강한 세력을 격(格)이라고 한다.

時	日	月	年
	甲		
	寅	午	戌

❶ 지지에 寅午戌이 나란히 있어 寅午戌 삼합이 성립된다.

❷ 寅午戌의 글자가 함께 있으면 거대한 火의 기운을 만든다.

❸ 이렇게 삼합이 성립되면 힘이 없는 다른 오행들이 피해를 받기 쉽다.

時	日	月	年
	甲		
	申	辰	子

❶ 申子辰 삼합이 되더라도 辰월이다.

❷ 辰월은 봄에서 여름으로 가는 시기이다.

❸ 辰월에는 물이 얼지 않는다.

❹ 삼합이라도 월지에 따라 강도가 달라진다.

時	日	月	年
	甲		
	申	子	辰

❶ 子월 겨울철에 태어났다.

❷ 申子辰 삼합이 되어 水의 기운이 강하다.

❸ 년지가 辰이니 년지의 도움을 받지는 못한다.

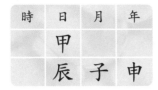

❶ 申子辰 삼합이다.

❷ 강한 水의 기운은 일지에서 약해진다.

❸ 辰은 봄에서 여름으로 가는 시기로 水가 약해진다.

◉ 반합(半合)

삼합의 세 글자 중에서 두 글자만 있어도 기운이 강해진다. 세 개의 글자 중 두 개의 글자만 있어 반합이라고 한다. 반합이 되면 삼합 정도는 아니더라도 해당 오행의 기운이 강해진다. 반합도 각 글자가 어떻게 배합되어 있는가에 따라 강도는 달라진다. 申辰, 申子, 子辰이 같을 리가 없다. 그리고 위치에 따라 강도가 달라진다. 월지에 왕지의 글자가 있을 때 가장 강하다. 또 지지에 반합이 있을 때 천간에 해당 오행의 글자가 있으면 그 오행의 기운이 매우 강해진다. 예를 들어 지지에 寅午가 있을 때 천간에 丙火나 丁火가 있으면 삼합 정도는 아니더라도 반합보다는 더 강한 火의 기운이 생기게 된다.

❶ 삼합에서 두 개의 글자만 있으면 반합이 된다.

❷ 월지가 子이니 반합으로 水의 기운이 무척 강하다.

❸ 운에서 辰이 오면 삼합이 되지만 水는 약해진다.

❹ 辰은 봄에서 여름으로 가는 시기이다.

❺ 이때는 水가 입묘되어 기운이 약해지는 때이다.

❻ 운의 글자가 팔자 원국의 글자보다 강하다.

時	日	月	年
	甲	壬	
	申	子	

❶ 申子 반합이 있다.

❷ 천간에 壬水가 있어 더 강한 水 기운이 만들어진다.

❸ 천간의 壬水가 지지의 申子반합에 통근이 되기 때문이다.

❹ 통근은 현실에 있는 글자를 사용할 수 있다는 의미이다.

◉ 방합(方合)

寅卯辰　동쪽

巳午未　남쪽

申酉戌　서쪽

亥子丑　북쪽

방합(方合)은 같은 계절에 속해 있는 지지끼리 합을 말한다. 동쪽에 있는 寅卯辰, 남쪽에 있는 巳午未, 서쪽에 있는 申酉戌, 북쪽에 있는 亥子丑이 방합이다.

방합이 되면 해당 오행의 기운이 강해진다. 寅卯辰이 함께 모이면 木 기운이 강해지고, 巳午未가 함께 모이면 火의 기운이 강해진다. 申酉戌이 모이면 金의 기운이 강해지고, 亥子丑이 모이면 水의 기운이 강해진다. 방합은 같은 계절의 합으로 가족의 합, 형제의 합이라고 한다.

방합은 삼합과 마찬가지로 해당 오행의 기운이 너무 강해 다른 약한 기운들이 피해를 본다. 무엇이든 너무 많아도 너무 적어도 좋은 것이 아니다.

삼합이 되면 각 글자의 고유 오행은 많이 상실되어 버리지만 방합은 그렇지 않다. 寅午戌 삼합이 되면 각 글자의 오행은 강한 火의 기운을 만들기 위해 고유의 木火土의 기운을 상실하게 된다. 각기 다른 집안 출신 사람들이 직장에 모여 하나의 목표를 위해 일하는 것과 같다. 직장에서 일을 할 때는 각자의 가족은 생각하지 않는다. 그래서 삼합을 사회적인 합이라고 한다.

그러나 방합은 고유의 속성을 잃지 않는다. 寅卯辰의 글자는 한 글자가 있든 두 글자가 있든 고유의 木의 글자를 가지고 있다. 두 글자 이상이면 더 강해질 뿐이다. 방합이 되면 시너지 효과로 세 글자 이상의 힘이 나온다고 보면 된다.

방합에서도 두 개의 글자가 있을 때 천간에 해당 오행의 글자가 있으면 방합 정도는 아니더라도 강한 기운을 만들어 낸다. 지지에 통근이 되어 강한 힘이 생기는 것이다. 예를 들어 지지에 申酉가 있고 천간에 金의 글자 즉 庚金이나 辛金이 있다면 천간과 지지가 소통이 되어 강한 金의 기운이 생성된다.

❶ 지지에 寅卯辰 방합이 있다.

❷ 寅卯辰이 나란히 있으니 木의 힘이 아주 강해진다.

❸ 卯월생이라 木의 기운은 더욱 강할 것이다.

❹ 한 오행의 힘이 거세지면 미약한 다른 오행들이 피해를 받는다.

時	日	月	年
	甲		庚
丑	寅	酉	申

❶ 지지에 申酉가 있어 金의 기운이 강하다.

❷ 천간에 庚金이 있어 더욱 강한 金의 기운이 형성된다.

❸ 년간의 庚金이 뿌리를 내린 것이다.

● 삼합과 방합의 차이

방합은 가족의 합으로 피를 나눈 가족처럼 체(體)가 강해진다. 그래서 가족의 합이라고 한다. 寅卯辰은 木의 출신이고, 巳午未는 火의 출신이다. 그리고 申酉戌은 金의 출신이고, 亥子丑은 水의 출신이다. 그러나 같은 가족일지라도 하는 일이나 성향은 다르다. 가족 형제는 명절이나 제사에 함께 모여 가족적인 일[방합]을 하지만 곧 자기 할 일 즉 직장[삼합]을 향해 떠나간다. 그래서 삼합을 사회적인 합이라고 한다. 성장기에는 방합이 삼합보다 더 강하지만, 사회에 진출하면 삼합이 방합보다 더 강하다.

삼합은 출신(體)은 다르지만 하는 일(用)의 방향성은 같다. 寅午戌에서 寅은 木이고, 午는 火이고, 戌은 土이다. 이렇게 출신이 다른 글자들이 모여 火의 일을 한다고 보면 된다. 쉽게 이해하기 위해서는 방합은 가족, 문중, 동창, 민족 등 모임이니 돈을 버는 것과 관련이 없고, 삼합은 전공, 적성, 취업, 직장과 관련이 있으니 돈을 버는 것과 관련이 있다고 생각하면 좋다.

어린 시절에는 사회적인 모임보다 가족의 모임이 훨씬 많다. 삼합보다 방합의 요소가 더 강한 것이다. 그러나 성장해서 사회에 나가면 삼합을 더 중요시하게 된다. 사주에서 방합이 형성되면 가족이나 친구 등에 더 관심이 많고, 삼합이 있다면 사회활동에 더 치중할 것이다.

합이 되어 생기는 에너지는 삼합이든 방합이든 막강하다. 하나의 오행의 기운이 지나치면 약한 오행들이 피해를 입게 된다. 지나치게 가족 중심이면 사회생활에 문제가 있을 수 있고, 또 사회생활에 전념하다 보면 가족에 대한 관심이 줄어들 수 있다. 그래서 木火土金水가 골고루 들어 있는 중화된 사주가 좋다.

13

통근(通根)과 투출(透出)

통근과 투출에 의해서 오행의 강약을 판별할 수 있다. 통근이라는 말은 천간 입장에서 지지(지장간)에 같은 오행이 있는지 여부를 알아보는 것이다. 투출이라는 용어는 지지(지장간) 입장에서 같은 오행이 천간에 있는지 살필 때 사용한다. 결국 통근과 투출은 천간 입장에서 보는가 지지 입장에서 보는가의 차이이다.

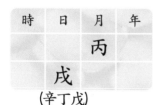

(辛丁戊)

❶ 지지 戌 속에는 오행 火가 있다.

❷ 그래서 천간의 丙火는 지지에 뿌리를 내렸다. 즉, 통근했다.

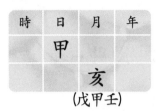

(戊甲壬)

❶ 지지 亥 속에는 木이라는 오행이 있다.

❷ 일간 甲木은 亥 속에 뿌리를 내리고 있다.

❸ 반대로 亥 속의 甲木은 천간에 木이 있으므로 투출했다고 한다.

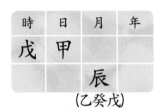

(乙癸戊)

❶ 辰 속에는 土와 木의 오행이 있다.

❷ 천간의 戊土와 甲木은 모두 뿌리를 내렸다. 즉, 통근했다.

❸ 그러면 戊土와 甲木 중 어느 것이 뿌리가 더 강할까?

❹ 辰土는 원래 土이다. 그래서 戊土가 甲木보다 강한 뿌리를 내렸다.

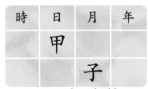

(壬癸癸)

❶ 지지 子水 속에 오행 木이 없으므로 통근이 아니다.

❷ 수생목이라고 통근이라고 하면 안 된다.

❸ 통근하지 못한 천간은 힘이 약하다.

時	日	月	年
辛	乙	己	癸
巳	卯	未	酉

❶ 癸水는 지장간에도 水가 없으니 통근하지 못해 힘이 없다.

❷ 己土는 지지 未土와 巳火에 뿌리가 있다.

❸ 일간 乙木은 未土와 卯木에 뿌리가 있다.

❹ 辛金은 년지 酉金과 시지 巳火에 뿌리가 있다.

時	日	月	年
庚	丙	癸	壬
寅	戌	丑	辰

❶ 壬水는 년지와 월지의 辰丑에 뿌리내렸다.

❷ 월간의 癸水 또한 水이니 마찬가지이다.

❸ 일간 丙火는 일지와 시지의 戌寅에 뿌리내렸다.

❹ 시간의 庚金은 월지와 일지의 丑戌에 뿌리내렸다.

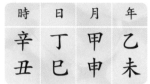

❶ 년간의 乙木은 년지의 未土에 뿌리내렸다.

❷ 월간의 甲木도 木이니 년지의 未土에 뿌리내리고 있다.

❸ 일간의 丁火는 년지 未土, 일지 巳火에 뿌리내리고 있다.

❹ 시간의 辛金은 월지, 일지, 시지에 뿌리내려 힘이 무척 강하다.

① 천간의 힘의 비교

지지에는 없고 천간에만 있는 오행이나 천간에는 없고 지지에만 있는 오행은 힘이 약하다. 그래서 글자가 힘이 있으려면 반드시 같은 오행으로 천간과 지지가 통근해야 한다. 그러나 천간의 글자가 뿌리를 내린다고 해도 어느 지지에 뿌리를 내렸는가에 따라 힘의 차이가 있다.

❶ 여러 글자의 지지에 뿌리를 내린 천간이 강하다.

❷ 월지〉시지〉일지〉년지 순서로 뿌리를 내린 것이 강하다.

❸ 통근이나 투출이 없을 경우는 천간보다 지지가 더 강하다.

❹ 지지에만 있을 경우 월지〉시지〉일지〉년지 순서로 강하다.

❺ 천간에만 있는 글자나 충으로 뿌리를 상(傷)한 천간은 약하다.

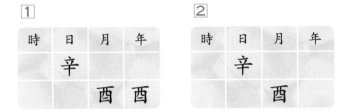

❶ 두 개의 지지에 뿌리를 내린 1️번이 더 강하다.

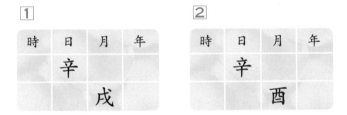

❶ 지지 오행에 뿌리 내린 것이 지장간에 내린 것보다 더 강하다.

❷ 酉金에 뿌리를 내린 2️번 辛金이 더 강하다.

2️ 지지의 힘의 비교

지지의 강약은 월지〉시지〉일지〉년지의 순서이다.

왜 월지가 가장 강할까? 월지는 태어난 달, 즉 계절을 나타내면서 나머지 일곱 글자를 통제하기 때문이다. 그래서 월지는 명령을 내린다고 해서 월령(月令)이라고도 한다. 같은 甲木이라 해도 봄에 태어난 甲木과 여름에 태어난 甲木, 가을에 태어난 甲木 그리고 겨울에 태어난 甲木은 힘의 세기가 각각 다르다.

월지 다음으로는 시지가 강하다. 일지가 아닌 시지가 되는 것은 시지가 일지보다 음양의 차이가 크기 때문이다. 월지가 나타내는 여름과 겨울 그리고 시지가 나타내는 자정과 정오는 음양의 차이가 크다. 그러나 일지는 子에서 亥까지 모두 지나가도 음양의 차이가 크지 않다. 예를 들면 6월 1일과 6월 12일의 음양의 차이는 크지 않다.

띠를 나타내는 년지는 가장 약한데 년지의 12개의 글자가 바뀌어도 지구에는 큰 차이가 없기 때문이다. 물론 태양이나 다른 행성의 위치에는 차이가 있겠지만 지구가 받는 기운의 차이는 거의 없다. 예를 들어 2001년의 사계절이나 2012년의 사계절의 차이는 거의 없는 것이다. 그래서 지지의 힘의 강약은 월지〉시지〉일지〉년지의 순서가 된다.

❶ 지지만의 힘의 비교는 월지〉시지〉일지〉년지 순서이다.

❷ 월지는 나머지 세 개의 지지합보다 힘의 세기가 더 강하다.

❸ 시지는 나머지 일지와 년지의 합보다 더 강하다.

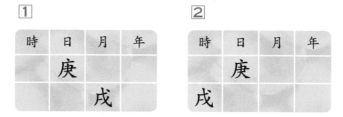

❶ 일간 庚金이 같은 戌土 지지에 뿌리를 내렸다.

❷ 지지의 세기는 월지〉시지〉일지〉년지의 순서이다.

❸ 그래서 ①-②-③-④의 순서로 일간이 강하다.

③ 억부용신(抑扶用神) 찾기

억부용신은 부억용신이라고도 하는데, 보통 좋은 운과 나쁜 운을 알기 위해 사용한다. 용신에는 억부용신 외에도 격국용신, 조후용신, 통관용신 등이 있는데 일반적으로 용신이 뭐냐고 물을 때는 억부용신을 말한다. 그러나 대운이나 세운의 억부용신으로만 사주를 판단할 수는 없다. 대운의 십년 동안 또는 세운의 일년 동안 항상 좋거나 나쁠 수만은 없기 때문이다. 운이라는 것은 주식의 종합 주가 지수처럼 큰 흐름만 보여준다고 생각하면 된다. 각 개별 종목은 종합 주가 지수와 관계없이 오르고 내리듯이 개인의 사주도 대운이나 세운의 큰 흐름 속에서 형충회합파해를 거치며 다양하게 나타나게 된다.

억부용신을 찾으려면 신강신약(身强身弱)을 판별할 수 있어야 한다.

일간의 힘을 빼는 오행보다 일간을 도와주는 오행이 많은 사주를 신강하다고 하고 반대의 경우는 신약하다고 한다. 일간을 도와주는 십신은 인성, 비겁이고, 일간의 힘을 빼는 십신은 식상, 재성, 관성이 있다. 사주의 신강, 신약을 파악하기 위해서는 앞에서 정리한 통근과 투출 그리고 천간과 지지의 힘의 비교를 잘 정리해야 한다.

◉통근한 오행의 지지

木 ☞ 寅卯辰未亥

火 ☞ 寅巳午未戌

土 ☞ 丑寅辰巳午未申戌亥

金 ☞ 丑巳申酉戌

水 ☞ 子丑辰申亥

보통 일간을 기준으로 일간을 도와주는 비겁이나 인성의 글자가 많으면 신강격이 되고, 일간의 힘을 빼는 식상, 재성 또는 관성의 글자가 많으면 신약격이 된다. 즉 신강격은 비겁이나 인성의 세력이 식상, 재성, 관성의 세력보다 강할 때이다. 신약격은 식상, 재성, 관성이 비겁과 인성의 힘보다 강할 때를 말한다.

신강, 신약을 판별하는 이유는 억부용신을 찾을 때 필요하기 때문이다. 신강, 신약을 구별하여 사주가 강하면 힘을 빼주고, 사주가 약하면 힘을 보태주는 글자를 억부용신으로 삼게 된다. 신강하면 일간의 힘을 빼는 식상, 재성, 관성에서 용신을 찾고, 신약하면 일간을 도와주는 인성이나 비겁에서 억부용신을 찾는다.

⊙ **일간이 신약할 때** : 인성이나 비겁이 용신
⊙ **일간이 신강할 때** : 식상이나 재성이나 관성이 용신

사주가 약할 때 인성과 비겁, 즉 인비(印比)에서 어느 것을 용신으로 할 것인지 또는 사주가 강할 때 식신, 재성, 관성, 즉 식재관(食財官)에서 어느 것을 용신으로 할 것인지 결정할 때는 사주에서 가장 강한 글자를 억부용신으로 삼으면 된다.

예를 들면 신약할 때는 용신을 인성이나 비겁에서 찾는데 어느 것을 용신으로 하는가는 인성과 비겁 중 더 강한 세력을 용신으로 하면 된다. 또 신강할 때는 식재관에서 용신을 찾는데 역시 그중에서 가장 강한 글자를 용신으로 한다. 강한 글자를 가장 잘 활용할 수 있기 때문이다.

時	日	月	年
丁	甲	壬	庚
卯	辰	午	辰

❶ 일간 甲木을 도와주는 오행은 인비(印比), 즉 木과 水이다.
❷ 일간 甲木의 힘을 빼는 오행은 식재관(食財官) 火, 土 그리고 金이다.
❸ 천간 壬水가 일간을 도와주고 있다.

❹ 천간 丁火와 庚金은 일간의 힘을 빼고 있다.

❺ 壬水는 일과 년에 뿌리를 두어 강하다.

❻ 丁火는 월지에 강한 뿌리를 내리고 있다.

❼ 庚金은 뿌리가 없으니 약하다.

❽ 일간 甲木은 월지를 제외한 시지, 일지, 년지에 통근하고 있어 강하다.

❾ 인비(印比)의 세력이 식재관(食財官)의 세력보다 강하다.

❿ 그래서 신강한 사주가 되어 용신은 식재관(食財官)에서 찾는다.

⓫ 식재관(食財官) 중 가장 강한 식상을 용신으로 삼는다.

❶ 일간이 양간이면 적극석이고, 음간이면 소극적인 성향이 있다.

❷ 일간이 양간이면 강약에 포함시키고, 음간이면 포함시키지 않는다.

❸ 일간 丁火는 년지의 寅木에 뿌리가 있으나 음간이기 때문에 포함시키지 않는다.

❹ 인성 甲木의 뿌리가 월지, 일지, 년지에 있으니 강하다.

❺ 일간의 힘을 빼는 己土와 壬水 역시 뿌리가 강하다.

❻ 식재관(食財官)이 인비(印比)보다 강하니 신약하다.

❼ 신약하니 용신은 인비(印比)에서 찾는다.

❽ 인비(印比)에서 인성이 강하니 인성을 용신으로 한다.

14

왕상휴수사(旺相休囚死)

강약(强弱)과 왕쇠(旺衰)는 다르다. 강약이 체격(體格)이라면 왕쇠는 체력(體力)으로 이해하면 좋다. 강약은 오행의 통근으로 따진다. 통근을 하면 강하다. 그러나 왕쇠는 보이지 않는 기운으로 왕상휴수사와 12운성으로 파악한다. 왕상휴수사는 오행으로만 판단하고, 12운성은 오행의 음양을 고려하여 십간으로 판별하니 훨씬 더 정밀하다.

왕상휴수사는 각 오행이 계절에 따라 어떤 모습을 취하는지를 보여준다. 어떤 오행이 같은 계절을 만나면 힘이 강해지니 왕(旺)이라고 하고, 막 지나간 그 전 계절의 오행은 휴식을 취해야 하니 휴(休)가 된다. 그리고 다음에 올 계절의 오행은 대기 상대로 상(相)이라고 하고, 현재의 계절과 반대편 계절의 오행은 수(囚)라고 한다. 왕상휴수사나 12운성에서는

火와 土는 비슷하다고 보는 화토동법을 적용한다(373페이지 참고).

　왕상휴수사(旺相休囚死)는 오행운동을 하는 우주에서 적용되는 이론이고, 지구에서는 사계절운동을 하니 왕상휴수만 적용한다. 보통 왕상(旺相)인지 휴수(休囚)인지를 따지는 경우가 많다.

	木	火	土	金	水
봄	왕(旺)	상(相)	상(相)	수(囚)	휴(休)
여름	휴(休)	왕(旺)	왕(旺)	상(相)	수(囚)
가을	수(囚)	휴(休)	휴(休)	왕(旺)	상(相)
겨울	상(相)	수(囚)	수(囚)	휴(休)	왕(旺)

　다시 설명하면 왕(旺)은 월지 계절의 기운과 같은 오행을 말한다. 지금이 봄이라면 木이 왕(旺)에 해당한다.

　상(相)은 현재 계절 다음에 오는 오행을 말하니 지금이 봄이라면 火가 상(相)이 된다. 일을 할 준비를 하고 있는 대기 상태이다.

　휴(休)는 일을 마치고 휴식을 취하고 있으니 지금이 봄이라면 水가 휴(休)가 된다.

　수(囚)는 현재 계절과 반대편 계절의 오행을 말한다. 지금이 봄이라면 반대편 계절인 가을의 기운 金이 수(囚)가 된다.

12운성(運星)

하늘의 기운은 땅으로 내려오면서 기울어진 지축으로 왜곡되어 반영된다. 지축 때문에 4계절이 생기고 각 계절에 따라 지구에서 받는 기운은 하늘에서 오는 기운과 다르게 적용된다. 이 왜곡된 기운을 계절로 표시한 것이 왕상휴수(旺相休囚)이고, 지지에 따라 열두 개로 쪼개어 놓은 것이 12운성이다.

12운성에는 태(胎), 양(養), 장생(長生), 목욕(沐浴), 관대(冠帶), 건록(建祿), 제왕(帝旺), 쇠(衰), 병(病), 사(死), 묘(墓), 절(絶)이 있다. 12운성은 사람이 태어나서 성장하여 장성했다가 다시 쇠하여 병들어 죽어 사라지는 과정을 표시한 것이니, 용어 그 자체보다 그 용어가 나타내고자 하는 의미를 이해해야 한다.

태(胎)는 뱃속에서 수정, 잉태되었다는 뜻이고, 양(養)은 엄마의 뱃속에서 길러진다는 시기를 말한다. 장생(長生)은 세상에 태어나서 출생신고를 하는 시기이고, 목욕(沐浴)은 태어나서 교육을 받으면서 성장하는 때를 말한다. 관대(冠帶)는 교육을 마치고 아이의 티를 벗고 새출발을 하는 시기를 말하고, 건록(建祿)은 치열한 경쟁 속에서 살아가는 때를 말한다. 제왕(帝旺)은 올라갈 수 있는 마지막 단계인 최고의 위치에 오른 때이다. 쇠(衰)는 정상에서 막 은퇴한 시기를 말하고, 병(病)은 힘이 빠져 병이 든 것처럼 육체적으로 힘든 때를 말한다. 사(死)는 죽은 것이나 다름없는 모습이고, 묘(墓)는 묘지로 들어가는 것과 같으니 육체적 활동은 불가하다. 절(絶)은 단절되었다는 뜻이니 형체도 없는 시기이다. 그리고 다시 잉태 단계인 태(胎)로 이어진다. 이때 쓰이는 용어는 상징적인 의미로 쓰인 것이다. 몸을 쓰며 성장하며 활동하다가 제왕에 이른 후에는 더 이상 육체를 쓰지 못하고 정신적 활동을 해야 한다는 것을 뜻한다.

12운성 중에서 건록과 제왕은 가장 왕성한 힘이 나오는 시기이고, 반대편에 있는 절과 태(胎)는 가장 힘이 약할 때이다. 약할 때는 실내에서 정신적 활동을 하면 좋다. 장생과 목욕은 육체적 활동이 활발해지는 시기이고, 병과 사는 정신적 운동이 활발한 시기를 말한다. 팔자에 주어지는 대로 쓰면 되는 것이지 12운성 용어로 좋고 나쁨을 말하면 안 된다. 생욕대록왕에서는 주로 밖에서 왕성하게 육체적 활동을 하면 좋고, 쇠병사묘절태에서는 대개 실내에서 정신적인 활동을 하면 좋다. 운동선수로 활약하다가 코치나 감독이 되는 것과 같다.

12운성을 적용하면 팔자 원국뿐만 아니라 운의 흐름을 판단하는 데도 도움이 된다. 왜냐하면 12운성은 팔자에 있는 천간이 지지의 기운을 만나 생장하고 소멸하는 관계를 보여주기 때문이다.

① 12운성의 새로운 해석

낮과 밤처럼 음(陰)과 양(陽)은 반대로 운동한다. 음이 강해지면 양이 약해지고, 양이 강해지면 음이 약해진다.

12운성에서 음양 관계를 이루는 반대편 글자들은 다음과 같다.

장생 ⟺ 병		병 ⟺ 장생	
목욕 ⟺ 사		사 ⟺ 목욕	
관대 ⟺ 묘		묘 ⟺ 관대	
건록 ⟺ 절		절 ⟺ 건록	
제왕 ⟺ 태		태 ⟺ 제왕	
쇠 ⟺ 양		양 ⟺ 쇠	

양(陽)이 시작하고 음(陰)이 마무리를 한다. 甲木과 乙木은 오행으로는 같은 木이라도 木운동은 甲木이 시작하고 乙木이 마무리를 하니 서로 다르다. 같은 오행이라도 천간의 甲木과 乙木, 그리고 지지의 寅木과 卯木이 모두 다른 것이다. 그래서 팔자는 오행이 아닌 천간과 지지 중심으로 공부해야 한다.

명리고전들은 오행 중심의 설명이 많다. 명리가 태동하여 발전하는 과정이니 당연하다. 그러나 아직도 명리고전에만 얽매여 더 나아가지 못한다면 학문의 발전은 더딜 수밖에 없다. 기존의 12운성 표가 오행 중심으로 되어 있어서 음간의 12운성 적용 여부에 대해 이론(異論)이 많았다. 천간 중심, 즉 각 오행을 음양으로 구분하여 설명하면 쉽게 이해할 수 있다.

火운동을 예로 들어보자.

⊙ 火운동은 子에서 잉태되어 午에서 가장 커진다.

⊙ 火운동은 午에서 응축되기 시작하여 子에서 가장 작아진다.

⊙ 丙火는 子에서부터 午까지 火를 커지게 한다.

⊙ 丁火는 午에서부터 子까지 火를 작아지게 한다.

⊙ 子와 午에서 丙火와 丁火는 서로 배턴 터치를 한다.

> ☞ 양이 시작하고 음이 마무리를 하니 火운동은 丙火가 시작하고 丁火는 마무리를 한다.

◉ 천간의 음양운동

木운동 甲木이 활동하면 乙木은 휴식하고, 乙木이 활동하면 甲木은 휴식한다.

火운동 丙火가 활동하면 丁火는 휴식하고, 丁火가 활동하면 丙火는 휴식한다.

金운동 庚金이활동하면 辛金은 휴식하고, 辛金이 활동하면 庚金은 휴식한다.

水운동 壬水가 활동하면 癸水는휴식하고, 癸水가 활동하면 壬水는 휴식한다.

土운동 지구에서는 火土동법을 적용한다.

木은 봄철인 寅卯에서는 밖에서 활동하고, 가을철인 申酉에서는 안에서 활동한다.

火는 여름철인 巳午에서는 밖에서 활동하고, 겨울철인 亥子에서는 안에서 활동한다.

金은 가을철인 申酉에서는 밖에서 활동하고, 봄철인 寅卯에서는 안에서 활동한다.

水는 겨울철인 亥子에서는 밖에서 활동하고, 여름철인 巳午에서는 안에서 활동한다.

土는 火土동법으로 火와 같이 적용하니 巳午에서 밖에서 활동하고, 亥子에서는 안에서 활동한다.

⊙ 木운동

● 甲木은 申酉에서 절태(絶胎)를 지나 寅卯에서 록왕(祿旺)에 이른다.

● 乙木은 寅卯에서 절태(絶胎)를 지나 申酉에서 록왕(祿旺)에 이른다.

⊙ 火운동

● 丙火는 亥子에서 절태(絶胎)를 지나 巳午에서 록왕(祿旺)에 이른다.

● 丁火는 巳午에서 절태(絶胎)를 지나 亥子에서 록왕(祿旺)에 이른다.

　土는 火土동법을 적용한다

⊙ 金운동

● 庚金은 寅卯에서 절태(絶胎)를 지나 申酉에서 록왕(祿旺)에 이른다.

● 辛金은 申酉에서 절태(絶胎)를 지나 寅卯에서 록왕(祿旺)에 이른다.

⊙ 水운동

●壬水는 巳午에서 절태(絕胎)를 지나 亥子에서 록왕(祿旺)에 이른다.

●癸水는 亥子에서 절태(絕胎)를 지나 巳午에서 록왕(祿旺)에 이른다.

② 새로운 12운성 표

기존의 12운성 표는 양간 중심의 용어를 음간에도 그대로 적용하여

천간 지지	甲	乙	丙	丁	戊	己	庚	辛	壬	癸
寅	건록 (建祿)	절(絕)	장생 (長生)	병 (病)	장생 (長生)	병 (病)	절 (絕)	건록 (建祿)	병 (病)	장생 (長生)
卯	제왕 (帝旺)	태 (胎)	목욕 (沐浴)	사 (死)	목욕 (沐浴)	사 (死)	태 (胎)	제왕 (帝旺)	사 (死)	목욕 (沐浴)
辰	쇠 (衰)	양 (養)	관대 (冠帶)	묘 (墓)	관대 (冠帶)	묘 (墓)	양 (養)	쇠 (衰)	묘 (墓)	관대 (冠帶)
巳	병 (病)	장생 (長生)	건록 (建祿)	절 (絕)	건록 (建祿)	절 (絕)	장생 (長生)	병 (病)	절 (絕)	건록 (建祿)
午	사 (死)	목욕 (沐浴)	제왕 (帝旺)	태 (胎)	제왕 (帝旺)	태 (胎)	목욕 (沐浴)	사 (死)	태 (胎)	제왕 (帝旺)
未	묘 (墓)	관대 (冠帶)	쇠 (衰)	양 (養)	쇠 (衰)	양 (養)	관대 (冠帶)	묘 (墓)	양 (養)	쇠 (衰)
申	절 (絕)	건록 (建祿)	병 (病)	장생 (長生)	병 (病)	장생 (長生)	건록 (建祿)	절 (絕)	장생 (長生)	병 (病)
酉	태 (胎)	제왕 (帝旺)	사 (死)	목욕 (沐浴)	사 (死)	목욕 (沐浴)	제왕 (帝旺)	태 (胎)	목욕 (沐浴)	사 (死)
戌	양 (養)	쇠 (衰)	묘 (墓)	관대 (冠帶)	묘 (墓)	관대 (冠帶)	쇠 (衰)	양 (養)	관대 (冠帶)	묘 (墓)
亥	장생 (長生)	병 (病)	절 (絕)	건록 (建祿)	절 (絕)	건록 (建祿)	병 (病)	장생 (長生)	건록 (建祿)	절 (絕)
子	목욕 (沐浴)	사 (死)	태 (胎)	제왕 (帝旺)	태 (胎)	제왕 (帝旺)	사 (死)	목욕 (沐浴)	제왕 (帝旺)	태 (胎)
丑	관대 (冠帶)	묘 (墓)	양 (養)	쇠 (衰)	양 (養)	쇠 (衰)	묘 (墓)	관대 (冠帶)	쇠 (衰)	양 (養)

음간의 12운성을 이해하는데 모호하게 만들었다. 그래서 앞의 표처럼 음간과 양간을 대등한 입장에서 이해하기 쉽도록 다시 12운성 표를 만들어 보았다.

음양의 관점에서 보았을 때 음간이나 양간이나 관계없이 장생의 반대편에는 병이 있고, 목욕의 반대편에는 사가 있다. 관대의 반대편에는 묘가 있고, 건록의 반대편에는 절이 있다. 제왕의 반대편에는 태가 있고, 쇠의 반대편에는 양이 있다. 병의 반대편에는 장생이 있고, 사의 반대편에는 목욕이 있다. 묘의 반대편에는 관대가 있고, 절의 반대편에는 건록이 있다. 태의 반대편에는 제왕이 있고, 양의 반대편에는 쇠가 있다.

양간을 살펴보면 양간의 오행과 같은 계절에는 12운성으로 록왕쇠(祿旺衰)가 된다. 양간의 오행과 반대편 계절에는 절태양(絕胎養)이 위치하

제1부
입문편

고, 양간의 오행이 나타내는 계절의 바로 앞 계절에는 생욕대(生浴帶)가 위치한다. 그리고 양간의 오행이 나타내는 계절의 다음 계절에는 12운성으로 병사묘(病死墓)가 된다.

　다음으로 음간을 살펴보면 음간의 오행과 같은 계절에는 12운성으로 절태양(絶胎養)이 위치한다. 양간이 록왕쇠(祿旺衰)로 활동하는 시기이니 음간은 절태양(絶胎養)이 된다. 음간의 오행과 반대편 계절에는 록왕쇠(祿旺衰)가 되는데 양간이 휴식하고 음간이 활동하는 시기이다. 음간의 오행이 나타내는 계절의 앞 계절에서는 12운성 병사묘(病死墓)가 위치한다. 이 시기는 양간이 생욕대(生浴帶)로 성장하는 시기이니 음간은 휴식에 들어가고 있다. 그리고 음간의 오행이 나타내는 계절의 다음 계절에는 12운성으로 생욕대(生浴帶)가 된다. 음간이 활동을 늘려가는 이 시기에 양간은 병사묘(病死墓)로 활동을 줄여가고 있다.

계절 음양	같은 계절	반대편 계절	앞 계절	다음 계절
양간	록왕쇠(祿旺衰)	절태양(絶胎養)	생욕대(生浴帶)	병사묘(病死墓)
음간	절태양(絶胎養)	록왕쇠(祿旺衰)	병사묘(病死墓)	생욕대(生浴帶)

이것을 다시 천간별로 계절을 대입하여 알아본다.

계절 천간	봄(寅卯辰)	여름(巳午未)	가을(申酉戌)	겨울(亥子丑)
甲木	록왕쇠(祿旺衰)	병사묘(病死墓)	절태양(絶胎養)	생욕대(生浴帶)
乙木	절태양(絶胎養)	생욕대(生浴帶)	록왕쇠(祿旺衰)	병사묘(病死墓)
丙火	생욕대(生浴帶)	록왕쇠(祿旺衰)	병사묘(病死墓)	절태양(絶胎養)
丁火	병사묘(病死墓)	절태양(絶胎養)	생욕대(生浴帶)	록왕쇠(祿旺衰)
戊土	생욕대(生浴帶)	록왕쇠(祿旺衰)	병사묘(病死墓)	절태양(絶胎養)
己土	병사묘(病死墓)	절태양(絶胎養)	생욕대(生浴帶)	록왕쇠(祿旺衰)
庚金	절태양(絶胎養)	생욕대(生浴帶)	록왕쇠(祿旺衰)	병사묘(病死墓)
辛金	록왕쇠(祿旺衰)	병사묘(病死墓)	절태양(絶胎養)	생욕대(生浴帶)
壬水	병사묘(病死墓)	절태양(絶胎養)	생욕대(生浴帶)	록왕쇠(祿旺衰)
癸水	생욕대(生浴帶)	록왕쇠(祿旺衰)	병사묘(病死墓)	절태양(絶胎養)

③ 기존의 12운성 표

	장생	목욕	관대	건록	제왕	쇠	병	사	묘	절	태	양
甲	亥	子	丑	寅	卯	辰	巳	午	未	申	酉	戌
乙	午	巳	辰	卯	寅	丑	子	亥	戌	酉	申	未
丙戊	寅	卯	辰	巳	午	未	申	酉	戌	亥	子	丑
丁己	酉	申	未	午	巳	辰	卯	寅	丑	子	亥	戌
庚	巳	午	未	申	酉	戌	亥	子	丑	寅	卯	辰
辛	子	亥	戌	酉	申	未	午	巳	辰	卯	寅	丑
壬	申	酉	戌	亥	子	丑	寅	卯	辰	巳	午	未
癸	卯	寅	丑	子	亥	戌	酉	申	未	午	巳	辰

　기존의 12운성 표는 음양 구분없이 오행으로만 구분해 놓았다.

　즉, 木은 봄에 왕하니 甲木과 乙木 구분없이 모두 寅卯에서 록왕(祿旺)이라고 붙여 놓았다. 반대로 木은 가을에 약하니 甲木과 乙木 구분없이 모두 절태(絕胎)라고 붙여 놓았다. 다른 천간도 마찬가지다. 그래서 음간의 12운성에 대해 논란이 많았다.

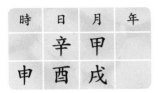

❶ 일간 辛金의 정재가 甲木이다.

❷ 정재 甲木은 봄인데 지지는 申酉戌로 가을철이다.

❸ 정재 甲木은 12운성으로 절, 태, 양이 된다.

❹ 甲木 정재는 약하다.

❺ 약할 때 밖에서 활발하게 쓰면 안 된다.

❻ 약한 운에서는 실내에 조용히 머무는 것이 좋다.

❶ 己土 일간에 甲木은 정관이다.

❷ 甲木 정관은 월지 子水에서 12운성 목욕이다.

❸ 목욕은 태동을 준비하는 시기로 수입보다 지출이 일어난다.

❹ 대개 미래의 희망을 보고 지출하는 생산적인 지출이다.

❶ 월간 乙木은 정관이 된다.

❷ 운이 亥子丑으로 간다면 12운성 병, 사, 묘가 된다.

❸ 병, 사, 묘로 갈 때는 실내에서 정신적으로 써야 한다.

❹ 쇠, 병, 사, 묘는 음의 영역이기 때문이다.

❶ 丙火 정관은 戌년이 오면 12운성 묘(墓)가 된다.

❷ 정관이 묘지에 빠지니 한직으로 발령날 수 있다.

❸ 귀양이나 좌천될 수도 있다.

❹ 운의 흐름이니 따르는 것이 좋다.

❺ 辰년이 오면 丙火는 12운성 관대가 된다.

❻ 관성이 관대에 이르면 힘을 얻게 된다.

❼ 조용히 시골에서 지내다가 다시 도시로 진출이다.

❽ 辰과 戌이 똑같은 양의 土이지만 차이가 크다.

12신살(神殺)

12지살(地殺)이라고도 하는 12신살은 지지에서만 일어나는 변화이다. 12운성은 천간과 지지와의 관계를 보지만, 12신살은 지지끼리의 반응이다. 천간과 관계없으니 내 뜻과 상관없이 현실에서 일어나는 일들을 알 수 있다. 띠나 일지를 기준으로 하는데 일진을 볼 때 많이 사용한다.

년지 또는 일지	겁살	재살	천살	지살	연살	월살	망신살	장성살	반안살	역마살	육해살	화개살
申子辰	巳	午	未	申	酉	戌	亥	子	丑	寅	卯	辰
巳酉丑	寅	卯	辰	巳	午	未	申	酉	戌	亥	子	丑
寅午戌	亥	子	丑	寅	卯	辰	巳	午	未	申	酉	戌
亥卯未	申	酉	戌	亥	子	丑	寅	卯	辰	巳	午	未

앞의 표에서 알 수 있듯이 12신살은 삼합과 관련이 있다. 년지 또는 일지를 기준으로 특정한 지지가 12신살의 어디에 해당하는지 보게 된다.

예를 들면 년지나 일지가 申子辰 글자 중의 하나일 때 寅의 글자는 역마살이 된다. 寅운이 온다면 역마살의 운이 오는 것이다.

겁살(劫殺)

겁살은 수배 중인 상태에서 겁을 먹고 숨어 지내는 기간이다. 일지 또는 년지가 寅午戌이라면 오행으로 반대편의 亥의 글자가 겁살이다. 도피하는 시기이니 조심스럽게 숨죽이며 보내야 된다. 겁살의 반대편 글자, 즉 겁살과 충이 되는 글자는 망신살이 된다.

재살(災殺)

수옥살(囚獄殺)이라고도 한다. 겁살이 수배 중의 상태라면 재살은 잡혀서 모든 것을 포기한 상태이다. 감옥에 있지만 차라리 수배 중인 겁살보다 편할 수도 있다. 삼합의 가운데 글자인 장성살과 충이 되는 글자가 재살이 된다. 일지나 년지가 亥卯未라면 가운데 글자 卯와 충이 되는 酉가 재살이다.

천살(天殺)

바닥을 치면 오르게 되어 있다. 재살의 기간이 지나고 천살이 되면 석방이 된다. 감옥에서 나오기는 했지만 또 살아갈 길이 막막하다. 하늘만

멍하니 쳐다본다. 亥卯未는 申酉라는 겁살, 재살을 지내고 그 다음 글자인 戌이 천살이다. 삼합의 맨 앞 글자가 지살이므로 지살 바로 앞 글자가 천살이다. 천살의 반대 글자는 반안살이 된다.

지살(地殺)

감옥에서 나와 하늘만 쳐다보는 천살 다음에는 지살이 온다. 지살이 되면 새로운 할 일을 찾아 돌아다니게 된다. 그래서 지살에 이사를 많이 하고 이동수가 있다. 지살은 삼합의 첫 자이다. 일지나 년지가 寅午戌이라면 寅의 글자가 지살이다. 지살의 반대는 일을 마치고 떠나는 역마살이 된다. 지살은 새로운 일을 찾기 위해 움직이고 역마살은 일을 마치고 떠나는 것이다.

년살(年殺)=도화살

년살에서 본격적으로 할 일을 찾아 나선다. 면접을 보기 위해 잘 꾸미고 관심을 끄는 언행을 한다. 그래서 년살(=도화살) 운에는 남의 시선을 끄는 능력이 있고 인기도 있다. 삼합의 첫 자인 지살 다음에 오는 글자가 년살(=도화살)이다. 일지 또는 년지가 申子辰이라면 지살 申 다음의 酉가 년살이다. 년살(=도화살)의 반대 글자는 육해살이 된다.

월살(月殺)

월살이 되면 취직이 된다. 새로운 삶을 펼친다. 그러나 직장의 초보로서 조심스럽다. 아직은 햇빛이 아닌 달빛 상황이니 조심해야 한다. 월살이 새로운 출발이라면 반대편 글자는 화개살이 된다. 화개살은 삼합의 끝 글자이니 월살은 삼합의 끝 글자와 충이 되는 글자가 된다. 년지나 일지가 巳酉丑이라면 丑은 화개살이고 丑과 충이 되는 未가 월살이다.

▌망신살(亡身殺)

직장에서 어느 정도 일을 배우면 자신감이 생긴다. 그래서 함부로 하다가 실수를 하여 망신을 당한다. 후보자가 선거기간 중 온갖 비난과 수모를 당하는 것도 망신살이다. 징상에 오르기 직전에 당한 아픔이 망신살이다. 망신살에 이르면 처신에 주의해야 한다. 망신살의 글자는 장성살 직전의 글자이다. 일지나 년지가 巳酉丑이라면 가운데 글자 酉가 장성살이니 申이 망신살이다. 망신살의 반대 글자는 겁살이 된다.

▌장성살(將星殺)

장성살은 삼합의 가운데 글자이다. 나의 목표가 이루어져서 최고의 힘을 가지게 된다. 망신살을 거쳐 목표에 도달하고 보니 허망하기도 하다. 대학을 들어가기 위해 몇 년을 고생하고 합격통지 하나 달랑 받는 기분이다. 일지나 년지가 巳酉丑이라면 가운데 글자 酉가 장성살이다. 장성살의 반대 글자는 감옥에 갇혀 최악의 상태가 된 수옥살, 즉 재살이 된다.

반안살(攀鞍安殺)

정상의 자리에서 막 물러난 상태가 반안살이다. 전쟁의 장수가 말을 타고 떠나는 때이다. 반안살은 고위직에서 전별금, 퇴직금, 연금을 받고 물러나니 소득이 있다. 활동력은 줄어들지만 명예직 등으로 살아간다. 반안살은 장성살 다음의 글자이니 삼합의 가운데 글자 다음 자이다. 반안살의 반대 글자는 감옥에서 나와 하늘만 쳐다보는 천살이 된다.

역마살(驛馬殺)

역마살은 일을 마치고 떠난다는 의미가 있다. 사회는 더 이상 나를 필요로 하지 않는다. 역마살은 지살의 반대이다. 지살이 삼합의 첫 글자이니 역마살은 삼합의 첫 자와 충을 하는 글자가 된다. 일지나 년지가 寅午戌이라면 삼합의 첫 자 寅이 지살이고, 寅과 충이 되는 申이 역마살이 된다.

육해살(六害殺)

역마살에서 떠나면 이제 쓸모없는 존재가 된다. 하던 일도 없고, 찾는 이도 없으니 정신적으로나 육체적으로 피곤하고 아프다. 누구에게나 굽신거려야 하고 내 의지로는 이러지도 저러지도 못하게 된다. 육해살에서는 하는 일마다 꼬인다. 육해살의 반대 글자는 년살(=도화살)이다. 육해살은 화개살의 바로 앞 글자인데 화개살은 삼합의 끝 글자이다. 일지나 년지가 巳酉丑이라면 丑 앞의 子가 육해살이다.

화개살은 화려한 것을 덮는다는 뜻이다. 지금까지의 모든 일을 마무리 짓는다. 과거는 마음속 깊이 숨겨버린다. 이렇게 숨기는 일로 인하여 겁살에서 수배를 당하고, 재살에서 잡혀 감옥에 갇히게 된다. 과거를 덮는 것이 화개살이고 반대는 새로운 시작을 여는 것이 월살이다. 화개살은 삼합의 끝자가 된다. 일지나 년지가 寅午戌이라면 戌이 화개살이다.

공망(空亡)

　천간은 10개이고, 지지는 12개이니 천간과 지지를 묶어 甲子 乙丑 丙寅…… 이렇게 이어가다 보면 천간과 짝짓지 못하는 2개의 지지가 존재한다. 그 짝이 없는 두 개의 지지를 공망이라고 한다. 공망이 된 두 개의 지지는 다시 다음 천간의 글자와 짝을 이루게 된다. 이런 방법으로 열 개의 천간이 지지와 짝을 이루다 보면 또 천간과 짝을 짓지 못한 두 개의 지지가 있는데 이 글자들이 짝을 이룬 간지의 공망이 된다. 공망이 되면 노력했으나 텅비어 버려 결과를 얻지 못한다.

　공망은 원래는 내 소속이었으나 남의 가족이 되어버린 글자이다. 그래서 공망의 글자가 사주 속에 있으면 이젠 남의 가족이 된 사람이 내 사주로 들어온 것이 되니 내 뜻대로 잘 안 된다. 사주의 한 자리를 차지하고 있지만 내가 자유롭게 사용할 수 있는 글자가 아닌 것이다.

그래서 사주에 공망이 있으면 아무리 노력해도 이룰 수 없는 허망함을 느끼게 된다. 빈 곳을 메우기 위해 더욱 노력하나 그 목적은 이루지 못하고 다른 길에서 결실을 이루기도 한다. 관(官)이 공망이면 열심히 고시공부를 하지만 합격은 하지 못하고, 쌓았던 실력으로 다른 직장에서 성공하는 식이다.

공망이 되면 좋을 수도, 나쁠 수도 있다. 사주에서 필요한 글자가 공망이면 좋을 리가 없고, 필요 없는 글자가 공망이 되면 좋아질 것이다. 공망의 글자는 운에서 합, 형, 충 등으로 일시적으로 해소될 수 있다.

▌공망표▌

1순	甲子	乙丑	丙寅	丁卯	戊辰	己巳	庚午	辛未	壬申	癸酉	공망	戌亥
2순	甲戌	乙亥	丙子	丁丑	戊寅	己卯	庚辰	辛巳	壬午	癸未	공망	申酉
3순	甲申	乙酉	丙戌	丁亥	戊子	己丑	庚寅	辛卯	壬辰	癸巳	공망	午未
4순	甲午	乙未	丙申	丁酉	戊戌	己亥	庚子	辛丑	壬寅	癸卯	공망	辰巳
5순	甲辰	乙巳	丙午	丁未	戊申	己酉	庚戌	辛亥	壬子	癸丑	공망	寅卯
6순	甲寅	乙卯	丙辰	丁巳	戊午	己未	庚申	辛酉	壬戌	癸亥	공망	子丑

제2부

명리
(중급편)

土에 대하여

土에는 천간의 土와 지지의 土 그리고 지장간의 土가 있다.

먼저 우주의 기운인 천간의 土는 세 가지 특징이 있다. **첫째**, 하나의 기운을 다른 기운으로 전환하는 역할이고 **둘째**, 土기운은 木火 다음에 오니 양의 기운을 듬뿍 품고 있으며 **셋째**, 土는 급출발과 급정지를 막아 주는 역할을 한다.

지지의 辰戌丑未土 중에서는 未土가 천간의 土와 가장 가깝다. 나머지 辰土 戌土 丑土는 하나의 계절을 마무리하고 새로운 계절을 여는 전환의 역할을 한다.

보통 辰戌을 양의 土라 하고, 丑未를 음의 土라고 한다. 辰戌 속에는 戊土가 지장간 말기에 들어 있고, 丑未 속에는 己土가 지장간 말기에 들

제2부
중급편

어 있기 때문이다. 그러나 계절의 기운을 생각해 보면 전혀 다른 글자임을 알 수 있다.

봄에서 여름으로 넘어가는 辰土와 가을에서 겨울로 넘어가는 戌土가 어떻게 같을 수 있을까? 또 여름에서 가을로 넘어가는 未土와 겨울에서 봄으로 넘어가는 丑土가 어떻게 같을 수 있겠는가? 그래서 辰戌丑未를 볼 때는 계절을 생각하며 각각 다른 土로 이해하여야 한다. 이러한 차이는 12운성에 잘 나타나 있다. 辰土 속의 戊土는 관대지에 해당하고, 戌土 속의 戊土는 묘지에 해당한다. 관대지에서는 힘을 받고 묘지에서는 힘을 잃는다.

지지의 지장간에 있는 土를 알아보자.

辰戌丑未의 지장간에는 戊土나 己土가 있는데, 이 土는 계절을 마무리할 때 서서히 정지시키는 역할을 한다. 커브를 돌 때 천천히 속도를 줄이는 것과 같다. 또 생지의 글자 寅申巳亥 속에는 모두 지장간 초기에 戊土가 들어 있다. 이 戊土는 계절의 급격한 출발을 막아 준다. 커브를 돌고 난 후 급하게 속도를 내면 안 되는 것과 같다. 출발은 양이 하고 마무리는 음이 한다는 법칙에 따라 寅申巳亥 생지의 지장간 초기는 모두 양의 土인 戊土가 있다. 그리고 辰戌의 지장간 말기의 戊土는 양에서 양으로 또는 음에서 음으로 커브를 돌기 위한 브레이크 역할을 한다. 辰土와 戌土에서는 음양의 변화가 없다. 辰土는 봄의 소양(小陽)에서 여름의 태양(太陽)으로 양에서 양으로 전환하고, 戌土는 가을의 소음(小陰)에서 겨울의 태음(太陰)으로 음에서 음으로 전환한다. 그러나 丑未는 하나의 음양의 기운을 마무리하고 새로운 음양의 기운을 연다. 丑土는 金水의 음의 기운을 마무리하고, 未土는 木火의 양의 기운을 마무리한다. 그래서 丑未의 지장간 말기에는 己土가 있다. 음이 마무리를 하기 때문이다.

① 土의 종류

천간의 戊土 己土
지지의 辰戌丑未土
천간의 甲己합 土
지지의 子丑합 土

土의 종류에는 천간에 戊土 己土, 지지에 辰戌丑未土, 그리고 천간합에 甲己합 土, 지지합에 子丑합 土가 있다. 모두 다르다.

천간의 土는 앞에서 설명했듯이 양의 기운을 음의 기운으로 전환하는 역할을 한다. 그래서 천간의 土는 木火 운동과 金水 운동의 가운데 위치한다. 천간의 土운동은 양의 土인 戊土가 시작하고 己土가 마무리한다.

지지의 辰戌丑未土는 다르다. 지지의 辰戌丑未土는 계절의 전환을 한다. 그래서 계절이 4개이니 辰戌丑未라는 4개의 土가 있다. 천간의 戊土, 己土와 가장 비슷한 지지의 土에는 未土가 있다. 木火와 金水 기운

의 사이에서 양 운동을 음 운동으로 바꿔주기 때문이다. 辰土, 戌土, 丑
土는 계절을 바꾸는 역할은 하지만 양 운동을 음 운동으로 바꾸는 역할
은 하지 않으므로 천간의 戊土, 己土와는 다르다. 그래서 재성이 土라고
할 때 辰戌丑未의 재성은 모두 차이가 난다. 천간의 土와 비슷한 것을
순서대로 써 보면 未土－辰土－戌土－丑土가 된다.

천간의 甲己합에서도 土가 나온다. 천간은 마음이나 욕심을 나타내기
에 합한다고 반드시 土가 생기는 것은 아니다. 甲己가 합쳐서 새로운 土
를 만드는 것을 합화(合化)라고 하는데 합화가 되려면 조건에 맞아야 한
다. 마음과 마음이 통해도 현실적으로 이루어지려면 조건이 성숙되어
야 한다. 앞에서 배운 천간합화를 참고하면 된다.

지지의 합인 子丑합도 반드시 土를 만드는 것은 아니다. 지지의 합은
천간처럼 순수하게 합하지 못하기 때문에 실제로 합화 기운이 만들어
지기 힘들다. 천간의 마음은 순간적으로 뜻이 통할 수 있지만 지지의 합
은 현실이라는 여러 가지 제약 때문에 합이 되어 구체적으로 새로운 합
화 기운을 만들어내기는 참으로 어렵다. 지지가 子丑합이 되더라도 지
지에 온통 土기운이 가득하지 않으면 합화가 되기 힘들다는 것이다.

② 왜 천간의 음과 양 사이에는 土가 없을까?

앞에서 보듯이 土는 음양이나 계절을 바꾸는 역할을 한다. 그러나 천

간을 보면 양에서 음으로 넘어갈 때는 戊土, 己土가 있는데 음에서 양으로 넘어갈 때는 土가 없다.

기운이 바뀔 때마다 土가 있는데 癸水에서 甲木으로 넘어갈 때는 왜 土가 없을까? 이유는 양과 음의 차이 때문이다. 양은 확산의 성질이 있어 한번 시작하면 멈추지를 못하고 계속 퍼져나간다. 그래서 우주의 순환 운동을 위해서는 양 운동이 절정에 달하면 속도를 줄여주는 戊土가 필요하고, 정지한 후 다시 천천히 음 운동으로 출발시켜 주는 己土가 필요하게 된다. 즉 천간의 戊土 己土는 극에 이른 木火의 양이 더 이상 확산하지 못하도록 하는 역할을 한다.

그러나 음 운동은 수축이다. 金에서 시작되는 음 운동은 水에 이르러 수축이 극에 달하면 더 이상 줄어들지 못하게 된다. 그때가 되면 스스로 폭발하여 양 운동으로 전환된다. 이것이 음의 성질이다. 음 운동은 더 이상 수축할 수 없는 단계에 이르면 스스로 양 운동으로 전환하는 것이다. 구석에 몰린 쥐가 고양이에게 대들거나, 강추위에 서릿발이 생기며 팽창하는 현상도 마찬가지이다. 물도 얼음으로 변하면 부피가 늘어난다. 빅뱅 운동도 그중 하나의 예일 것이다.

다시 말해 확산하는 양 운동은 스스로 통제할 수 없어서 土가 필요하지만 음 운동은 더 이상 수축할 수 없는 단계에 이르면 스스로 폭발하여 양 운동으로 전환하는 것이다. 그래서 천간의 음 운동과 양 운동 사이에는 土가 없다.

③ 고지(庫地)와 묘지(墓地)의 차이

辰戌丑未가 대개 좋은 의미로 쓰이면 고지(庫地)라 하고 저장, 마무리, 보관, 정리정돈 등을 의미한다. 그리고 辰戌丑未가 부정적으로 쓰이면 묘지(墓地)라 하고 감금, 구속, 입원, 수술, 사망 등을 나타낸다. 그러나 구별하지 않고 쓰는 경우가 많다.

묘지는 삼합과 연관이 있다. 삼합에서 즉 申子辰, 亥卯未, 寅午戌, 巳酉丑에서 마지막 글자가 묘지로 작용하는데 일을 마무리 짓는다는 의미로 쓰인다. 申子辰의 辰은 水의 활동을 마무리 짓고 水의 반대편 계절인 火의 기간을 보내게 된다. 亥卯未의 未는 木의 활동을 마무리 짓고 木의 반대편 계절인 金의 기간을 보내게 된다. 寅午戌의 戌은 火의 활동을 마무리 짓고 火의 반대편 계절인 水의 기간을 보내게 된다. 巳酉丑의 丑은 金의 활동을 마무리 짓고 金의 반대편 계절인 木의 기간을 보내게 된다.

삼합의 생지에서 시작하여 왕지에서 절정에 올랐다가 묘지에서 마무리 짓고 해당 오행의 반대편 오행 기간을 보내는 것이다. 또 묘지라는 용어는 12운성에서도 부정적인 의미로 사용되고 있다.

한편 고지는 방합과 관련이 있다. 즉 寅卯辰, 巳午未, 申酉戌, 亥子丑의 辰戌丑未에서 하나의 계절이 다음 계절을 여는 역할을 한다. 寅卯辰에서 木의 기운은 辰에서 들어가고 다음 火기운이 열리게 된다. 巳午未

에서 火의 기운은 未에서 들어가고 다음 金기운이 열린다. 申酉戌에서
金의 기운은 戌에서 들어가고 다음 水기운이 열린다. 亥子丑에서 水의
기운이 丑에서 들어가면 다음 木기운이 열린다. 이렇게 고지는 다음에
오는 계절의 오행을 위해 희생한다는 의미가 있다.

2

물상결합(物象結合)

천간은 상(象)을 나타내고, 지지는 물(物)을 나타낸다.

천간에만 있는 글자는 마음만 있는 것이고 지지에만 있는 글자는 나의 뜻과는 관계없이 존재하는 현실 환경이다. 그래서 천간과 지지가 같은 오행으로 되어 있으면 마음과 현실이 일치가 되는데 이를 물상결합이라고 한다.

물상결합이 되면 힘이 생겨 득(得)을 하는데 좋은 것일 수도 있고 나쁜 것일 수도 있다. 희신과 기신으로 판단한다. 물론 운에서 오는 글자와도 물상결합이 될 수 있다.

❶ 천간으로 재성운인 甲木이 온다.

❷ 천간은 마음이니 재성에 대한 욕심이 생긴다.

❶ 지지는 현실을 나타내므로 형충 등이 없으면 득이다.

❷ 천간에 재성의 글자가 없으니 내 뜻과 관계없이 재성을 얻는다.

❶ 지지에 寅木 재성이 있다.

❷ 운에서 천간으로 甲木이 오면 물상결합이 된다.

❸ 평소에 관심이 없었던 재성 寅木에 관심이 가게 된다.

❹ 운에서 오는 甲木과 원국의 寅木이 물상결합하여 재를 득한다.

① 천간에 甲木이 있고 寅木운이 오면 물상결합을 이룬다.

② 평소 재성을 추구하는 마음이 있었는데 지지에 재운이 오니 뜻을 이룬다.

③ 寅木운이 지나가면 다시 재를 추구하는 마음만 있게 된다.

① 천간 甲木 재성은 운에서 오는 己土와 甲己합이 된다.

② 천간합이 되면 없는 글자처럼 된다.

③ 己土 인성으로 인하여 재성에 대한 욕심이 사라진다.

④ 명예나 학문을 하고자 하는 마음(천간 인성) 때문에 재성에 대한 욕망이 사라진다.

⑤ 천간은 현실이 아닌 마음이니 실제로 손실이 있는 것은 아니다.

① 사주 원국에 甲寅으로 물상결합이 되어 있다.

❷ 己土운에 甲己합으로 천간의 甲木이 합쳐 사라진다.

❸ 지지 寅木은 훼손이 없으니 재성이 모두 사라진 것은 아니다.

❹ 재성에 대한 천간이 사라졌으니 재성의 손실이 있게 된다.

❺ 천간과 지지가 물상결합이 되었을 때 큰 힘이 나온다.

《乾》

❶ 사주 원국에 재성이 없다.

❷ 甲寅년에 재성이 물상결합되어 들어온다.

❸ 재성을 취할 수 있다.

❹ 사주 원국에 없더라도 운에서 득을 할 수 있다.

❺ 결혼한다.

❶ 천간에 甲木 재성이 있다.

❷ 지지에는 木의 글자가 없으니 물상결합이 아니다.

❸ 辰土 속의 지장간 乙木으로 물상결합이 될 수 없다.

❹ 물상결합은 천간과 지지가 같은 오행이어야 한다.

① 근묘화실(根苗花實)

시주(時柱)	일주(日柱)	월주(月柱)	년주(年柱)
실(實)	화(花)	묘(苗)	근(根)
열매	꽃	싹	뿌리
밤	저녁	낮	아침
겨울	가을	여름	봄
자식	배우자	부모, 형제	조상, 부모
노년 시절	중년 시절	청년 시절	어린 시절
46세 이상	31~45살쯤	16~30살쯤	1~15살쯤
미래	현재	과거	대과거
부하직원	나	중간간부	회장, 사장
시골	도시	광역시, 도	나라
앞뜰	거실	집 부근	집 전체, 동네
팔, 다리	몸	어깨	머리
팔, 다리 스포츠	무용 등	바이올린 등	성악
입체	면	선	점
정(貞)	이(利)	형(亨)	원(元)

② 천간이 뿌리가 되는 시기

천간의 글자가 지지에 통근했다고 언제나 뿌리가 되는 것은 아니다. 근묘화실에 의해 언제 뿌리를 내리는지 따져야 한다. 1년을 기준으로 한다면 년지는 봄이 되고, 월지는 여름, 일지는 가을, 그리고 시지는 겨울이 된다. 한 달을 기준으로 하면 년지는 첫 주, 월지는 둘째 주, 일지는 셋째 주, 시지는 넷째 주가 된다. 하루를 기준으로 하면 년지는 아침, 월지는 낮, 일지는 저녁, 시지는 밤이 된다. 천간의 글자가 통근이 되는 그 시기에 해당 오행은 강하게 된다. 근묘화실의 적용은 기본 중의 기본이 된다.

時	日	月	年
	甲		
			寅

時	日	月	年
	甲		
寅			

❶ 똑같이 甲木 일간이 寅에 뿌리를 내리고 있다.

❷ ①번은 근묘화실 근(根) 기간에, ②번은 실(實) 기간에 뿌리가 된다.

지지 입장에서 보면 천간에 투출한 시기도 마찬가지이다. 지지가 천간에 투출할 경우는 천간에 같은 오행의 글자가 어디에 있는가에 따라 달라진다. 근묘화실에 의해 지지와 같은 오행이 천간에 투출한 해당 기간에 하고 싶은 욕구가 강해지게 된다. 이렇게 같은 오행으로 통근이나 투출이 되어 있다 하더라도 글자의 위치에 따라 시기가 달라지게 된다.

다시 말해 지지에 있는 재성은 천간에 투출해야 재성의 힘이 강해져서 큰 재를 취할 수 있고, 천간의 재성은 마음뿐이니 지지에 뿌리를 내려야 현실적으로 재를 취할 수 있다.

사주 원국에서 통근이나 투출이 되지 못했다면 운에서 해당 오행이 와서 간지결합이 될 때 재를 취할 수 있다. 간지결합이 되었다고 아무 때나 재를 취하는 것은 아니고 근묘화실에 의해서 해당 오행이 간지결합이 되는 시기에 재를 취하게 된다.

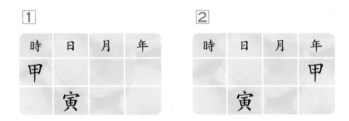

❶ 두 사주 모두 일지에 寅木이 있다.

❷ ①번은 근묘화실 실(實)의 기간에, ②번은 근(根)의 기간에 木이 강해진다.

원국에 재성이 간지결합이 되었다고 해도 태어날 때 만들어진 기본적 환경이기 때문에 실감을 못할 때가 많다. 그래서 운에서 동적인 힘이 가해질 때 재적 변화를 실감하게 된다.

원국 천간에만 재성이 있다면 운에서 재성이 지지로 올 때 소원을 이루고, 원국 지지에만 재성이 있다면 운에서 천간으로 재성이 올 때 근묘화실에 의한 해당 기간에 재를 득하게 된다. 원국에 재성이 천간과 지지에 모두 있다면 운에서 천간으로 재성이 오든지 지지로 재성이 올 때 재를 취할 수 있게 된다. 물론 그 시기는 근묘화실에 따른다. 그래서 원국에 있는 글자의 위치가 중요하다.

❶ 년간에 있는 재성이 동(動)하면 봄에 재를 탐하는 마음이 들 것이다.

❶ 시지의 재성이 동(動)하면 겨울에 재를 득할 가능성이 커진다.

❷ 그러나 원래 있었으나 마음에 없던 재이다.

❶ 월간과 월지에 재성이 있다면 같은 시기에 동하게 된다.

❷ 재성이 동하면 천간과 지지가 함께 움직이니 재의 규모가 크다.

❸ 특히 월지에 뿌리를 두면 강하기 때문에 더욱 실감난다.

3
지장간과 통근

천간의 글자가 지장간에 같은 오행이 있고 훼손되지 않으면 뿌리를 갖게 된다.

그러면 지장간에 통근하면 항상 뿌리가 되는 것일까?

이에 대한 해답은 근묘화실과 지장간의 비율표에 있다.

같은 지지에 뿌리를 두더라도 지장간의 비율이 큰 오행에 뿌리를 둔 천간이 강하다. 지장간 말기가 가장 많은 비율을 차지하므로 같은 지지에 뿌리를 두었다면 지장간 말기에 뿌리를 둔 천간이 더 강하다.

예를 들어 천간 丙火와 庚金이 巳火에 뿌리를 내리고 있다고 했을 때 巳火의 지장간에 戊庚丙이 있고 그 비율은 생지이니 7:7:16이다. 이때 庚金은 7의 비율을 차지하는 지장간 중기에 뿌리를 내리고 丙火는 16의 비율을 차지하는 丙火에 뿌리를 내리므로 丙火가 庚金보다 더 강하다는 것을 알 수 있다. 그래서 천간의 글자는 지지가 년월일시 어디에 위치하느냐 뿐만 아니라 지장간의 어느 글자에 뿌리를 내리는가에 따라 글자의 힘에 차이가 난다. 지지에 뿌리가 있다고 모두 같은 힘을 갖는 것이 아니다.

또 천간의 글자가 년지나 월지에 뿌리를 두면 나보다 윗사람인 조상, 부모, 선배 등에 의지하는 것이고, 시지에 뿌리를 두면 나보다 어린 후배나 자식 등에 의지하는 모습이 된다. 일지에 뿌리를 두면 나와 동등한 배우자나 친구, 동료 등의 도움을 받는 모습이다.

월지에 뿌리를 둔 천간은 성장기에 강한 힘을 가졌다는 의미인데 그것은 부모, 형제에 뿌리를 둔 안정된 삶을 의미하게 된다. 그래서 어디에 뿌리를 내렸느냐에 따라 의지하는 사람들이 다르다.

이렇게 글자의 위치가 어디에 있는가에 따라 강약 등 여러 가지가 달라지니 세밀히 살펴야 한다.

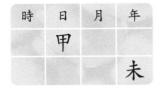

❶ 未土의 지장간은 丁乙己이다.

❷ 甲木은 未土의 중기에 뿌리를 둔다.

❸ 일년의 기간을 본다면 근묘화실에 의해 그 해 1~3월쯤이 된다.

❹ 정확히 말하면 1~3월 중에서도 지장간 중기에 해당하는 기간이 뿌리가 된다.

❶ 甲木은 未土의 중기에 뿌리를 둔다.

❷ 근묘화실에 의해 그 해 4~6월쯤 뿌리가 된다.

❸ 정확히 말하면 4~6월 중에서도 지상산 중기에 해당하는 기간이 뿌리가 된다.

❶ 甲木은 辰土의 초기에 뿌리를 둔다.

❷ 일지에 뿌리가 있으니 근묘화실에 의해 그 해 7~9월쯤 뿌리가 된다.

❸ 정확히 말하면 7~9월 중에서도 지장간 초기에 해당하는 기간이 뿌리가 된다.

❶ 甲木은 未土의 중기에 뿌리를 둔다.

❷ 근묘화실에 의해 그 해 10~12월 기간쯤이 된다.

❸ 정확히 말하면 10~12월 중에서도 지장간 중기에 해당하는 기간에 뿌리가 된다.

❶ 일간 乙木은 亥亥辰에 뿌리를 둔다.

❷ 뿌리가 있다 해도 지장간 속의 木에 해당하는 기간에 뿌리가 된다.

❸ 또 지장간 초기, 중기, 말기의 의미가 다르므로 통근에 대한 해석도 달라진다.

① 지장간 초기(=여기)의 역할

> **지장간 초기** ☞ 준비 기간, 논을 갈고 씨를 뿌림. 출근 준비를 함.
>
> **지장간 중기** ☞ 활동 기간, 일을 하고 수확함. 직장, 학교에서 사회생활을 함.
>
> **지장간 말기** ☞ 마무리 기간, 쉬면서 다음을 준비함. 귀가하여 휴식을 취하고 내일을 준비함.

시상간 초기에 대해 알아보자.

지장간 초기는 대부분 앞 지지의 지장간 말기와 같다. 앞 달의 기운이 그 다음 달로 이어지는 자연스러운 현상이다. 글자는 바뀌어도 자연현상의 변화는 이어진다.

子丑寅卯辰巳午未申酉戌亥子丑寅卯辰巳…

子	丑	寅	卯	辰	…
(壬癸癸)	(癸辛己)	(戊丙甲)	(甲乙乙)	(乙癸戊)	…

子水에 들어 있는 지장간 초·중·말기 글자는 壬癸癸이다. 지장간 초기 글자는 바로 앞 지지의 말기와 같으니 亥水의 말기이다. 亥水의 지장간이 戊甲壬이니 壬水가 亥水의 말기가 된다. 그래서 子의 초기 글자는 壬水가 된다. 그리고 중기, 말기를 거쳐 다음 글자로 이어진다. 子의 지

장간 말기가 癸水이니 다음 글자 丑의 초기 역시 癸水가 된다.

丑土의 지장간은 癸辛己이다. 역시 첫 글자는 子水의 말기에서 넘어온 癸水가 되었다. 여기서 丑土의 말기는 추동(秋冬)의 음 운동을 마무리하고, 춘하(春夏)의 양 운동으로 전환하는 己土가 들어 있다. 丑土와 반대편에 있는 未土 속에도 춘하(春夏)의 양 운동을 마무리하고 추동(秋冬)의 음 운동으로 전환하는 己土가 있다. 주의할 점은 丑土와 未土의 말기인 己土는 다음 글자의 초기로 이어지지 않는다. 시작은 양이 하고 마무리는 음이 하기 때문이다.

寅木의 지장간은 戊丙甲이다. 寅木의 초기는 戊土가 되었다. 앞 글자 丑土의 말기는 己土였는데 이 기운이 寅木으로 넘어오지 않았다. 寅木은 木火라는 큰 의미의 양의 기운의 시작이 된다. 지구에서는 木火 즉 봄, 여름이 양이고, 金水 즉 가을, 겨울이 음이다. 양이 시작하고 음이 마무리를 하니 寅木의 시작은 己土가 아닌 戊土가 한다. 지지 寅木의 지장간 말기는 甲木이다. 이 甲木은 다음 글자 卯木의 지장간 초기를 차지한다.

卯木의 지장간은 甲乙乙이다. 초기 甲木은 앞 글자 寅木에서 이어진다. 왕지인 子卯酉(午 제외)의 글자들은 지장간 중기와 말기가 같다. 卯木의 말기가 乙木으로 끝났으니 이 기운은 다음 글자 辰土의 초기로 이어진다. 그래서 辰土의 지장간 초기는 乙木이 된다.

辰土에는 지장간이 乙癸戊가 있다. 역시 앞 글자 卯의 말기인 乙木이 辰土의 지장간 초기가 되었다. 辰土의 말기에는 戊土가 있다. 이 戊土는 다음 글자의 초기로 이어진다. 봄에서 여름으로의 전환은 양에서 양으로의 전환이므로 辰土의 말기 戊土는 巳火의 초기로 이어진다.

巳	午	未	申	酉 ···
(戊庚丙)	(丙己丁)	(丁乙己)	(戊壬庚)	(庚辛辛) ···

巳火의 지장간에는 戊庚丙이 있다. 역시 巳火의 지장간 초기에는 앞에서 넘어온 戊土가 있다. 寅申巳亥 생지 글자의 초기는 모두 戊土이다. 이 戊土는 각 계절을 시작할 때 급출발을 못하도록 제동을 거는 역할을 한다. 말기의 글자는 丙火가 된다. 이 丙火는 다음 午火의 지장간 초기가 된다.

午火 속에는 丙己丁이라는 지장간이 있다. 초기의 丙火는 앞 글자인 巳火의 말기에서 넘어온 기운이다. 그리고 午火의 말기에는 丁火가 있다. 午火의 말기 丁火는 다음 글자 未土의 지장간 초기가 된다.

未土에는 지장간 丁乙己가 있다. 첫 기운인 丁火는 앞 글자 午火의 말기가 넘어온 것이다. 未土의 글자는 봄, 여름의 木火라는 양의 기운을 마무리한다. 다음 글자인 申金의 초기는 戊土가 된다. 음이 마무리하고 양이 시작하기 때문에 申에서 음 운동이 시작한다.

申金의 지장간은 戊壬庚이다. 앞 글자의 말기 己土가 넘어오지 못하는 이유는 金水라는 큰 의미의 음 운동이 시작되기 때문이다. 음의 기운은 시작이 강하지 않으니 申金까지 己土가 넘어온다는 이론도 있다. 즉 申金의 지장간이 己戊壬庚이라고 하기도 한다. 일리가 있으나 시작은 양이 하기 때문에 申金의 초기도 戊土라고 해도 무방하다. 申金의 지장간 말기에는 庚金이 온다.

酉金의 지장간은 庚辛辛이다. 초기의 庚金은 앞 글자 申金의 지장간 말기에서 넘어온 기운이다. 왕지의 글자로 가을의 절정이니 중기와 말기가 같다는 것을 알 수 있다. 그리고 酉金의 말기에는 辛金이 있다. 辛金은 다음 글자 戊土의 초기가 된다.

戌　　　亥　　　子　…
(辛丁戊)　(戊甲壬)　(壬癸癸)　…

戊土의 지장간에는 辛丁戊가 있다. 역시 戊土의 지장간 초기의 辛金은 앞 글자 酉金의 말기에서 이어진 것이다. 그리고 戊土의 지장간 말기에는 戊土가 있다. 戊土는 다음 글자 亥水의 첫 기운으로 이어진다.

亥水의 지장간에는 戊甲壬이 있다. 亥水의 지장간 초기의 戊土는 앞 글자의 말기에서 이어진다. 그리고 亥水의 지장간 말기에는 壬水가 있다. 이 亥水는 다음 글자 子水의 지장간 초기가 될 것이다.

② 지장간 중기의 역할

지장간 중기에는 초기와 말기의 흐름과는 다른 천간이 배치되어 있음을 알 수 있다. 초기와 말기의 지장간은 앞 글자의 말기가 다음 글자의 초기로 이어지는 경우가 대부분이다. 그러나 중기는 다르다. 중기의 글자는 직업 등 사회생활을 나타내는 삼합의 글자와 관련이 있다. 삼합은 亥卯未, 寅午戌, 巳酉丑, 申子辰이다. 亥卯未의 중기에는 모두 木의 천간이, 寅午戌의 중기에는 모두 火의 천간이, 巳酉丑의 중기에는 모두 金의 천간이, 申子辰의 중기에는 모두 水의 천간이 들어 있다.

子水의 지장간은 壬癸癸이다. 중기의 글자는 癸水가 된다. 子水의 글자가 들어간 삼합은 申子辰이다. 申子辰 삼합은 水의 기운을 만든다. 그래서 중기는 水가 되는데 子水가 음의 水이므로 子水의 지장간 중기에는 癸水를 쓴다.

丑土의 지장간은 癸辛己이다. 중기에는 辛金이 있다. 丑土가 들어 있는 삼합은 巳酉丑이고 金의 기운을 나타낸다. 그래서 丑土의 중기는 金을 쓰는데 丑土가 음의 土이므로 중기의 글자에 음의 金인 辛金을 쓴다.

寅木의 지장간은 戊丙甲이니 중기는 丙火가 된다. 寅木이 들어가는 삼합은 寅午戌이다. 寅午戌은 火의 기운을 만들고 寅木이 양의 木이니 火의 천간 중 양의 기운인 丙火가 중기가 된다.

卯木의 지장간은 甲乙乙이다. 卯木이 들어가는 삼합은 亥卯未이다. 그래서 木의 기운 중에서 卯木은 음의 木이기 때문에 木에서 음을 나타내는 乙木이 卯木의 중기가 된다.

辰土의 지장간에는 乙癸戊가 있다. 중기에는 癸水가 있는데 辰土가 들어간 삼합은 申子辰이다. 申子辰은 水의 기운을 나타내니 그래서 중기에 水의 기운이 들어간다. 辰戌丑未土는 한 계절을 마무리하기 때문에 중기에 모두 음의 글자가 들어 있다. 그래서 辰土의 중기에는 음의 水인 癸水가 들어 있다.

巳火의 지장간에는 戊庚丙이 있다. 巳火가 들어가는 삼합은 巳酉丑이다. 巳酉丑은 金의 기운을 나타낸다. 巳火는 양의 火이므로 金의 기운 중 양의 기운인 庚金이 巳火의 중기가 된다.

午火 속에는 丙己丁의 지장간이 있다. 午火가 들어가는 삼합은 寅午戌이다. 寅午戌은 火의 기운을 만든다. 午火는 음의 火이기 때문에 음의 火인 丁火가 들어가야 한다. 그러나 午火의 중기는 己土가 들어 있다. 각 계절의 왕지를 나타내는 子午卯酉 중에서 午火만이 중기에 삼합의 오행과 다른 오행이 들어 있다. 앞에서 설명한 대로 이것은 음양의 차이에서 온다. 양의 기운은 통제하지 않으면 끝없이 확산되어 버린다. 그래서 천간이나 지지에 양의 기운이 최고에 이르면 土로써 火의 기운을 흡수하게 된다. 午火는 양의 절정에 있으니 土가 양의 기운을 흡수하고 午火가 음의 土이니 己土가 중기로 들어 있다.

未土 속에는 丁乙己의 지장간이 있다. 未土가 들어가는 삼합은 亥卯未이다. 亥卯未는 강한 木을 만든다. 辰戌丑未土는 중기에 모두 음의 기운이 들어간다. 한 계절을 마무리하기 때문이다. 그래서 未土에는 乙木이 중기로 들어 있다.

申金의 지장간은 戊壬庚이다. 申金이 들어 있는 삼합은 申子辰으로 강한 水기운을 만든다. 水에는 壬水 癸水가 있다. 申金은 양의 金이니까

壬水를 申金의 중기로 쓴다.

酉金의 지장간은 庚辛辛이다. 酉金이 들어가는 삼합은 巳酉丑이다. 巳酉丑은 강한 金의 기운을 만든다. 金의 기운에는 庚金과 辛金이 있는데 酉金은 음의 金이기 때문에 酉金의 지장간에는 음의 金인 辛金이 중기로 들어 있다.

戌土의 지장간은 辛丁戊이다. 戌土가 들어가는 삼합은 寅午戌이다. 寅午戌은 강한 火의 기운을 만든다. 火의 천간은 丙火와 丁火가 있다. 辰戌丑未土는 중기에 모두 음의 기운이 들어 있다. 그래서 음의 火인 丁火가 戌土의 중기로 들어 있다.

亥水의 지장간은 戊甲壬이다. 亥水가 들어가는 삼합은 亥卯未이다. 亥卯未는 강한 木기운을 만드니 甲木과 乙木 중에서 亥水의 중기를 고른다. 亥水는 양의 水이기에 甲木이 亥水의 중기가 된다. 亥水가 지나면 다시 子水로 이어져 자연은 반복 순환 운동을 하게 된다.

지장간 중기

亥卯未 ☞ 지장간 중기가 모두 木

寅午戌 ☞ 지장간 중기가 모두 火(午 제외)

巳酉丑 ☞ 지장간 중기가 모두 金

申子辰 ☞ 지장간 중기가 모두 水

③ 지장간 말기(=정기)의 역할

우주의 기운은 지구로 내려오면서 지축의 기울기와 지구의 자전, 공전으로 인해 지구에 도달할 때는 변하게 된다. 그래서 지지 각 글자는 천간의 글자처럼 순수하지 못하고 여러 천간의 기운이 섞여 있게 된다. 이렇게 변한 기운이 지장간에 나타나 있는데 이번에는 지장간 말기에 대해 정리해 보자. 말기는 지지 속의 지장간 중 가장 큰 힘을 가진 기운으로 지장간 말기 글자의 음양오행에 따라 지지의 음양이 정해진다.

子水의 지장간은 壬癸가 있으니 말기는 癸水가 된다. 말기는 정기라고 하듯이 가장 중요한 기운이 들어 있어 癸水가 음수이므로 子水도 음수가 된다. 이 말기의 癸水는 다음 글자 丑土의 초기를 형성한다.

丑土의 지장간은 癸辛己이다. 丑土는 金水 즉 가을, 겨울의 음 운동을 마치고 木火 즉 봄, 여름의 양 운동이 시작되는 때이다. 그래서 丑土에서 말기 기운은 己土가 된다. 己土는 金水 운동을 총 마무리하면서 木火 양의 기운으로 전환시킨다. 未土 속에 들어 있는 己土도 양 운동을 마무리하고 새로운 음 운동을 시작하게 한다.

寅木의 지장간은 戊丙甲이다. 戊土가 木火의 양 기운을 열고 있다. 앞 글자의 말기인 己土가 넘어오지 않고 戊土가 시작한다. 寅申巳亥 즉 봄, 여름, 가을, 겨울 사계절을 여는 기운은 모두 戊土가 한다. 寅木의 말기는 甲木으로 양의 木이다. 말기의 기운이 지지를 대표하므로 寅木

은 양의 木이 된다.

卯木에는 甲乙乙이라는 지장간이 있다. 음의 木인 乙木이 말기가 되었다. 그래서 卯木은 음의 木이 된다. 말기의 乙木은 다음 辰土의 초기로 이어진다.

辰土 속에는 乙癸戊가 지장간에 있다. 말기가 戊土가 되었다. 戊土가 양의 土이므로 辰土를 양의 土라고 한다. 戊土는 다음 글자 巳火의 초기가 될 것이다.

巳火는 지장간이 戊庚丙이다. 말기가 丙火로 양의 火이다. 말기 丙火가 양의 火이므로 巳火도 양의 火가 된다. 丙火는 다음의 午火 글자의 초기가 된다.

午火에는 丙己丁이 지장간에 있다. 말기에 丁火가 있는데 다음 글자 未土의 초기 글자로 작용한다. 丁火가 음의 火이기 때문에 午火는 음의 火가 된다.

未土에는 丁乙己라는 지장간이 있다. 己土가 未土의 말기이다. 己土가 음의 土이니 未土를 음의 土라고 한다. 己土에서 木火의 양 운동이 총 마무리를 한다. 다음 글자 申金부터 가을에서 겨울로 가는 음 운동이 시작된다. 따라서 未土의 말기인 己土는 다음 글자 申金에서는 戊土로 나타난다. 시작은 양이 하기 때문이다.

申金에는 戊壬庚이라는 지장간이 있다. 말기가 양의 金인 庚金이다. 그래서 지지 申金도 양의 金이 된다. 말기의 庚金은 다음 지지 酉金의 초기가 된다.

酉金에는 庚辛辛이라는 지장간이 있다. 중기, 말기를 辛金이 차지했다. 왕지 子卯酉는 중기, 말기의 글자가 같다. 그래서 편의상 하나의 글자로 쓴다. 말기의 기운이 辛金, 즉 음의 金이므로 지지 酉金도 음의 金이 된다.

戌土의 지장간에는 辛丁戊가 있다. 말기인 戊土가 양의 土이므로 戌土는 양의 土라고 한다. 辰土도 양의 土라고 하지만 辰土와 戌土는 근본적으로 다르다. 지장간 말기 戊土는 다음 지지 亥水의 지장간 초기를 형성한다.

亥水의 지장간에는 戊甲壬이 있다. 말기가 壬水이다. 壬水는 양의 水이므로 亥水는 양의 水가 된다. 이 말기의 壬水는 다음 지지 子水의 초기 기운이 된다.

이렇게 각 지지의 지장간 말기는 그 글자의 가장 강한 기운으로 지지의 음양오행을 결정한다. 체와 용이 다른 巳午 그리고 亥子도 지장간을 보면 음양을 쉽게 이해할 수 있다. 지장간에서 보듯이 대자연 운동은 멈춤 없이 연속 운동을 한다. 글자에 집착하지 말고 글자를 보면서 보이지 않는 자연의 연속성을 읽어야 한다. 글자가 바뀐다고 자연의 변화도 이내 바뀌는 것이 아니다. 辰에서 巳로 바뀌면 겉모습은 土에서 火로 바뀌지만 辰의 말기와 巳의 초기는 여전히 같은 戊土이다.

④ 지장간의 비율

지장간은 생지, 왕지, 묘지의 글자에 따라 일정한 비율로 나누어져 있다. 지장간의 비율은 사람의 인식이나 느낌과 관계없이 썰물이나 밀물, 일출이나 일몰처럼 우주의 법칙에 따라 이루어진다.

예를 들어 申의 지장간에는 戊壬庚이 있다. 申은 생지의 글자이기 때문에 한 달로 봤을 때 戊土가 7일, 壬水가 7일, 그리고 庚金이 16일의 비율을 차지한다. 그래서 천간의 庚金이 申에 뿌리를 내릴 때에는 한 달 30일간 내내 뿌리를 내리는 것이 아니라 庚金에 해당되는 말기 16일이다. 한 달로 말하면 초기, 중기가 각각 7일씩이니 14일 이후부터 庚金의 세력이 강해지는 것이다.

지장간을 년에 적용할 때에는 12개월을 초기, 중기, 말기의 비율대로 적용하고, 월에 적용할 때는 30일을 각 비율대로 적용한다. 일에 적용할 때는 24시간을 비율대로 적용하고, 시에 적용할 때는 120분(지지 글자는 2시간이므로)을 비율대로 적용하면 된다.

다음과 같이 구체적으로 살펴보자.

◉ 지장간을 1년에 적용하는 경우

생지 寅申巳亥 글자는 7 : 7 : 16이니,

초기 $365 \times 7 \div 30 = 85$ (3달이 좀 못되는 정도)

중기 $365 \times 7 \div 30 = 85$ (3달이 좀 못되는 정도)

말기 $365 \times 16 \div 30 = 194.6$ (6달이 좀 더 되는 정도)

왕지 子午卯酉 글자는 10 : 9 : 11인데

午를 제외하고는 子卯酉는 중기와 말기가 같다.

午를 보면,

초기 $365 \times 10 \div 30 = 120$ (4달 정도)

중기 $365 \times 9 \div 30 = 110$ (4달이 좀 못되는 정도)

말기 $365 \times 11 \div 30 = 135$ (4달이 좀 더 되는 정도)

午를 제외한 子卯酉는 10 : 20이니,

초기 $365 \times 10 \div 30 = 120$ (4달 정도)

중기 + 말기 $365 \times 20 \div 30 = 240$ (8달 정도)

묘지 辰戌丑未 글자는 9 : 3 : 18이니,

초기 $365 \times 9 \div 30 = 110$일쯤 (4달이 좀 못되는 정도)

중기 $365 \times 3 \div 30 = 36$일쯤 (한 달이 좀 더 되는 정도)

말기 $365 \times 18 \div 30 = 219$일쯤 (7달이 좀 더 되는 정도)

◉ 지장간을 한 달 30일에 적용하는 경우

생지 寅申巳亥 글자는 7일 : 7일 : 16일

왕지 子午卯酉 글자는 10일 : 9일 : 11일

묘지 辰戌丑未 글자는 9일 : 3일 : 18일

◉ 지장간을 하루 24시간에 적용하는 경우

생지 寅申巳亥 글자는 5.6시간 : 5.6시간 : 12.8시간

왕지 子午卯酉 글자는 8시간 : 7시간 : 9시간(午)

　(午를 제외한 子卯酉는 8시간 : 16시간)

묘지 辰戌丑未 글자는 7.2시간 : 2.4시간 : 14.4시간

　지장간의 비율을 정확하게 적용하지 않고 아무 때나 뿌리가 된다고 적용하면 사주풀이가 정확하지 않다. 일출·일몰 시각이나 썰물·밀물 시각처럼 우주와 자연 운동은 한 치의 오차도 없이 순환 운동을 한다. 몇 십년 후에 나타날 혜성의 위치나 일식, 월식 등도 우주의 규칙적인 운동에 따라 정확히 계산해 낼 수 있다. 마찬가지로 지장간의 비율도 정확히 계산해 낼 수 있다.

⑤ 지장간 중기는 사회활동과 관계가 있다

　지장간 초기는 아침에 집에서 출근 준비를 하는 체의 영역이다. 지장간 초기는 가문이나 가족의 일과 관련이 있고 자유 의지로 바꿀 수 없다. 가문이나 가족은 쉽게 바꿀 수 없다.

　지장간 중기는 출근해 집 밖에서 이루어진다. 직업, 직장과 관련이 있다. 지지의 생지, 왕지, 묘지의 글자에 따라 지장간 중기의 비율이 달라지니 사회에서의 활동 상황도 달라진다. 지장간 중기는 용의 영역으로 여러 면에서 자유 의지가 개입될 수 있다. 하는 일을 선택할 수 있다.

　지장간 말기는 일을 마치고 귀가하여 하루를 정리하는 기간이다. 체의 영역으로 다시 가족이나 가문의 일로 돌아온다. 말기의 글자가 다음 글자의 초기로 이어진다는 것은 퇴근 후 집에서 휴식을 취하고 다음 날 아침 출근 전까지로 이어진다는 의미이다.

　다시 예를 들면 지장간 초기는 어린 시절로서 집안이나 부모의 영향력이 강할 때이다. 지장간 초기는 과거의 환경처럼 바꿀 수 없는 체의 영역이다.

　지장간 중기는 사회에서 활동하는 때로 선택의 기회가 많은 용의 영역이다. 학교의 선택, 직업의 선택, 주거의 선택 등으로 어느 정도 자유 의지를 발휘할 수 있는 영역이다.

　지장간 말기는 직장에서 은퇴 후 다시 가족 중심의 생활로 돌아가는 기간이다. 호주(戶主)로서 가정을 대표하며 손자, 손녀를 돌보는 때로 다시 체의 영역이 된다. 집안의 상징적인 역할을 하니 지장간 말기의 글자가 지지의 오행과 음양을 결정한다.

寅申巳亥 생지의 글자는 중기가 30분의 7 정도이니 그렇게 많은 비중은 아니다. 성장과 배움의 단계에 있는 어린 시절에는 사회활동이나 선택의 폭이 그렇게 크지 않다는 것을 의미한다.

子午卯酉 왕지는 중기의 글자가 말기까지 이어지니 사회활동이 대단히 활발하고 선택의 폭도 넓어진다. 지장간 중기가 말기까지 이어진다는 의미는 밖에서 하는 일이 집에까지 이어진다는 의미이고 퇴근 후에도 바깥 일에 몰두하는 모습이 된다. 또 중년의 사회활동이 노년기에도 계속된다는 뜻도 된다.

辰戌丑未 묘지의 중기는 30분의 3 정도이니 아주 미약하다. 그래서 이 글자가 있으면 사회활동을 줄이고 개인이나 가족, 가문, 친구 관계 등의 체의 영역의 일을 많이 하게 된다. 은퇴 후에 사회활동이 줄어들었음을 나타내기도 한다.

辰戌丑未의 지장간 중기를 오행의 관점에서 살펴보면, 辰에서는 水의 활동을 마무리하고, 未에서는 木의 일을 마무리한다. 戌에서는 火의 일을 끝내고, 丑에서는 金의 일을 마무리한다. 그래서 辰戌丑未에서 일어나는 변화는 지장간 중기가 나타내는 사회적인 일과 지장간 초기와 말

기가 나타내는 집안 일을 구분하여 설명할 수 있다. 체(體)와 용(用)의
차이이다.

⑥ 생지·왕지·묘지

생지(生地) 7 : 7 : 16

寅(戊丙甲)

申(戊壬庚)

巳(戊庚丙)

亥(戊甲壬)

寅申巳亥 각 계절의 첫 자를 생지라고 하는데, 탄생한다는 의미이니
시작의 의미가 있다. 생지의 글자는 어린 시절과 같으니 아이처럼 잘 돌
아다닌다는 데서 역마라는 의미를 포함한다.

생지의 寅申巳亥 글자는 각각 다른 의미를 갖는데, 寅은 초봄의 발랄
함, 巳는 초여름의 싱그러움, 申은 초가을의 신선함, 그리고 亥는 초겨
울의 차가움을 나타낸다.

寅申巳亥 생지 글자들은 지장간이 모두 양의 글자로만 되어 있다. 양
은 시작을 의미하니 각 계절을 힘차고 활발하게 시작하는 것이다. 갑작
스런 출발은 위험할 수 있으니 寅申巳亥의 지장간 초기에는 모두 戊土

가 있다. 戊土의 역할은 급격한 출발을 억제하여 위험을 방지한다. 아이들이 달려갈 때 '조심해!' 하며 막아서는 것이 戊土이다. 寅申巳亥 속에 들어 있는 지장간 초기 戊土는 '천천히! Take it easy! Slow down!' 의 의미이다.

寅申巳亥 속의 지장간 戊土는 천간의 戊土와는 다르다. 천간의 戊土는 과열된 양의 火기운을 억제시키는 브레이크 역할을 하지만 寅申巳亥 생지 속의 戊土는 급가속을 막아주는 역할을 한다. 결론적으로 寅申巳亥 지장간 속에 들어 있는 戊土는 천간의 戊土와는 성질이 다르기 때문에 土의 역할을 거의 못한다.

寅申亥 속의 土가 미약하다는 것은 지장간을 살펴봐도 알 수 있다.

寅 속의 戊丙甲에서 戊土는 강한 木의 극을 받고 있으며, 申 속의 戊壬庚에서 戊土는 지장간 속 壬庚에 힘을 빼앗긴다. 亥 속의 지장간은 戊甲壬이 있는데 戊土는 甲木에 극 당하고 壬水에 힘을 빼앗기고 있음을 볼 수 있다.

그러나 巳火 속에는 戊庚丙의 지장간이 있는데 戊土가 庚金에는 힘을 빼앗기지만 丙火의 생을 받고 있음을 알 수 있다. 그래서 巳火를 제외한 寅申亥 속의 戊土는 힘이 없어 土의 뿌리 역할을 할 수 없다. 생지 속의 戊土는 각 계절의 급출발을 막아주는 일을 할 뿐이다.

생지의 초기, 중기, 말기의 지장간 비율을 보면 7:7:16이다. 말기가 많은 비율을 차지하고 있음을 알 수 있다. 생지에서는 초기와 중기가 짧고 마무리인 말기가 길다. 처음 시작할 때는 초기와 중기에 많은 비중을 두지 말고 천천히 시작하고 무리하지 말라는 자연의 교훈이다. 생지에서 가장 높은 비율을 차지하는 지장간 말기는 생지의 후반부터 본격적으로 일을 시작하여 그다음에 오는 왕지 子午卯酉 의 초기로 계속 이어진다.

왕지(旺地) 10 : 20(午는 10 : 9 : 11)
子(壬癸癸)
午(丙己丁)
卯(甲乙乙)
酉(庚辛辛)

子午卯酉 왕지의 지장간은 午를 제외하고는 모두 같은 오행으로만 이루어져 있다. 午의 지장간은 丙己丁인데 가운데 己土는 火의 기운을 흡수하여 양의 확산을 막는 역할을 한다.

왕지의 글자는 午를 제외하고 지장간 초기, 중기, 말기가 모두 같은 오행이다. 일이 중간에 들어서면 처음부터 끝까지 전념하라는 뜻이다. 그래서 사주에 왕지의 글자가 있으면 다른 일로 전환 없이 한 가지 일을 꾸준히 하게 된다. 어떤 일을 하는지는 오행이나 십신으로 알 수 있다.

午火 속의 중기에는 己土가 있다. 앞에서 설명했듯이 양 운동은 한 번 확산하기 시작하면 멈추질 못한다. 그래서 火가 지나친 단계에 이르면 己土로 흡수하게 된다. 강한 火를 가장 잘 흡수하는 것은 己土이다.

묘지(墓地) 9 : 3 : 18

辰(乙癸戊)

戌(辛丁戊)

丑(癸辛己)

未(丁乙己)

辰戌丑未의 묘지는 한 기운을 마무리하고 새로운 기운을 여는 전환의 때이다. 묘지의 지장간 비율을 보면 9:3:18이니 중기는 약하고 말기의 기운이 강하다. 중기가 적은 것은 묘지에서는 사회적 활동을 줄이라는 뜻이고 말기가 많은 것은 묘지의 글자에서는 마무리 정리를 확실히 하라는 뜻이다. 묘지의 지장간 말기는 모두 土이다. 土는 커브길에서 속도를 늦추고 조심하라는 의미가 된다. 계절적으로는 환절기이다.

辰戌丑未 묘지의 지장간 중기도 사회활동과 관계가 있다. 辰에서는 水의 활동을 마무리하고 다음에 오는 巳에서 金의 일을 시작한다. 未에서는 木의 일을 마무리하고 다음의 申에서 水의 일을 시작하고, 戌에서는 火의 일을 끝내고 다음의 亥에서부터 木의 일을 시작한다. 丑에서는 金의 일을 마무리하고 다음에 오는 寅에서 火의 일을 시작한다. 그러므로 묘지에서는 사회적 활동을 줄이고 마무리를 잘하며 새로운 일을 준비해야 한다.

이렇듯 지지의 지장간의 흐름을 보아 각 글자의 오행의 흐름이 같은 글자인지 상생 관계인지 아니면 상극 관계인지를 파악하여 삶의 전체적인 흐름을 파악할 수 있다.

⑦ 반합과 지장간

반합은 삼합에서 두 개의 글자만 있을 때를 말한다. 삼합과 마찬가지로 직업 등 사회적인 일을 알아볼 때 사용한다.

책에 따라 반합이 되려면 반드시 삼합의 가운데 글자 왕지를 포함해야 한다고도 한다. 그러나 삼합의 생지와 묘지의 글자끼리도 암합되는 글자들이 있고 왕지의 글자와 반합이 되어도 암합이 없는 경우가 있다. 지지의 글자는 단지 지장간 말기가 나타난 것 뿐이니 지지에 나타나지 않는 지장간 초기와 중기도 함께 살펴야 정확한 명조 해석이 가능하다.

삼합에서 寅午戌은 火의 기운이 강해지고, 申子辰은 水의 기운이 강해지니 음양의 차이가 뚜렷하다. 그러나 亥卯未나 巳酉丑은 음양의 기운의 차이가 火水처럼 크게 드러나지 않는다.

이와 같은 현상은 반합에도 나타나는데 亥卯와 酉丑의 지장간을 살펴보면 亥卯와 酉丑의 지장간에는 암합이 없다. 지장간 중기가 서로 같은 오행이니 지향하는 목표는 같으나 암합이 없어 서로 만나도 시너지 기운이 잘 일어나지 않는다. 그래서 다른 반합에 비해 亥卯와 酉丑이 만들

어내는 합국 오행은 거의 없다. 木金은 음양 차이가 크지 않으니 亥卯는
막 시작하는 약한 기운이고 酉丑은 이제 마무리를 짓고 있는 약한 기운
으로 본다.

그래서 亥卯와 酉丑은 가운데 왕지 글자가 포함된 반합이라고 해도
강력한 합화 오행 기운이 나오는 것이 아니다. 亥卯와 酉丑은 지장간 중
기의 오행이 같으니 업종은 같으나 친밀한 관계는 형성되지 않아 동업
에는 불리하다. 내부적인 암합이 없으면 서로 당기는 맛이 없어서 함께
일해도 미적미적한 관계가 되기 쉽다. 동업은 지장간에서 합이나 상생
이 될 때가 좋다. 반합이라고 모두 같은 것은 아니다.

8 충과 지장간

◉ 생지(生地)의 충

寅申巳亥는 생지에 속하니 충이 된다고 해도 어린아이의 싸움과 같
아서 왕지의 싸움처럼 생사를 가르는 싸움이 아니다.

寅申巳亥 생지에서는 지장간의 비율이 7：7：16이니 초기와 중기가
그렇게 많지 않다. 그러나 말기에서는 절반 이상인 30분의 16이니 상당
히 많은 비율이다. 그래서 寅申巳亥 생지의 충은 후반부로 갈수록 충이
심해짐을 알 수 있다.

◉ 寅申충

생지끼리의 싸움에는 寅申충과 巳亥충이 있는데, 寅申충이나 巳亥충은 지장간 초기가 모두 戊土이니 싸움이 일어나지 않는다. 초기에는 다정한 친구와 같다. 寅申충에서 중기로 가면 寅은 丙火의 일을 하고, 申은 壬水의 일을 하므로 丙火와 壬水의 싸움이 시작된다. 또 寅의 말기는 甲木이고 申의 말기는 庚金이니 역시 甲庚의 치열한 싸움은 계속된다. 寅申충의 싸움은 초기에서는 일어나지 않고 중기와 말기에서 일어나니 처음에는 사이좋게 출발했다가 중기부터 싸우기 시작하는 것이다.

◉ 巳亥충

巳亥충의 싸움도 초기에는 모두 戊土이니 라이벌 의식은 있을망정 충돌은 없다. 巳亥충의 싸움도 寅申충처럼 중기부터 말기까지 싸움이 일어난다. 음양의 차이가 큰 巳亥충이 寅申충보다 더 거세게 충돌을 할 것이다. 巳의 중기는 庚金이고 亥의 중기는 甲木이니 甲庚의 싸움이 되고 지장간 말기에 이르면 丙火와 壬水의 싸움이 일어난다.

◉ 왕지(旺地)의 충

子午충과 卯酉충은 왕지의 싸움이다. 왕지끼리의 충은 둘 중 하나가 죽을 때까지 싸우는 치열한 싸움이 된다. 왕지 글자의 지장간은 초기, 중기, 말기의 비율이 10 : 9 : 11이다.

⊙ 子午충

子午충을 보면 지장간 초기부터 壬水와 丙火의 싸움이 시작된다. 생지의 말기에서부터 이어진 싸움이 계속되는 것이다. 子午충의 지장간 중기에는 癸水와 己土의 싸움이 계속된다. 子午충의 말기는 癸水와 丁火가 싸움을 한다. 그래서 왕지의 충은 처음부터 끝까지 싸움만 하니 왕지의 충이 무섭다.

⊙ 卯酉충

卯酉충은 초반에는 甲木과 庚金의 자존심을 건 싸움이 일어난다. 물론 寅申충에서 넘어온 싸움이다. 그리고 지장간 중기와 말기에는 모두 乙木과 辛金의 대결이 되니 싸움이 그치질 않는다. 乙木과 辛金은 음간끼리의 대결로 은근하고 끈질긴 싸움을 한다. 처음에 양간끼리 화끈한 싸움으로 시작하여 중기부터는 신경전을 벌이며 원한 관계까지 발전하는 싸움을 한다. 양간끼리의 싸움은 화끈하지만 음간끼리의 싸움은 길고 오래간다.

◉ 묘지(墓地)의 충

묘지의 충은 辰戌충과 丑未충이 있는데, 지장간 비율은 9:3:18이다. 중기의 비율이 적어 밖에서 직업이나 일 등 사회적인 일로 싸우는 일이 별로 없다. 비중이 많은 말기는 같은 土가 되니 싸움은 멈추고 다시 화해하게 된다. 묘지의 충은 노인들이 문중이나 가문의 일로 논쟁하는 것과 같아 큰 타격은 없다.

◉辰戌충

辰戌충은 초기에는 乙木과 辛金의 음간의 싸움이 된다. 왕지에서 넘어온 싸움이 여운을 남기며 계속된다. 묘지의 중기는 癸水와 丁火의 싸움으로 역시 음간의 싸움이다. 지장간 중기의 비중이 적어 신경전과 같고 금방 끝난다. 묘지는 말기의 비중이 가장 높은데 모두 戊土이니 언제 싸웠는지 모를 정도로 화해가 이루어진다.

◉丑未충

丑未충의 초기에는 癸水와 丁火의 싸움이다. 역시 왕지에서 넘어온 싸움이 지속된다. 음간끼리의 싸움으로 내면적 정신적 싸움이다. 중기는 사회적 활동의 일인데 辛金과 乙木의 싸움으로 비중이 적어 큰 싸움은 아니다. 그러나 말기는 모두 己土가 되니 서로 화해가 이루어진다. 그래서 辰戌충이든 丑未충이든 모두 소극적인 음간의 싸움을 하다가 말기가 되면 사이가 좋아진다. 그래서 土의 충을 친구들간의 말싸움인 붕충(朋沖)이라고 하여 큰 해는 없다고 말한다.

4
천간, 지지, 지장간의 차이

천간에 있는 글자는 실속보다는 명예적인 감투만 있는 글자가 된다. 관(官)의 글자가 천간에 투하면 많은 사람이 아는 직업이거나 명예적인 일이다. 지지에 통근하지 않고 천간에만 있는 글자일수록 실속은 없고 널리 알려지는 글자가 된다.

예를 들면 좋은 직장이나 고위직에 다닌다고 소문은 났는데도 집에서는 힘든 생활을 하는 경우이다. 천간의 글자가 지지에 뿌리를 내리면 현실적으로 실속을 챙기면서 명예도 누린다. 천간에만 있는 글자가 운에서 손상되지 않는 뿌리를 가져도 마찬가지이다.

지장간에만 있는 글자라면 주변에 잘 알려지지 않았지만 내적으로 실속을 차리게 된다. 예를 들어 지장간의 관(官)은 잘 알려지지 않은 중소

기업이나 하급 공무원 정도의 직업으로 볼 수 있다. 관의 글자가 없다고 직업이 없다는 뜻이 아니다. 지위가 낮은 직장은 얼마든지 가능하며 운에서 관이 왔을 때 직업을 얻었다가 계속 근무할 수도 있다. 지장간에만 있는 글자가 운에서 천간으로 투하게 되면 운의 기간에 승진 등 더 좋은 환경의 직장을 가질 수 있다.

지지는 지장간 말기에 해당하는데, 노출되었기에 이웃에게 알려지게 되고 또 노출되었기 때문에 운에서 형충회합 등으로 변질될 가능성도 있다. 숨겨놓은 돈과 드러난 돈의 차이라고 할 수 있다.

1 寅木과 卯木의 차이

음양오행 운동은 우주의 근본 운동이지만 십간이나 십이지지보다는 세밀하지 못하다. 사주팔자는 음양오행이 아닌 천간과 지지로 되어 있기 때문에 음양오행을 익힌 후에는 더 구체적인 천간과 지지를 적용해야 한다. 오행으로 같은 木에 속한다고 해도 천간에는 甲木, 乙木 그리고 지지에는 寅木, 卯木이 있다. 또 지장간 속에 들어 있는 木들도 있다. 모두 다르다.

그렇다면 寅木과 卯木은 같은 봄의 기운에 속하는데 어떻게 다를까?

마찬가지로 巳午 申酉 亥子도 같은 오행인데 어떤 차이가 있을까?

지지 공부는 삼합과 방합을 잘 이해해야 하고 또 지장간도 잘 알아야 한다.

같은 계절의 寅卯辰은 모두 木의 뿌리를 가지고 있고, 巳午未는 모두 火, 申酉戌은 모두 金, 그리고 亥子丑은 모두 水의 뿌리를 가지고 있다. 그래서 같은 계절의 지지들은 모두 같은 오행을 지장간에 가지고 있다.

그리고 亥卯未, 寅午戌, 巳酉丑, 申子辰 삼합은 모두 같은 오행을 지장간 중기로 가지고 있는데 지장간 중기가 사회적인 일을 나타내므로 삼합을 사회적인 합이라고 한다. 그래서 삼합이나 방합의 글자는 모두 해당 기운의 동일한 오행을 지장간에 가지고 있다.

그렇다면 寅卯의 차이를 알아보자.

寅卯辰은 봄이다. 寅도 봄이고 卯도 봄이다. 寅卯는 오행으로 木에 속한다. 寅木 卯木이다. 같은 계절의 소속으로 오행이 같으니 가족과 같다. 寅과 卯는 어디에 있어도 木의 속성을 나타낸다. 피를 나눈 가족인 것이다.

그러나 寅과 卯는 같은 가족일지라도 사회에서 하는 일은 다르다. 그것을 알기 위해서는 삼합을 보면 된다. 삼합에서 첫 글자는 해당 오행을 여는 생지, 가운데 글자는 최고에 이르는 왕지, 그리고 마지막 글자는 묘지가 된다.

寅午戌 삼합의 지장간 중기는 모두 火가 된다. 寅은 寅午戌의 첫 글자로 火의 생지이다. 寅은 봄의 글자로 木의 소속이지만 사회에서 하는 일은 火의 생지 역할을 한다. 반면 卯는 亥卯未 삼합의 가운데 글자로 봄

의 木에 속하면서 사회활동도 木의 일을 한다. 卯는 왕지의 글자이니 木의 대장 역할을 한다. 그래서 寅은 가족에서의 역할과 사회에서의 역할이 다르지만 卯는 가족이나 사회에서 똑같은 木의 일을 하게 된다.

이러한 차이는 지장간을 보아도 알 수 있다.

지장간 말기는 체의 영역으로 가족이나 가문을 나타낸다. 그리고 지장간 중기는 용의 영역으로 사회활동을 나타낸다. 寅卯 모두 지장간 말기가 木이니 같은 가족이지만 중기를 보면 寅은 丙火가 있고 卯는 乙木이 있다. 그래서 寅은 丙火의 사회활동을 하고 卯는 乙木의 사회활동을 한다. 또 寅은 생지의 글자이니 시작하는 일을 할 것이고 卯는 왕지이니 일이 한창일 때 활동할 것이다.

또 운의 영향력도 다르다. 申운이 온다면 寅은 寅申충이 되지만 卯는 卯申 원진이 되니 같은 운이 오더라도 寅과 卯의 결과는 차이가 있다. 오행에 그치지 말고 십간과 십이지지를 적용하는 습관을 들여야 한다. 寅卯는 같은 木이지만 하는 일이 다르고 운의 글자와의 반응도 또한 달라진다.

巳와 午, 申과 酉, 亥와 子의 글자도 마찬가지이다. 巳午에서 巳는 火 소속이면서 사회에서의 활동은 金의 일을 하게 된다. 巳는 생지이니 金의 시작하는 일을 한다. 그리고 午는 출신은 火이지만 사회활동은 己土의 일을 한다. 午가 왕지이니 사회활동을 왕성하게 할 것이다. 물론 운에서 두 글자의 반응이 달라진다는 것은 말할 것도 없다. 申과 酉도 마찬가지다. 申은 가을의 金 소속이면서 水의 역할을 하고, 酉는 소속이나 하는 일이 모두 金이다. 申은 생지로 시작하는 역할이고 酉는 왕지로 중심 역할을 한다. 또 亥와 子를 비교해 보면 亥子가 모두 겨울철 水의 출신이다. 그러나 亥는 亥卯未에서 木의 생지 역할을 하고, 子는 申子辰에서 水의 왕지 역할을 한다. 같은 겨울 출신이지만 하는 일은 다르다. 오행만으로 사주풀이를 한다면 이러한 차이를 알지 못한다.

② 천간합과 지지합의 차이

천간은 하늘의 기운이다. 그중에서 甲乙丙丁戊는 양의 기운이고, 己庚辛壬癸는 음의 기운이다.

천간합에는 甲己合土, 乙庚合金, 丙辛合水, 丁壬合木, 戊癸合火가 있다. 천간합은 같은 단계의 음양끼리 서로 당기는 음양합이다.

甲木과 己土가 만나면 합쳐져서 土가 형성된다. 하늘에서 떠도는 기운들이 모여 구름이 되듯이 우주에 떠도는 음양의 시작 기운들이 서로 만나 土를 만드는 것이다. 甲己합에서 나오는 이 土는 만물이 생성되는 기반이 된다.

그 다음으로 乙木은 庚金과 함께 金이라는 새로운 기운을 만든다. 甲己합으로 만들어진 土를 토생금하여 단단하게 金을 만든다. 이렇게 해서 우주는 별들을 만들어 나간다.

다음으로 丙火와 辛金이 만나면 금생수에 의해 水기운이 만들어진다. 단단한 金에 물이 고이는 것이다.

다음으로는 丁火와 壬水가 합쳐져서 수생목으로 木의 기운이 만들어진다.

마지막으로 戊土와 癸水가 합쳐지면 목생화에 의해 火의 기운이 생성된다.

계속 음의 시작 기운인 己土는 양의 시작 기운인 甲木을 만나 화생토로 다시 土를 만들고 다음으로 庚金은 乙木을 만나 乙庚합으로 金의 기운을 만든다. 庚金 다음의 辛金은 丙火를 만나 丙辛합으로 水의 기운을 만들고, 辛金 다음의 壬水는 丁火를 만나 수생목으로 木의 기운을 만든다. 그리고 癸水는 戊土를 만나 戊癸합으로 火의 기운을 만든다. 이런 방식으로 우주의 순환 운동은 계속된다.

천간끼리 합되어 사라지면 천간은 원래 희망, 소망, 욕망 등 마음의 상태이므로 생각만 사라진다. 그래서 큰 손실은 없다. 그러나 지장간이 형충으로 개고되어 천간과 합거되면 지지에 가지고 있던 것이 사라지니 현실적인 변화가 있게 된다.

지구에서 일어나는 지지의 운동은 다르다. 하늘에서 내려온 순수한 천간의 기운은 지구에 도달하면 빠른 공전(지구의 공전속도 : 108,000km/h)과 자전(지구의 자전속도 : 1664km/h)에 의해 변하게 된다. 지구는 지축을 중심으로 23.5도 기울어 자전을 하며 회전한다. 지축이 기울어져서 빠른 속도로 회전을 하니 하늘의 기운이 땅에 닿을 때는 같은 위도에 있는 지지의 기운끼리 원심력에 의해 변화가 일어난다.

같은 위도에 있는 子丑이 합쳐지고, 寅亥가 합을 하고, 卯戌이 합을 한다. 그리고 辰酉가 합을 하고, 巳申이 합을 하고 마지막으로 午未가 합을 한다. 지지의 합을 보면 천간의 합과는 다르게 나타난다. 지지는 子丑합으로 만들어진 지구 土 위에서 木이 탄생한다. 땅 위에 木이 생기는 것이다. 그리고 목생화로 火가 만들어진다. 지구는 사계절 운동을 하기 때문에 火 다음에는 金이 만들어지고 그리고 金 다음에는 水가 만들어진다. 봄, 여름, 가을, 겨울로 이어지는 것과 같다. 그리고 처음의 子丑과 마지막의 午未는 지구를 의미하는 土가 되는데 이 土 안에서 木火金水 운동을 반복하는 것이다.

지지에도 천간합처럼 합치면 새로운 기운이 생성되는 합화 오행이 있는데 子丑합에서 생기는 土, 寅亥합에서 생기는 木, 卯戌합에서 생기는 火, 辰酉합에서 생기는 金, 巳申합에서 생기는 水기운을 말한다.

그러나 지지가 나타내는 현실은 천간의 마음처럼 쉽사리 바뀌지 않기 때문에 지지합으로 합화 기운이 만들어지기는 힘들다. 단지 천간합처럼 지지의 환경이 합화 오행의 기운으로 넘칠 경우는 지지합의 합화 기운을 취할 수 있는데 그것도 한계가 있다. 지지합이 되면 학교에 다니면서 이성친구를 사귀는 것처럼 두 가지 일을 동시에 하는 식으로 나타난다. 그래서 한 가지도 제대로 할 수 없게 된다.

5

여러 가지 신살(神殺)

신살(神殺)에는 천을귀인처럼 좋은 살도 있고, 백호살처럼 나쁘게 작용하는 살도 있다. 신살은 대개 특정한 글자가 사주에 있을 때를 말하는데 그 글자가 있다고 모든 사람이 그렇게 된다는 것은 아니다. 사주 내에 있는 다른 글자도 고려해야 하기 때문이다. 그래서 신살의 특정 글자가 있으면 그럴 가능성이 있으니 좋은 신살은 잘 활용하고 나쁜 신살은 미리 주의하라는 의미가 강하다.

특정한 신살의 글자가 있더라도 사주 전체에 영향을 미칠 수도 있고 그렇지 않을 수도 있다. 특정 부위의 질병이 몸 전체에 영향을 줄 수도 있는 것과 같다. 사주 전체 구성을 보면서 파악을 해야 한다. 대개 좋은 신살은 좋은지 모르게 지나가고 나쁜 신살은 실감나게 받아들이는 경우가 많다.

신살은 상대방을 기쁘게 하거나 겁주기가 쉬워서 많은 사람이 관심을 갖는다. 스포츠에서 특수한 묘기나 특별히 멋진 기술에 환호하지만 중요한 것은 기본적인 체력과 올바른 자세 등일 것이다. 그래서 명리 학습도 정상적이고 기본적인 학습을 바탕으로 하고 신살을 첨가하여 사용하면 좋을 것이다.

신살을 무시하는 사람들도 있는데 신살이 동하면 일정 부분 작용하니 무시할 일도 이니다. 특정 부위의 암이 몸 전체를 망가뜨릴 수도 있는 것이다. 신살을 부정하는 사람들도 필요할 때는 언급하곤 한다.

역마살, 도화살, 백호살, 망신살 등은 자주 들어보는 신살들이다. 거센 바람이나 파도도 잘만 활용하면 좋은 결과를 얻을 수 있듯이 나쁜 신살이라고 할지라도 현대사회에서는 긍정적으로 사용할 수 있는 직업이 많으니 잘 활용하면 좋은 결과를 얻는다.

예를 들어 피를 본다는 살들도 의사나 격투기 등의 직업에 활용할 수 있고, 칼이나 침을 의미하는 살도 현대사회에서는 각광받는 직업에 쓰일 수 있다. 사주가 좋든 나쁘든 남과 비교하지 말고 자기에게 주어진 팔자를 잘 활용할 수 있다면 좋을 것이다.

● 삼재(三災)

亥卯未 띠의 삼재는 巳午未의 해
寅午戌 띠의 삼재는 申酉戌의 해
巳酉丑 띠의 삼재는 亥子丑의 해
申子辰 띠의 삼재는 寅卯辰의 해

亥卯未생은 金의 기운이 강한 申酉戌의 해에 가장 위험하다. 그래서 金운이 오기 전인 巳午未의 해에 미리 대비하라는 의미로 亥卯未년생에게는 巳午未의 3년이 삼재에 해당한다. 金운이 닥치면 이미 늦으니 巳午未 해에 미리 준비하라는 뜻이다.

寅午戌생은 水의 기운이 강한 亥子丑의 해에 가장 위험하다. 그래서 水운이 오기 전인 申酉戌의 해에 미리 대비하라는 의미로 寅午戌년생에게는 申酉戌의 3년이 삼재에 해당한다. 水운이 닥치면 이미 늦으니 申酉戌 해에 미리 준비하라는 뜻이다.

巳酉丑생은 木의 기운이 강한 寅卯辰의 해에 가장 위험하다. 그래서 木운이 오기 전인 亥子丑의 해에 미리 대비하라는 의미로 巳酉丑년생에게는 亥子丑의 3년이 삼재에 해당한다. 木운이 닥치면 이미 늦으니 亥子丑 해에 미리 준비하라는 뜻이다.

申子辰생은 火의 기운이 강한 巳午未의 해에 가장 위험하다. 그래서 火운이 오기 전인 寅卯辰의 해에 미리 대비하라는 의미로 申子辰년생에게는 寅卯辰의 3년이 삼재에 해당한다. 火운이 닥치면 이미 늦으니 寅卯辰의 해에 미리 준비하라는 뜻이다.

삼재는 해마다 지구상의 4분의 1에 해당하는 인구가 해당된다. 그것도 3년 동안이나 계속되니 크게 비중을 둘 필요는 없다. 삼재 기간에도 출세를 하고 사업에 성공한 사람들도 많으니 복삼재(福三災)라고 하여 말을 바꾸기도 한다. 삼재는 삼합을 사용하니 가정이나 가문의 일인 체의 영역이 아닌 직업 등 사회활동을 보는 용의 영역에 사용된다.

◉ 천을귀인(天乙貴人)

> 일간이 甲戊庚 - 丑未
> 일간이 乙己 - 申子
> 일간이 丙丁 - 亥酉
> 일간이 辛 - 寅午
> 일간이 壬癸 - 巳卯

천을귀인은 옥당귀인(玉堂貴人)이라고도 한다. 천을귀인이 사주에 있으면 흉한 글자는 흉을 없애주고, 좋은 글자는 더욱 좋게 만든다고 한다. 대개 두 개의 글자가 동시에 있을 때 강력한 영향력을 발휘한다.

일간이 甲戊庚일 경우 丑未 두 글자가 지지에 동시에 있으면 충으로 보지 않고 귀인이 되어 오히려 좋다. 천을귀인의 두 글자를 동시에 갖추면 공망도 적용하지 않는다.

뿌리를 내리지 못하는 글자라도 천간 글자의 귀인이 지지에 있으면 뿌리를 내리는 것처럼 본다. 예를 들면 甲木의 글자가 지지에 木이 없더라도 丑이나 未 등 귀인의 글자가 있으면 뿌리가 있는 것처럼 생각할 수 있다. 뿌리는 없지만 귀인의 도움으로 잘 버텨나가는 것이다.

인수가 천을귀인에 해당하면 좋은 어머니를 만나며 학문으로 이름을 날린다.

식신이나 상관이 천을귀인에 해당하면 먹을 복이 많고 자기의 능력 발휘를 잘한다.

재성이 천을귀인이 되면 재복이 좋으며 좋은 처를 만나게 된다.

관성이 천을귀인에 임하면 남편복이 있고 직장운이 좋아 출세를 할 것이다.

천을귀인이 생년에 있으면 조상 덕을 많이 본다.

천을귀인이 생월에 있으면 부모나 형제의 덕이 있다.

천을귀인이 일지에 있으면 좋은 배우자를 만난다.

천을귀인이 생시에 있으면 훌륭한 자식을 두게 된다.

천을귀인이 형, 충, 파, 공망이 되거나 사주가 중화를 잃으면 천을귀인의 좋은 점들이 사라진다. 특히 일지의 귀인은 모든 살(殺)을 소멸시킨다고 하여 일귀격(日貴格)이라고 한다.

천을귀인은 육합으로 보호되면 좋고 형충이 되면 어려움에 처한다.

時	日	月	年
甲	己	甲	庚
子	丑	申	子

❶ 己土 일간의 천을귀인은 申子이다.

❷ 申子 두 개의 천을귀인이 있다.

❸ 어려움이 있을 때 귀인이 나서 도움을 준다고 한다.

時	日	月	年
丁	癸	乙	癸
巳	巳	卯	卯

❶ 巳卯 두 개의 천을귀인을 모두 갖추었다.

❷ 황희 정승의 사주라고 한다.

❸ 천을귀인도 사주 전체를 보면서 보완적으로 사용한다.

◉ 원진살(怨嗔殺)

子未 원진   丑午 원진

寅酉 원진   卯申 원진

辰亥 원진   巳戌 원진

원진살은 양(陽)의 지지는 충이 되는 글자의 바로 다음 글자, 음(陰)의 지지는 충이 되는 글자의 바로 이전 글자가 된다. 子의 원진살은 子가 양의 글자이므로 子午충에서 午의 다음 글자 未와 원진이 된다. 丑의 원진살은 음의 글자이니 丑未충에서 충이 되는 未의 바로 이전 지지 午가 원진이 된다.

원진살은 흉살(凶殺)로 년지 또는 일지를 기준으로 본다.

원진은 이유없이 서로 미워하고 증오하는 살이다.

원진이 되면 직접 싸우지는 않고 하는 일마다 아니꼽게 생각하는 경향이 있다.

일지와 시지가 원진이면 배우자와 자식의 인연이 없다.

일지와 월지가 원진이면 부모, 형제, 고부간에 불화한다고 한다.

년지와 월지가 원진이면 조부와 부친간에 불화한다고 한다.

坤			
癸	庚	癸	戊
未	子	亥	申

❶ 子未 원진이 있다.

❷ 未 중 丁火가 관성 남편이다.

❸ 子未 원진으로 불화 끝에 이혼하였다.

❹ 남편 未 중 丁火는 水기운에 둘러싸여 견딜 수 없었을 것이다.

◉ 도화살(桃花殺)

> 일지 또는 년지가 寅午戌일 때 도화는 卯
>
> 일지 또는 년지가 巳酉丑일 때 도화는 午
>
> 일지 또는 년지가 申子辰일 때 도화는 酉
>
> 일지 또는 년지가 亥卯未일 때 도화는 子

도화살은 일명 연살(年殺) 또는 함지살(咸池殺)이라고도 한다. 12신살 중의 하나로 삼합의 첫 자 바로 다음 글자가 도화이다.

삼합을 기준으로 하니 사회생활과 관련이 있다. 도화살이 있는 사람은 주색과 풍류를 즐기고, 성격이 사교적이며 애교가 있다. 또 준수한 용모에 다정다감하고 학구적이라기보다는 놀며 즐기며 색을 탐하는 경향이 있다. 과거에는 사주에 도화살이 있으면 부정적인 시각이 있었으나, 현대에는 많은 사람에게 인기를 끄는 별이라 하여 좋게 평가한다.

년지나 월지에 도화가 있으면 장내도화(牆內桃花)라고 하여 부부나 가족간에 서로 사랑한다.

일지나 시지에 도화가 있으면 장외도화(牆外桃花)라고 하여 배우자 외에 다른 사람과 정을 나눈다.

도화살이 충이나 파가 되면 음탕한 일로 문제를 일으킨다고 한다.

時	日	月	年
辛	戊	壬	乙
酉	子	午	卯

❶ 인기 여자 영화배우의 사주이다.

❷ 년지 기준 子, 일지 기준 酉의 도화가 있다.

❸ 도화는 남의 시선을 끄는 타고난 능력으로 본다.

❹ 현대사회에서는 도화가 있으면 연예계 등에서 각광을 받는다.

❺ 연예인이 아니라도 다른 사람을 끄는 힘이 있으면 좋을 것이다.

◉ 백호살(白虎殺)

甲辰 백호	乙未 백호
丙戌 백호	丁丑 백호
戊辰 백호	壬戌 백호
癸丑 백호	

백호살은 백호대살이라고도 부를 정도로 대표적인 흉살 중의 하나이다. 사주의 어디에 있어도 작용한다. 수술로 인한 상처 또는 흉터가 생기거나 교통사고 등을 당할 수 있다. 몸에 붉은 점이 있거나 큰 상처를

입는다는 살(殺)이기도 하다. 辰戌丑未 전환의 시기에는 주의해야 하는데 백호에 해당하면 더욱 조심해야 한다.

사주에 백호살이 많으면 육친과의 인연이 박하다.

여명의 관성에 백호살이 있으면 남편이 교통사고, 암, 납치 등 불길한 징조가 있다. 여명의 식상에 백호가 해당하면 자식에게 불길한 징조가 있다고 본다. 여명의 일주에 백호살이 있으면 성정이 강하고 남편을 극한다고 본다.

남명에서 재성이 백호에 해당하면 부친 또는 아내에게 불길한 일이 있을 수 있다.

백호살은 일주에 있을 때 가장 심하고 그 외는 다소 가벼운 편이다. 격이 좋을 때는 기이한 발복으로 유명인이나 재벌이 되기도 한다.

時	日	月	年
庚	丙	癸	壬
寅	戌	丑	辰

❶ 丙戌, 癸丑 백호 두 개 있다.

❷ 丑戌 속의 재성이 백호를 당하고 있다.

❸ 丑戌형이 동할 때 부친 및 처에 흉의가 있었다고 한다.

◉ 귀문살(鬼門殺)

子酉 귀문　　丑午 귀문
寅未 귀문　　卯申 귀문
辰亥 귀문　　巳戌 귀문

귀문(鬼門)은 정신 또는 심리상태와 연관이 있다. 두뇌 회전이 신속한 반면 신경 기능 이상이 올 수도 있다. 기인처럼 행동하고 심리적, 정신적으로 문제가 있기도 하나 사상가나 예술가 등에게도 많다. 보통 사람과는 다른 기이한 생각으로 인류 발전에 커다란 성과를 내기도 한다.

귀문이 형충될 때 더욱 강하게 작용하여 신경과민이나 엉뚱한 언행을 하기도 한다.

木과 관련된 귀문은 정신질환과 연관이 있다. 木은 신경을 나타내기 때문이다.

時	日	月	年
壬	丁	己	丙
寅	未	亥	申

❶ 연산군 사주이다.

❷ 寅未 귀문이 있다.

❸ 丙寅년 귀문이 동하여 쫓겨나 사망했다.

◉ 역마살(驛馬殺)

> 일지 또는 년지가 寅午戌일 때 역마는 申
>
> 일지 또는 년지가 巳酉丑일 때 역마는 亥
>
> 일지 또는 년지가 申子辰일 때 역마는 寅
>
> 일지 또는 년지가 亥卯未일 때 역마는 巳

역마살도 12신살 중의 하나이다. 일지나 년지를 기준으로 하여 삼합에서 첫 자를 충하는 글자가 된다.

삼합을 기준으로 하면 사회활동 등을 보는 것으로 역마살이 있으면 타의에 의해 한 곳에 정착하지 못하고 떠돌아다닌다는 살이다. 주거가 불안정하여 부부가 떨어져 살거나 이별하는 수도 있다. 그래서 돌아다니는 무역, 상업, 운전, 통신 등의 직업과 인연이 있다. 현대사회에서는 유학이나 외국과의 무역 등으로 해외에 진출하기도 한다. 일지와 시지에 있으면 더 심하다.

時	日	月	年
丙	甲	甲	壬
寅	申	辰	寅

❶ 년지 기준 申, 일지 기준 寅이 역마이다.

❷ 역마는 잘 돌아다닌다는 살이다.

❸ 잠시도 가만히 있지를 못하는 사주이다.

◉ 현침살(懸針殺)

甲 申 卯 午 辛

甲·申·卯·午·辛의 다섯 자를 현침살이라 한다. 글자의 모양이 모두 침(針)처럼 끝이 뾰족함을 알 수 있다. 침이나 바늘, 주사기처럼 날카로운 도구를 사용하는 의약업, 군인, 양복점, 미장원이나 이용원의 직업과 연관이 있다. 나쁘게 사용되면 침이나 칼, 가위 등으로 몸이 다치고 교통사고 등을 겪기도 한다. 특히 일(日)이나 시(時)에 있으면 확률이 높아진다.

◉ 양인살(羊刃殺)

일간이 甲木일 때 양인살은 卯
일간이 丙火일 때 양인살은 午
일간이 戊土일 때 양인살은 午
일간이 庚金일 때 양인살은 酉
일간이 壬水일 때 양인살은 子

일간을 중심으로 양간의 겁재를 양인(陽刃 또는 羊刃)이라고 한다. 12 운성으로 양간의 제왕 자리이다. 사주에 양인이 있으면 난폭하고 거칠 다고 한다. 양인을 제하거나 설기시키는 글자들이 있으면 중화가 된다.

양인은 힘이 넘치니 특히 형충이 되면 폭력적이 된다. 사주에서 형충 되어 있고 운에서 다시 형충되면 다치기 쉬우니 사고 등에 주의한다.

여자의 사주에도 양인은 부모와 남편을 극하게 되어 가정이 평화롭지 못하다.

양인은 사주가 약할 때는 오히려 좋아진다. 좋은 운에 강한 힘을 잘 사용하면 권세를 읽고 장군이나 검경, 의사 등으로 간다. 격이 낮을 경 우는 가위나 칼을 사용하는 의류, 미용, 기능공 등에 종사하게 된다.

● 탕화살(湯火殺)

> 일지가 寅일 때 탕화살은 寅巳申
> 일지가 午일 때 탕화살은 辰午丑
> 일지가 丑일 때 탕화살은 午戌未

일지에 寅이 있을 때 다른 곳에 寅巳申 중 하나가 있으면 탕화살이 되고, 일지에 午가 있을 때 다른 지지에 辰午丑 중 하나의 글자가 있으면 탕화살이 된다. 일지에 丑이 있을 때 다른 지지에 午戌未 중 하나가 있으면 탕화살이 된다. 탕화살이 있으면 끓는 물이나 불에 데인다고 한다.

총, 폭탄, 화재 등으로 화상을 입기도 한다. 만일 탕화살에 해당하는 글자가 관성이면 남편이 화상을 입을 수 있다고 한다.

◉ 천라지망(天羅地網)

辰巳　戌亥

戌亥를 천라(天羅)라고 하고, 辰巳는 지망(地網)이라 한다. 합쳐서 辰巳戌亥의 글자를 천라지망(=라망)이라고 한다. 남자 사주에서는 戌亥를 꺼리고, 여자 사주에서는 辰巳를 꺼린다고 한다.

천라지망이 사주에 있으면 하는 일마다 그물이나 망에 걸리니 모든 일이 뜻대로 풀리지 않는다. 특히 단절을 나타내는 酉가 亥를 만나면 구속, 수감과 관계가 깊다.

일지 卯와 酉는 亥년이 되면 배우자와 이별할 수도 있다. 대운이나 세운에도 적용된다.

남명에서 나쁘게 사용되면 그물에 걸리는 격이니 체포, 구금 등을 의미하고 여자 사주에서는 과부가 되기도 한다.

격이 좋으면 체포나 감금을 직업으로 삼는 판검사나 경찰, 군인이 되기도 하고, 여자 사주에서도 그러한 직업을 가진 좋은 배우자를 만난다고 한다.

◉ 고신살(孤身殺)

寅卯辰 − 巳
巳午未 − 申
申酉戌 − 亥
亥子丑 − 寅

고신(孤身)이란 방합을 기준으로 방합 마지막 자의 다음 글자가 된다. 년지 또는 일지를 기준으로 본다. 방합은 가족의 합이니 어떤 이유로든 가족에 끼이지 못하여 객지로 나가 사는 모양이 되어 외롭다. 가족과 떨어져 혼자서 나가 사는 것도 고신이다. 그런 연유로 어려서 고신살이 들면 부모의 혜택을 못 받고 일찍 독립하는 수가 있다.

◉ 과숙살(寡宿殺)

寅卯辰 − 丑
巳午未 − 辰
申酉戌 − 未
亥子丑 − 戌

고신살이 방합의 다음 글자라면 과숙살은 방합의 바로 앞 글자이다.

고신은 남자가 고독하다면, 과숙은 여자가 혼자 산다는 의미를 가지고 있다. 남편의 직업이 역마에 해당하여 혼자 지내는 것도 해당된다. 즉 남편이 없다는 것뿐만 아니라 없는 것과 다름없다는 것도 해당되는 것이다. 곁에 있어도 없는 것보다 못하다는 뜻일 수도 있다. 고신살과 마찬가지로 과숙살도 년지 또는 일지를 기준으로 본다.

일간	甲	乙	丙	丁	戊	己	庚	辛	壬	癸
양인살	卯	辰	午	未	午	未	酉	戌	子	丑
비인살	酉	戌	子	丑	子	丑	卯	辰	午	未
금여	辰	巳	未	申	未	申	戌	亥	丑	寅
문창성	巳	午	申	酉	申	酉	亥	子	寅	卯
암록	亥	戌	申	未	申	未	巳	辰	寅	丑
천을귀인	丑未	子申	亥酉	亥酉	丑未	子申	丑未	寅午	巳卯	巳卯

		子	丑	寅	卯	辰	巳	午	未	申	酉	戌	亥
천덕	월지기준	巳	庚	丁	申	壬	辛	亥	甲	癸	寅	丙	乙
월덕	월지기준	壬	庚	丙	甲	壬	庚	丙	甲	壬	庚	丙	甲
고신	년지기준	寅	寅	巳	巳	巳	申	申	申	亥	亥	亥	寅
과숙	년지기준	戌	戌	丑	丑	丑	辰	辰	辰	未	未	未	戌

6
용신(用神)

① 강약(强弱) 판별

　사주팔자에 나오는 글자들의 강약을 판별하는 일은 중요하다. 일간을 중심으로 일간을 도와주는 인성이나 비겁의 힘과 일간의 힘을 빼는 식상, 재성, 관성의 힘을 비교하여 신강, 신약을 판별하게 된다. 이때 중요한 요소가 앞에서 정리한 천간과 지지 글자들의 힘의 세기가 된다. 신강, 신약 판별은 억부용신을 정할 때 아주 중요한 이론이다.

　신강, 신약을 정할 때 주의할 점은 일간이 음간일 경우 일간은 없는 글자처럼 본다. 양은 나아가고 음은 물러서는 음양의 차이 때문이다.

　일반적으로 양간이 강하면 설기(기운을 빼는 것)하는 것보다 극하는 것이 좋고, 음간이 강하면 극하는 것보다 설기하는 것이 좋다. 양간이 약하면 비겁보다 인성의 도움이 좋고 음간이 약할 경우에는 인성보다 비겁으로 돕는 것이 좋다.

❶ 일간은 뿌리가 없다.

❷ 일간을 도와주는 인성과 비겁도 약하다.

❸ 일간의 힘을 빼는 壬水와 丙火는 든든한 뿌리를 두어 강하다.

❹ 매우 신약한 사주이다.

時	日	月	年
辛	辛	乙	癸
卯	丑	卯	丑

❶ 일간을 돕는 천간은 시간의 辛金으로 뿌리가 있다.

❷ 일간의 힘을 빼는 乙木과 癸水도 뿌리가 있다.

❸ 특히 乙木은 월지에 뿌리를 두어 강하다.

❹ 신약한 사주이다.

時	日	月	年
戊	庚	丁	甲
寅	寅	丑	申

❶ 일간을 돕는 戊庚이 뿌리를 두었다.

❷ 일간의 힘을 빼는 丁甲도 뿌리를 두어 2:2 상황이다.

❸ 이럴 경우 정밀하게 따져간다.

❹ 월지에 뿌리를 둔 천간이 강하므로 약간 신강하다.

② 억부용신(抑扶用神)

자연의 모든 법칙은 균형을 잡는 일이다. 강하면 빼주고 약하면 도와주는 것이다.

사주에서도 일간의 강약을 파악하여 일간의 힘이 강하면 힘을 빼주고, 일간의 힘이 약하면 도와주어야 한다. 일반적으로 일간이 약하면 인성이나 비겁으로 일간에게 힘을 보태주고, 일간의 힘이 강하면 식상이나 재성, 관성으로 힘을 빼게 된다.

억부용신을 찾으려면 먼저 일간의 힘이 강한지 약한지를 구별해야 한다. 일간의 힘이 강하면 신강격(身强格), 일간의 힘이 약하면 신약격(身弱格)이라고 한다.

時	日	月	年
乙	己	甲	癸
亥	卯	子	卯

❶ 己土 일간은 뿌리가 약하다.

❷ 사주 전체의 강약을 보면 신약격(身弱格)이다.

❸ 신약하면 인비(印比) 火土를 써야 한다.

❹ 그러나 사주에 火土가 없어 의지할 곳이 별로 없다.

❺ 운에서 火土가 오면 용신운이 된다.

時	日	月	年
丁	甲	壬	庚
卯	辰	午	辰

❶ 인비(印比)와 식재관(食財官)을 비교하여 신강, 신약을 구별한다.

❷ 뿌리를 보며 강약을 비교하니 신강이다.

❸ 신강하니 희신은 식재관(食財官)이다.

❹ 식재관(食財官) 중에서 가장 강한 丁火를 억부용신으로 한다.

時	日	月	年
己	丁	甲	壬
酉	亥	辰	寅

❶ 甲木 인성보다 천간 己土와 壬水가 더 강하니 신약격이다.

❷ 신약하니 인비(印比) 중 용신을 찾는다.

❸ 인비(印比) 중 강한 성분인 甲木이 용신이고 火가 희신이다.

③ 조후용신(調候用神)

사주팔자가 지나치게 火土 또는 金水로만 되어 있어 음양이 한쪽으로 치우치면 문제가 된다. 이런 경우에 강약에 앞서 음양의 불균형을 조절해 주어야 하는데 이러한 글자를 조후용신이라고 한다.

사주가 金水로만 되어 있어 너무 차면 火가 조후용신이 되고, 반대로 사주가 火土로만 되어 있어 너무 뜨거우면 水가 조후용신이 된다.

❶ 巳月 甲木은 여름철의 열기가 강하다.

❷ 癸水로 식혀주면 조후가 완성되어 귀격이 된다.

❸ 이때 癸水를 조후용신이라고 한다.

時	日	月	年
壬	丙	甲	甲
辰	午	戌	寅

❶ 寅午戌 삼합이 있어 火의 기운이 강하다.

❷ 더구나 두 개의 甲木의 도움을 받아 火는 더욱 강해진다.

❸ 조후가 시급하다.

❹ 대운이 亥子丑으로 갈 때 좋았고 巳午未 대운에 불길했다.

④ 종격(從格)

대부분의 사주는 억부용신으로 찾으나 신강, 신약을 판별할 수 없을 정도로 하나의 오행이 강할 때는 강한 세력을 따라가야 한다. 강한 세력에게 차라리 순종하는 것이 더 낫다는 것이다. 이런 경우를 종격(從格)이라고 한다. 그러나 종격이 될 만큼 하나 또는 두 개의 오행으로 편중된 사주는 드물기 때문에 신강, 신약을 따져 억부용신을 찾는 경우가 대부분이다.

종격에도 어느 세력이 압도적으로 강한가에 따라 종류가 나누어진다. 주로 인성보다 비겁이 강하여 사주가 강하면 종왕격이라고 한다. 또 비겁보다 인성이 강하여 사주가 강해지면 종강격이라고 한다. 그러나 종강격과 종왕격 모두를 종강격이라고 해도 된다.

사주에서 식재관(食財官)이 통근하여 투출하면 사주가 약해지는데 식재관 중에서 어느 세력이 강한가에 따라 종아격(從兒格), 종재격(從財格), 종살격(從殺格)으로 나누어진다. 식상의 세력이 무척 강하면 종아격(從兒格)이 되고, 재성의 세력이 무척 강하면 종재격(從財格), 그리고 관살의 세력이 무척 강하면 종살격(從殺格)이 된다.

《종왕격》

❶ 통근하여 투출한 식재관(食財官)이 없다.

❷ 통근하여 투출한 식재관이 있으면 종왕, 종강이 될 수 없다.

❸ 막강한 뿌리를 둔 겁재 乙木이 인수 癸水보다 강하니 종왕격이다.

❹ 일반적으로 비겁이 인성보다 강하면 종왕격이라 한다.

《종강격》

❶ 천간이 일간과 편인으로만 구성되어 통근하였다.

❷ 인성의 세력이 엄청나게 강하다.

❸ 식재관(食財官)이 통근하여 투출하지 않았다.

❹ 용신은 인수 壬水, 희신은 비겁이다.

❺ 일반적으로 비겁보다 인성이 더 강하면 종강격이라 한다.

《종아격》

時	日	月	年
辛	辛	辛	壬
卯	卯	亥	子

❶ 일간이 월령을 잃고 인성도 없다.

❷ 비겁은 있으나 뿌리가 없어 신약하다.

❸ 상관만 뿌리를 두고 강하게 투하여 상관으로 종한다.

❹ 식상이 강하여 식상으로 종하면 종아격(從兒格)이라 한다.

《종재격》

時	日	月	年
甲	癸	壬	丙
寅	巳	辰	戌

❶ 일간 癸水와 월간 壬水의 뿌리 辰土는 辰戌충으로 훼손되었다.

❷ 甲木도 강하지만 재성이 더 강하다.

❸ 甲木도 丙火를 생해 주니 재성이 더욱 강해졌다.

❹ 丙火의 세력이 강해 종재격(從財格)이다.

《종살격》

❶ 일간의 뿌리가 丑未충이 되어 있고, 인성 木도 천간에 없다.

❷ 비견 丁火의 뿌리는 丑未충으로 뿌리를 잃었다.

❸ 편관 癸水는 시지 亥水에 뿌리를 두어 癸水에 종하는 종살격이다.

❹ 편관은 칠살이라고도 하니 종살격(從殺格)이라 한다.

⑤ 양신성상격(兩神成象格)

두 가지 오행으로만 구성되어 있는 사주도 있는데 이러한 사주를 양
신성상격이라고 한다. 두 오행의 상생 상극에 따라 상생의 양신성상격
과 상극의 양신성상격이 있다.

상생의 양신성상격은 그 운이 길하고, 그 오행을 극하는 운을 만나면
불길하다. 상극의 양신성상격은 두 오행 사이에 있는 통관운이 길하다.

예를 들면 木火의 양신성상격은 木火운이 길하며, 土金의 양신성상격
은 土金운이 길하다. 또 火水 상극의 양신성상격은 火水 사이를 통관하
는 木운이 가장 길하다. 木을 극하는 金운은 불길하다.

時	日	月	年
丙	甲	丁	甲
寅	午	卯	午

❶ 사주가 木火로만 되어 상생의 양신성상격이다.

❷ 상생의 양신성상격은 그 오행의 운이 길하다.

❸ 이 사주는 木火운에 길하다.

時	日	月	年
丙	壬	丙	壬
午	子	午	子

❶ 사주가 水火로만 되어 있어 상극의 양신성상격이다.

❷ 상극의 양신성상격은 통관운에 길하다.

❸ 이 사주에서는 木운에 길하다.

❹ 木을 극하는 金운은 불길하다.

時	日	月	年
乙	戊	乙	戊
卯	戌	卯	戌

❶ 이 사주는 木土로만 되어 있는 상극의 양신성상격이다.

❷ 그래서 火운에 길하고 火를 극하는 水운이 되면 불길하다.

❸ 壬子대운 壬申년에 자살한 사주이다.

⑥ 화격(化格)

천간합이 되면 합이 되는 천간은 없는 글자처럼 된다.

그러면 일간이 합을 하면 어떻게 될까?

일간은 사주의 주인공이기 때문에 합이 된다고 사라질 수는 없다. 그래서 일간이 합되어 다른 오행으로 변하는 합화(合化)는 좀체 일어나지 않는다.

그러나 사주 전체의 기운이 온통 합화(合化)의 새로운 기운으로 넘치면 일간도 자기 속성을 버리고 새로운 오행으로 변할 수 있다. 이렇게 일간이 합하여 새로운 오행으로 변해 버릴 때 화격(化格)이라고 한다. 甲木 일간이 己土와 합하여 화격이 되면 甲木의 성질을 잃게 된다.

예를 들어 일간 乙木이 화격이 되려면 庚金과 합하고 乙庚합金에서 나오는 金의 기운이 월지 계절을 얻거나 대운의 지지가 金이거나 또는 巳酉丑, 申酉戌 등으로 지지가 합국을 이루어야 한다. 이때 乙庚이 합하여 생기는 金을 거역하는 木이나 火의 기운이 뿌리를 가지고 강하면 화격(化格)이 되지 않는다.

합화의 오행을 극하는 기운이 미약하면 가화격(假化格)이라고 한다.

화격은 일간과 떨어져 있는 년간(年干)과는 합화되지 않는다.

천간합은 붙어 있어야 성립한다.

時	日	月	年
庚	乙	乙	庚
辰	酉	酉	申

❶ 천간에 두 개의 乙庚합이 있다.

❷ 일간이 합화(合化)되면 원래 오행의 성질을 잃는다.

❸ 천간에 乙庚합金, 지지에 辰酉합金 등 온통 金의 기운이다.

❹ 사주 전체에 金기운을 거스르는 오행이 없어 화격이 되었다.

❺ 화격이 되면 그 자체로 귀격이 된다.

❻ 金의 기운을 거역하는 木火운에 힘들다.

時	日	月	年
戊	己	甲	丁
辰	酉	辰	未

❶ 일간이 甲己합이 되어 있다.

❷ 甲己합土에서 합화(合化) 기운을 거스르는 오행이 없다.

❸ 그래서 화격이 되었다.

❹ 화격이 되면 그 자체로 귀격이고 합화 기운을 거스르는 운에 힘들다.

時	日	月	年
戊	癸	丙	甲
午	巳	寅	戌

❶ 천간에 戊癸합이 있다. 戊癸합은 火기운을 생성한다.

❷ 지지에 火가 강해 화격이 성립한다.

❸ 사주에 火를 거스르는 기운도 없다.

❹ 일간 癸水는 癸水의 속성을 잃고 火로 변한다.

時	日	月	年
甲	己	丙	甲
子	丑	寅	子

❶ 천간에 甲己합이 있다.

❷ 그러나 土기운이 월지도 얻지 못하고 지지에 土의 기운도 약하다.

❸ 천간에 土기운을 거스르는 뿌리가 강한 甲木이 있다.

❹ 합은 있지만 불화(不化)가 되어 합이불화(合而不化)이다.

⑦ 일행득기격(一行得氣格)

　사주가 온통 일간과 같은 오행이 압도적으로 강한 경우를 일행득기격
이라고 한다. 타 오행이 통근이나 투출하거나 천간이 하나의 오행으로

구성되더라도 지지에 통근하지 못하고 있다면 일행득기격이 아니다.

일행득기격이 되면 화격처럼 인비식(印比食)운을 기뻐한다.

　사주가 온통 木으로만 된 일행득기격은 곡직격(曲直格)이라 부른다.

　사주가 온통 火로만 된 일행득기격은 염상격(炎上格)이라 부른다.

　사주가 온통 土로만 된 일행득기격은 가색격(稼穡格)이라 부른다.

　사주가 온통 金으로만 된 일행득기격은 종혁격(從革格)이라 부른다.

　사주가 온통 水로만 된 일행득기격은 윤하격(潤下格)이라 부른다.

時	日	月	年
甲	甲	甲	甲
戌	寅	戌	戌

❶ 천간이 모두 木이다.

❷ 모두 지지 寅에 뿌리를 내렸다.

❸ 木의 일행득기격이다.

❹ 지지 戌도 많지만 지지만의 힘은 약하니 무시한다.

❺ 그러나 지지 戌도 일정한 세력이 있으니 순수한 일행득기격은 아니다.

時	日	月	年
甲	甲	甲	甲
戌	戌	戌	戌

❶ 천간이 온통 甲木으로 되어 있다.

❷ 그러나 뿌리가 없어서 일행득기격이 아니다.

❸ 甲木이 뿌리를 잃어 미미하니 재성이 강한 종재격(從財格)이다.

❹ 천간이 뿌리가 없을 때는 지지의 세력보다 약하다.

❺ 그래서 천간의 통근 유무가 중요하다.

時	日	月	年
庚	丙	丙	甲
寅	午	寅	戌

❶ 지지 寅午戌 삼합에 木火가 강하다.

❷ 火의 기운이 넘치니 염상격이다.

❸ 庚金이 있지만 힘을 잃었다.

❹ 그러나 庚金이 있어 순수한 염상격은 아니다.

❺ 순수하지 못하면 격이 떨어진다.

7

사길신(四吉神) 사흉신(四凶神)

사길신은 재관인식(財官印食)이고, 사흉신은 살상효인(殺傷梟刃)이다. 사길신과 사흉신은 과거의 가치 기준이지만 현대 명리에서도 기본적으로 적용되는 이론이다.

길흉신이 통근하여 뿌리를 가지면 그 강도는 강해진다. 특히 월지에 통근하여 왕기를 띠면 그 강도는 더욱 커진다.

대개 길신은 좋은 줄 모르고 넘어가지만 흉신이 지지에 형충 등을 만나면 상당한 고통을 실감한다.

① 사길신 : 재관인식(財官印食)

재성은 내가 일해서 먹고 사는 재적 활동이다. 돈이 있어야 먹고 산다. 돈을 벌려면 내 힘이 많이 소모되니 재성을 쓰려면 일간이 강해야 한다. 식상은 자연스럽게 일간의 힘이 소모되지만 재성은 의도적으로 힘을 빼게 된다. 재성은 내 건강을 유지하는 원동력이기도 하니 재성이 없으면 살아가기 힘들다. 지나치게 돈을 밝히면 재극인으로 인간성이 말살되기 쉽다. 미국의 재벌들이 기부 또는 자선 활동으로 인성을 강화하는 일은 명리상 이치에 맞다. 그렇지 않으면 인성의 손상이 있을 수 있다. 명예나 가족 또는 본인에 문제가 생길 수 있는 것이다.

정관은 나의 직장이다. 남자에게는 자식이고 여자에게는 남편이다. 관성은 일간이 함부로 행동하지 못하게 통제한다. 그래서 정관이 있으면 예의가 바르고 법을 잘 지킨다. 정관이 있으면 지시하면 지시한 대로 잘한다. 정관이 있어야 사회가 유지되고 질서도 잡힌다. 일자리를 주고 월급을 주니 정관도 길신이다. 과거 전통사회에서는 정관을 아주 높이 샀다.

정인은 내가 의지할 곳이다. 내가 힘들 때 나에게 힘을 주는 어머니 품이고 고향이다. 움직임이 적어 안정감이나 포근함은 있지만 게으른 느낌도 있다. 주로 두뇌활동이나 책, 학문, 자격증, 인내심과 관련 있다.

그래서 과거에 선비를 최고로 여겼던 사회에서는 지적인 두뇌활동이나 학력을 중요시하는 인성을 소중히 여겼다. 정인은 지금도 길신이다.

식신은 타고난 소질을 발휘하는 것이다. 밥을 먹고 살기 위한 행동으로 보면 된다. 정신적으로나 육체적으로 타고난 능력을 자연스럽게 일로 연결시키니 바람직하다. 상관은 에너지의 소모가 너무 많으나 식신은 그렇지 않다. 식신의 활동이 재성으로 이어지면 먹고 사는데 불편하지 않으나 재성이 없이 식신만 있으면 열심히 일해도 얻는 것이 없는 가난한 천재가 되기 쉽다.

② 사흉신 : 살상효인(殺傷梟刃)

칠살은 나를 심하게 괴롭히는 것이니 좋을 리가 없다. 그러나 그것을 견뎌낼 수만 있다면 강한 경쟁력과 투쟁심이 생기게 된다. 그러나 언젠가는 치명적인 손상이 있을 수 있다. 이렇게 강한 칠살이 가장 무서워하는 것은 식신이다. 식신이 사정없이 칠살을 극하기 때문이다. 그래서 칠살이 있으면 우선 식신을 찾고 봐야 한다.

상관은 법과 질서, 직장을 나타내는 정관을 극하니 상관이 강하면 기존의 질서를 지키지 않으려고 한다. 또 남을 의식하지 않고 생각대로 행동하니 질서가 없고 예의가 없어 보인다. 또 여명에서 상관은 남편을 무시하여 가정질서를 깬다고 보아서 흉신이 되었다. 그러나 현대사회에서는 기존의 생각이나 틀을 깨고 새로운 생각을 해내는 긍정적 요소로도 본다. 틀에 맞추어 살아야 하는 직장과 어울리지 않으니 자신의 능력을 자유롭게 발휘하는 자유업이 좋다.

효신(梟神)은 편인이 나쁘게 사용될 경우를 말한다. 먹고 살아야 할 식신을 극해 버리니 흉신으로 취급한다. 일은 하지 않고 앉아서 헛생각을 하고 눈치가 빠르며 인간미가 떨어진다. 물론 내가 약할 때는 도움을 주기도 하나 주고 욕먹을 수도 있다. 현대 사회에서는 남이 생각지 못한 기발한 창의력이 있어 발명가 등으로 성공하기도 한다.

양간의 겁재를 양인(陽刃)이라 하는데 자기 에너지가 넘쳐서 주체를 못하는 상태가 된다. 길신인 재성을 극하니 흉신이 된다. 양인을 대적할 수 있는 것은 칠살이니 양인에는 칠살이 함께 있으면 좋다. 양인과 칠살이 함께 있으면 흉신끼리의 난폭한 대결을 구경은 하지만 때로는 무섭기도 하다. 양인은 남의 의견을 잘 듣지 않으니 막무가내로 행동하여 재산을 날리거나 흉폭해질 가능성이 있다.

이처럼 사흉신과 사길신은 과거 사회의 인식이 녹아 있으니 현대 명리에서는 상황을 보아가며 적절하게 해석하는 것이 좋다.

사흉신이지만 칠살은 내가 강하면 검경이나 용감한 군인 등으로 이름을 날릴 수 있고, 상관은 재치와 순발력 그리고 임기응변에 능해 급변하는 현대 사회에 정관보다 오히려 더 좋을 수도 있다. 효신은 앞에서 설명한 것처럼 남이 생각지 못한 독창적인 생각으로 떼돈을 벌 수도 있고, 양인 또한 자기의 강한 에너지를 사용하여 격투기나 도전적인 일에서 이름을 날릴 수 있다. 그리고 사흉신이든 사길신이든 격국이 성격되면 그릇의 크기가 커지고, 격국이 성격되지 못하고 파격이 되면 작은 그릇으로 민초로서 살아가게 된다.

8 격국용신(格局用神)

격국용신은 사주에서 가장 강한 세력을 말한다. 일반적으로 지지의 글사 중에서 월지가 가장 강하니 월지의 지장간에서 투출한 천간의 글자로 보통 사주의 격(格)이 정해진다. 월지에서 투출한 천간의 글자가 없으면 일간에서 본 월지를 격(格)으로 쓴다.

지지도 삼합, 방합 등 합국이 되면 통근하여 투출한 글자를 능가하는 강력한 세력을 이루니 격국을 이룰 때가 있다.

① 격국 정하는 법

❶ 월지 지장간의 정기가 천간에 투출하면 그것을 격국으로 정한다.

❷ 월지 정기가 투출하지 않으면 월지에 통근한 천간으로 격국을 정한다.

❸ 월지에 뿌리를 둔 천간의 글자를 극하는 천간이 있으면 월지로 격국을 정한다.

❹ 월지의 지장간이 투출하지 않으면 월지를 격국으로 한다.

❺ 지지에 삼합, 방합 등이 있으면 그 오행으로 격국이 될 수 있다.

격국은 체의 영역으로 팔자 원국과 대운에서만 적용한다. 격국은 사주의 그릇 크기와 고저를 판별할 때 사용한다. 격국용신은 월령을 기준으로 정하는 것이 원칙이다. 이 말은 월지가 곧 용신이 되고, 월지의 지장간에서 투출한 천간의 글자가 있으면 그 글자가 용신이 된다는 뜻이다. 월령에서 투출한 글자가 없는 경우 월지를 용신으로 삼으면 된다.

그러나 일간과 월령이 동일한 오행이라면 일간과 같은 오행은 원칙적으로 격국을 삼지 않으므로 이때는 사주에 재성, 관살, 식상 등이 천간에 투출하였거나 지지에 삼합이나 방합이 있으면 그것으로 용신을 취한다.

時	日	月	年
壬	丁		甲
		亥	

❶ 亥月에 壬水가 투출하였다.

❷ 亥의 지장간에서 甲木이 투출하였다.

❸ 壬水와 甲木이 모두 강하다.

❹ 그러나 亥水의 정기는 水이므로 壬水가 더 강하다.

❺ 정관격이다.

❶ 월령에서 투출한 천간의 글자가 없나.

❷ 이럴 경우는 월지의 지장간의 정기를 격국으로 정한다.

❸ 정재격이다.

❹ 천간의 己土가 격국을 극하려 하나 甲己합으로 극하지 못한다.

❶ 월령 酉金에서 투출한 천간이 없다.

❷ 정관격이다.

❸ 격국을 천간의 丁火가 극하려 하나 壬水가 막고 있다.

❶ 亥月의 丁火는 정관격이다.

❷ 그러나 지지에 亥卯 반합이 있어 木이 강하다.

❸ 격국은 사주의 가장 강한 기운으로 정한다.

❹ 정관격이 인수격으로 변한다.

❶ 申月에 己土는 상관격이다.

❷ 壬水가 투출하면 정재격으로 용신이 변한다.

❸ 흉신인 상관격이 길신 정재격으로 변하니 좋아진다.

時	日	月	年
	丙	壬	
		申	

❶ 申月에 丙火는 편재격이다.

❷ 월지에서 壬水가 투출하여 칠살격으로 변한다.

❸ 칠살은 흉신이니 변해서 나빠진 경우이다.

② 격국용신과 상신(相神)

사길신(四吉神) : 재관인식(財官印食)
사흉신(四凶神) : 살상효인(殺傷梟刃)

격국이 재관인식(財官印食)이면 길신이니 상생 관계가 좋고[순용], 살상효인(殺傷梟刃)이면 좋지 않은 용신이니 극하거나 힘을 빼면 좋다 [역용]. 순용할 것은 순용하고 역용할 것은 역용하여 배합이 잘되면 사흉신이든 사길신이든 모두가 귀격이다.

좋은 것을 순용(順用)한다는 것은 사길신 재관인식은 상생으로 모양이 좋아지는 것이고, 나쁜 것을 역용(逆用)한다는 것은 사흉신 살상효인이 힘을 빼거나 극하는 것을 말한다.

즉, 사길신 재관인식이 월지에 뿌리을 두어 너무 강하면 설기시키고 약하면 도와주어 순용이 되게 한다. 이를테면 재성이 식신과 상생, 정관이 재성과 상생, 인성이 정관과 상생, 겁재가 인성을 보호, 식신과 재성의 상생 등이 순용하는 것이다. 물론 이때 각 글자의 강약을 잘 따져야한다. 사길신이라도 약하면 생해 주는 상생이 좋고 너무 강하면 힘을 빼주는 상생이 좋다.

나쁜 것을 역용한다는 말은 사흉신 살상효인이 있으면 힘을 빼거나 극을 하는 것을 말한다. 예를 들어 칠살을 식신으로 제압하거나, 상관을 인수가 극을 하거나, 상관을 재성으로 힘을 빼거나, 양인을 관살이 제복하거나, 겁재를 정관이 투출하여 제복 또는 식신이 투출하여 겁재의 기운을 빼는 것이다.

이렇게 사흉신과 사길신에 따라 때로는 생하고 때로는 극설하여 격국을 성격(成格)시키는 글자를 상신(相神)이라고 한다. 격국용신이 월령 또는 월지에서 투출한 강한 천간의 글자라면 상신은 격국의 성패를 좌우하는 글자인 것이다. 즉, 상신이란 사주의 격국을 성격시켜 주는 글자이다.

식신격에 재성이 있으면 식신생재격으로 성격되는데, 이때 격국을 성격시키는 재성의 글자가 상신이다. 상신의 글자는 격국을 형성하는 글자에서 가까이 있는 글자로 정한다. 영향력이 크기 때문이다.

❶ 亥月에 壬水가 투출하여 정관격이다.

❷ 甲木 인수가 격국과 상생 관계이니 성격된다.

❸ 격국과 가까이 있는 글자를 상신으로 정한다.

❹ 정관격에 인성을 써서 성격된다.

❺ 이때 격국을 성격시키는 甲木이 상신이 된다.

❶ 월령에서 투출한 글자가 없어 월지로 격을 잡아 정관격이다.

❷ 정관을 상관 丁火가 극하나 정인 癸水가 막아주고 있다.

❸ 정인 癸水로 인하여 성격이 되니 癸水가 상신이다.

❹ 상신이 파괴되면 성격이 파격으로 변한다.

③ 격국의 고저(高低)

팔자의 격국에는 높낮이가 있다. 건물로 비유하면 1층, 3층, 5층 건물 등 다양하다. 초가집도 있고 셋방도 있을 수 있다. 격국의 고저를 통해 팔자의 그릇 크기를 알 수 있다. 사흉신이든 사길신이든 성격이 되어 격국이 높아지면 귀격이 될 수 있다. 또 격국이 파괴되면 사길신이든 사흉신이든 천해질 수 있다.

격국의 고저는 종류가 많겠지만 대략 유정(有情)과 무정(無情) 그리고 유력(有力)과 무력(無力)으로 구별할 수 있다.

유정이란 격국이 기피하는 글자가 사라지는 상황을 말한다. 길신을 파극하는 흉신이 사라져도 유정이라고 한다. 특히 두 개의 글자가 모두 흉신일 때 두 글자가 합으로 사라지면 더욱 좋은 유정이 될 것이다.

유력이란 일간이 뿌리가 있어 신강하고, 격국과 상신 또한 모두 힘이 있을 때를 말한다. 일간과 격국과 격을 성격시키는 상신이 뿌리를 가지면 유력하여 그릇의 크기가 더욱 커진다.

격국이 높아지려면 우선 일간이 강해야 한다. 다음으로 격국에 따라 순용, 역용하여 격국을 성격시키는 상신의 글자도 강하면 좋다. 일간, 격국, 상신이 모두 균등하게 힘을 갖추면 유력하여 귀격이 된다.

격국용신은 명예는 얻고 재물을 잃었다든가, 직장은 잃고 돈을 벌었을 때 사주 주인공이 어떻게 느낄지를 알 수 있게 한다. 격국이 재격이면 명예를 잃더라도 재를 얻으면 흐뭇해하고, 격국이 인수격이면 재를 잃더라도 명예를 얻어야 좋아한다. 팔자의 격국에 따라 좋아하고 싫어하는 것이 모두 다르다.

❶ 辰月에 戊土가 투출하여 편재격이다.

❷ 그러나 재격에 겁재가 있어 파격이다.

❸ 다행히 칠살이 있어 乙庚합으로 겁재를 합거(合去)하니 유정이다.

❶ 정관격에 丁火 상관이 있어서 파격이다.

❷ 상관 丁火를 壬水가 합거해 간다.

❸ 정관격에 상관이 합거되어 사라지니 유정하다.

❶ 칠살격에 식신이 있어 성격이다.

❷ 칠살은 흉신이니 식신으로 제거하면 좋다.

❸ 이때 일간과 칠살과 식신이 모두 유근하면 유력이라 한다.

❹ 유력하면 격국이 높아진다.

❶ 정관격인데 丁火 상관이 투출하여 파격된다.

❷ 인수 癸水가 상관을 극하여 다시 성격된다.

❸ 그러나 癸水로 丁火를 극하는 것보다 壬水가 丁火를 합거하는 것이

좋다.

❹ 매로 때리는 것보다 달래서 데리고 나가는 것이 더 좋다.

❺ 이럴 경우 유정한 가운데 비정(非情)하다고 한다.

❻ 비정은 유정보다 못하다는 말이지 무정(無情)이라는 것은 아니다.

9

60간지 정리

60갑자 정리에서는 앞에서 설명한 새로운 12운성을 적용했다. 기존의 12운성이 오행 중심으로 정리되어 양간과 음간에 혼란이 있었다. 예를 들면 甲木과 乙木 모두 봄에는 록왕(祿旺)을 붙이고 반대편 계절인 가을에는 절태(絶胎)를 붙였다. 마찬가지로 丙火나 丁火 모두 여름에는 록왕을 붙이고 반대편 계절인 겨울에는 절태를 붙여 오행을 기준으로 했음을 알 수 있다. 다른 천간도 마찬가지이다. 신살은 팔자 중 일부만 가지고 따지니 확률이 낮다. 그래도 할 말은 많게 하니 잘 알아두면 상담 때 도움이 될 수 있다.

甲子

甲木은 子에서 12운성 목욕(沐浴)이다. 子의 지장간에는 壬癸癸가 있다. 장간의 壬水는 子에서 12운성 제왕이고, 癸水는 태가 된다. 양과 음은 반대로 움직이기 때문에 양이 활동할 때 음은 쉬게 된다. 목욕은 꽃이 피는 시기와 같아 도화(桃花)의 의미도 있다. 물상은 겨울의 나무이고 한밤중의 나무에 해당한다. 곧 봄과 아침이 올 것이니 기다려야 한다. 아직은 배우는 기간이니 서두르면 안 된다. 큰 나무 밑의 쥐의 물상이니 배우고 가르치는 일이 적성에 맞다. 정인, 편인도 학문과 관련이 있다. 또 甲木은 전진하는 상이니 높이 올라간다 하여 건축과도 인연이 있다.

신살로는 태극귀인(太極貴人), 나체도화(裸體桃花), 효신살(梟神殺), 진신(進神), 평두살(平頭殺)이 있다. 태극귀인은 甲子·甲午·丁卯·丁酉·戊辰·戊戌·己丑·己未·庚寅·辛亥·壬申·癸巳 일주로 격이 좋을 때 입신양명하고, 재산이 풍족하다고 한다. 나체도화는 도화살의 일종으로 甲子·庚午·丁卯·癸酉·癸卯·辛亥 일주를 말하는데 상대를 유혹하는 매력이 있다. 효신살은 甲子·乙亥·丙寅·丁卯·戊午·己巳·庚辰·庚戌·辛未·辛丑·壬申·癸酉 일주를 말하는데 친모와 인연이 없거나 모처가 불화한다는 신살로, 집안에 올빼미나 부엉이 그림 등을 두지 않는 것이 좋다고 한다. 또 일지에 편인이 있어 여명에서 자식을 극하니 산액이나 생리불순 등을 겪는다는 신살이다. 진신은 甲子·己卯·甲午·己酉 일주로 즐겁게 하고 싶은 일을 한다는 신살로 문장력이 뛰어나지

제2부
중급편

만 관재수를 겪을 수 있다. 평두살은 甲子·甲辰·丙寅·丙戌·丙辰·丙寅이 일시에 있을 때를 말하는데 다툼이 많은 삶을 산다고 한다.

乙丑

乙木은 丑에서 12운성 묘(墓)이다. 丑의 지장간에는 癸辛己가 있다. 癸水는 丑에서 양이고, 辛金은 丑에서 관대가 된다. 己土는 丑에서 쇠이다. 12운성을 통해 지장간의 글자들이 어떤 모습인지 알 수 있다. 丑 중 己土와 未 중 己土의 차이를 알 수 있는 것이다. 지장간 癸辛己는 편인, 편관, 편재가 된다. 정(正)이 아니고 모두 편(偏)이다. 치우쳤다는 의미이다. 丑은 겨울에서 봄으로 가는 환절기이다. 곧 木의 계절이 되는데 甲木이 활약하기 때문이다. 乙丑의 물상은 땅 위에 풀이다. 乙未도 마찬가지이니 丑과 未의 차이를 알아야 한다. 풀밭의 소이니 소와 같은 인내심이 있다. 소처럼 꾸준히 노력하여 언젠가는 성취한다. 乙木은 丑에서 묘(墓)이니 조용히 지내야 하고, 남명이라면 박력은 없고 공처가일 수 있다. 일주로만 보는 신살은 맞지 않는 경우가 많다.

신살로는 복성귀인과 금신(金神) 그리고 곡각살(曲脚殺)과 여연살(女戀殺)이 있다. 복성귀인은 甲寅·乙丑·丙子·丁酉·戊申·己未·庚午·辛巳·壬辰·癸卯일을 말하는데 일생동안 복록이 따르고 어려움이 있어도 전화위복이 된다는 신살이다. 금신은 乙丑·己巳·癸酉일에 해당하는데 지지에 巳酉丑이 있으면 재물을 모으기가 쉽고 무관(武官)으로 출세하기도 한다. 곡각살은 팔자에 乙·己·巳·丑의 글자가 겹치면 글자 모양처럼 사고나 신경통 등으로 수족에 이상이 있다는 신살이다. 여연 살은 여명이 乙丑·丁丑·丙申·己未·庚寅·辛未·壬寅·壬申 일주일 경 우 배우자 몰래 애인이 있을 수 있다는 신살이다.

丙寅

丙火는 寅에서 12운성 장생(長生)이다. 寅 중에는 戊丙甲이 있는데 십 신으로는 식신·비견·편인이다. 戊土와 丙火는 寅에서 장생이고 甲木은 건록이다. 장간과 지지의 12운성을 통해 장간에 있는 천간의 모습들을 알아낼 수 있다. 丙寅의 물상은 떠오르는 태양이다. 木火 양의 기운이 강 해 밝고 쾌활하며 진취적 기상이 있다. 모든 사람의 눈에 띄는 일을 많이 한다. 겉으로는 힘이 넘치게 보이는데 침착성을 잃어 경솔한 언행으로 후회를 할 때도 있다. 모든 일에는 빛과 그림자가 있다. 교육자로 많이 가는데 미리 준비가 되어 있어야겠다. 여성도 밝고 명랑하며 식신이 있 어 매력 있다. 식신은 자기표현을 잘한다. 寅申巳亥 생지는 지장간이 모 두 양간이다.

신살로는 학당귀인(學堂貴人)과 효신살(梟神殺) 그리고 홍염살(紅艶 殺)과 평두살(平頭殺)이 있다. 학당귀인은 丙寅·戊寅·丁酉·己酉·壬 申·癸卯일을 말하는데 학업이 적성에 맞아 교육자의 길을 가면 좋다는 신살이다. 홍염살은 甲午·丙寅·丁未·戊辰·庚戌·壬申·壬子 일주에 해당하는데 도화살처럼 이성에게 호감을 사서 바람 피우기 쉬운 신살이다. 효신살은 甲子·乙亥·丙寅·丁卯·戊午·己巳·庚辰·庚戌·辛未·辛丑·壬申·癸酉 일주를 말하는데 친모와 인연이 없거나 모처가 불화한다는 신살로 집안에 올빼미나 부엉이 그림 등을 두지 않는 것이 좋다고 한다. 또 일지에 편인이 있어 여명에서 자식을 극하니 산액이나 생리불순 등을 겪는다는 신살이다. 평두살은 甲子·甲辰·丙寅·丙戌·丙辰·丙寅이 일시에 있을 때를 말하는데 다툼이 많은 삶을 산다고 한다.

丁卯

丁火는 卯에서 12운성 사(死)이다. 卯의 장간은 甲乙乙로 모두 木이다. 甲木은 卯에서 12운성 제왕이고, 乙木은 태가 된다. 음간의 새로운 12운성은 반대편 계절의 양간의 12운성과 같다. 예를 들면 丁火는 여름이니 반대편 계절 겨울의 양간 壬水와 같다. 丁卯는 장간이 정인과 편인이다. 인성이 강하면 반대편 식재가 약해지니 활동력이 줄어든다. 물상은 달과 토끼와 계수나무로 볼 수 있다. 물상은 글자를 보고 떠오르는 이미지를 말한다. 학업이 우수한 편이나 토끼는 용두사미 성향이 강해 결실이 약하다. 리더로 나서기보다는 참모가 제격이다.

신살로는 태극귀인과 나체도화 그리고 효신살이 있다. 태극귀인은 甲子·甲午·丁卯·丁酉·戊辰·戊戌·己丑·己未·庚寅·辛亥·壬申·癸巳 일주로 격이 좋을 때 입신양명하고, 재산이 풍족하다고 한다. 나체도화는 도화살의 일종으로 甲子·庚午·丁卯·癸酉·癸卯·辛亥 일주를 말하는데 상대를 유혹하는 매력이 있다. 효신살은 甲子·乙亥·丙寅·丁卯·戊午·己巳·庚辰·庚戌·辛未·辛丑·壬申·癸酉 일주를 말하는데 친모와 인연이 없거나 모처가 불화한다는 신살로 집안에 올빼미나 부엉이 그림 등을 두지 않는 것이 좋다고 한다. 또 일지에 편인이 있어 여명에서 자식을 극하니 산액이나 생리불순 등을 겪는다는 신살이다.

戊辰

戊土는 辰에서 12운성 관대(冠帶)이다. 관대는 새옷을 입고 새출발하는 시기로 호기심과 기쁨이 존재하면서도 어려움이 따른다. 辰에는 乙癸戊가 있다. 정관·정재·비견이다. 乙木은 辰에서 12운성 양이고, 癸水는 관대가 된다. 십신으로는 정관과 정재 그리고 비견이다. 물상은 황룡(黃龍), 메말라가는 땅이다. 사막처럼 스케일은 크지만 양의 기운이 가득하다. 우직하게 고집 있고 이상은 크다. 항상 그 자리에 있으니 신용이 있다. 좀처럼 화를 내지 않지만 화가 나면 무섭다. 장간에 영양가 있는 재관(財官)을 살려야 한다. 비견이 강할 때는 기술이나 자격증이 있어야 한다. 여성도 무뚝뚝하고 고집이 세다.

신살로는 홍염살(紅艶殺), 백호살(白虎殺), 일덕(日德), 의처의부살(疑妻疑夫殺) 그리고 태극귀인(太極貴人)이 있다. 홍염살은 甲午·丙寅·丁未·戊辰·庚戌·壬申·壬子 일주에 해당하는데 도화살처럼 이성에게 호감을 사서 외정(外情)이 발생하기도 한다는 신살이다. 백호살은 甲辰·乙未·丙戌·丁丑·戊辰·壬戌·癸丑 일주가 해당된다. 백호가 있으면 성정이 과격하고 강해 폭력을 도발하기도 하지만 격투기 등 스포츠에서 발복하기도 한다. 일덕은 甲寅·丙辰·戊辰·庚辰·壬戌에 해당하는데 성격이 착하고 복록이 후하다는 신살이다. 의처의부살은 甲午·丙戌·戊辰·庚辰·壬戌 일주 남자와 乙巳·丁亥·己亥·辛巳·癸亥 일주 여자에 해당하는데 배우자에게 집착이 심하여 배우자의 이성관계를 의심한다는 신살이다. 태극귀인은 甲子·甲午·丁卯·丁酉·戊辰·戊戌·己丑·己未·庚寅·辛亥·壬申·癸巳 일주로 격이 좋을 때 입신양명하고, 재산이 풍족하다고 한다.

己巳

己土는 巳에서 12운성 절(絕)이다. 巳에는 戊庚丙이 있다. 12운성을 통해 장간의 모습을 알 수 있다. 戊土와 丙火는 巳에서 건록이고, 庚金은 장생이다. 십신은 겁재와 상관과 정인이다. 물상은 황사(黃蛇)로 巳는 양의 기운이 거세니 활동성이 탁월하다. 己土가 힘 있는 인비(印比)의 장간을 가지고 있어서 고집이 세고 확신에 차 있는 사람들이 많다. 초지일관 밀어붙이지만 그것이 약점이 되기도 한다. 자기주장이 세고 고집이 있어 남의 밑에 있기 힘들다. 인정이 많고 기분 변화가 심하다.

신살로는 금신(金神), 음인(陰刃), 신병살(身病殺), 곡각살(曲脚殺) 그리고 낙정관살(落井關殺), 효신살(梟神殺)이 있다. 금신은 乙丑·己巳·癸酉일에 해당하는데 지지에 巳酉丑이 있으면 재물을 모으기가 쉽고 무관(武官)으로 출세하기도 한다. 음인은 丁巳·己巳·癸亥 일주에 해당하는데 독선적인 성품으로 남의 비방을 받기 쉬운 신살이고, 신병살은 乙巳·乙未·己巳가 일주나 시주에 있으면 잔병이 많아 늘 몸이 아프다는 신살이다. 낙정관살은 己巳·庚子·壬戌·癸卯 일주가 해당되는데 수재(水災)를 당한다는 신살이니 물과 가까이 살거나 물과 관련된 사업은 하지 않는 것이 좋다. 효신살은 甲子·乙亥·丙寅·丁卯·戊午·己巳·庚辰·庚戌·辛未·辛丑·壬申·癸酉 일주를 말하는데 친모와 인연이 없거나 모처가 불화한다는 신살로 집안에 올빼미나 부엉이 그림 등을 두지 않는 것이 좋다고 한다. 또 일지에 편인이 있어 여명에서 자식을 극하니 산액이나 생리불순 등을 겪는다는 신살이다.

庚午

庚金은 午에서 12운성 목욕(沐浴)이다. 午의 장간에는 丙己丁이 있다. 丙火는 午에서 제왕이고, 丁火와 己土는 태이다. 목욕은 아직 투자하는 기간이라 지출이 생긴다. 생산적인 지출이다. 午의 장간에는 丙己丁이 있다. 丙火는 午에서 제왕이고, 丁火는 태가 된다. 己土는 丁火와 같이 태이다. 천간과 지지를 연결할 때는 화토동법을 사용하지만 엄밀히 火와 土가 같을 리가 없다. 비슷하다고 본다. 십신으로 편관과 정관 그리고 정인이다. 지장간은 숨어 있는 마음이다. 물상은 서쪽으로 달리는 백마

(白馬)다. 뜻은 크나 장간에 관인이 자리잡아 허세일 가능성이 크다. 사업보다는 조직생활에 유리하다.

신살로는 나체도화와 복성귀인이 있다. 나체도화는 도화살의 일종으로 甲子·庚午·丁卯·癸酉·癸卯·辛亥 일주를 말하는데 상대를 유혹하는 매력이 있다. 복성귀인은 甲寅·乙丑·丙子·丁酉·戊申·己未·庚午·辛巳·壬辰·癸卯일을 말하는데 일생동안 복록이 따르고 어려움이 있어도 전화위복이 된다는 신살이다.

辛未

辛金은 未에서 12운성 묘(墓)이다. 묘는 묘지에 있는 것처럼 하라는 뜻이니 외부 활동을 적극적으로 하면 안 된다. 정신적인 일에 적합하다. 未의 장간에는 丁乙己가 있다. 丁火는 未에서 12운성 양이 되고, 乙木은 未에서 관대가 되며, 己土는 未에서 양이 된다. 십신으로 편관과 편재 그리고 편인이다. 물상은 백양(白羊)으로 쓸쓸하고 적적한 양이다. 가을은 쓸쓸하고 외롭다. 辰戌丑未는 주거나 직업 환경의 변화가 심하다. 辛未는 현침으로 침이나 주사 등 정밀한 작업이나 서예에 소질이 있다.

신살로는 효신살(梟神殺), 재고귀인(財庫貴人), 여연살(女戀殺) 그리고 남연살(男戀殺)이 있다. 재고귀인은 甲辰·丙戌·丁丑·戊戌·己丑·辛未·壬戌 일주로 부자가 될 가능성이 있다고 한다. 여연살은 여명이 乙

丑·丁丑·丙申·己未·庚寅·辛未·壬寅·壬申 일주일 경우 배우자 몰래 애인이 있을 수 있고, 남연살은 남명이 甲寅·甲申·丁丑·己丑·戊申·辛未·壬寅·癸未일 경우 배우자 몰래 애인이 있을 수 있다는 신살이다. 효신살은 甲子·乙亥·丙寅·丁卯·戊午·己巳·庚辰·庚戌·辛未·辛丑·壬申·癸酉 일주를 말하는데 친모와 인연이 없거나 모처가 불화한다는 신살로 집안에 올빼미나 부엉이 그림 등을 두지 않는 것이 좋다고 한다. 또 일지에 편인이 있어 여명에서 자식을 극하니 산액이나 생리불순 등을 겪는다는 신살이다.

壬申

壬水는 申에서 12운성 장생(長生)이다. 장생은 출생신고나 사업자 등록을 하는 것과 같다. 이제 막 시작이니 누군가의 도움을 받으면 좋다. 혼자 독립하기는 이르다. 申의 지장간에는 戊壬庚이 있다. 戊土는 申에서 병이고, 壬水는 장생이다. 그리고 庚金은 申에서 건록이 된다. 십신으로는 편관, 비견 그리고 편인이 된다. 물상은 물이 흐르는 바위로 어려움 속에서 점차 좋아지는 상이다. 교육, 의약, 종교 계통에서 두각을 나타낸다. 어떤 환경에서도 잘 적응하며 포용력이 있어 신망을 얻는다. 겉으로는 단정, 온화하지만 내심은 음의 기운이 강하여 냉담한 기운을 품고 있다. 두뇌가 우수하고 재치가 비상하지만 음양의 부조화로 사물의 양면을 보지 못하기 쉽다.

신살에는 학당귀인(學堂貴人), 효신살(梟神殺), 홍염살(紅艶殺), 여연살(女戀殺), 태극귀인(太極貴人) 등이 있다. 학당귀인은 丙寅·戊寅·丁酉·己酉·壬申·癸卯일을 말하는데 학업이 적성에 맞아 교육자의 길을 가면 좋다는 신살이다. 홍염살은 甲午·丙寅·丁未·戊辰·庚戌·壬申·壬子 일주에 해당하는데 도화살처럼 이성에게 호감을 사서 외정(外情)이 발생하기도 한다는 신살이다. 여연살은 여명이 乙丑·丁丑·丙申·己未·庚寅·辛未·壬寅·壬申 일주일 경우 배우자 몰래 애인이 있을 수 있다는 신살이다. 효신살은 甲子·乙亥·丙寅·丁卯·戊午·己巳·庚辰·庚戌·辛未·辛丑·壬申·癸酉 일주를 말하는데 친모와 인연이 없거나 모처가 불화한다는 신살로 집안에 올빼미나 부엉이 그림 등을 두지 않는 것이 좋다고 한다. 또 일지에 편인이 있어 여명에서 자식을 극하니 산액이나 생리불순 등을 겪는다는 신살이다. 태극귀인은 甲子·甲午·丁卯·丁酉·戊辰·戊戌·己丑·己未·庚寅·辛亥·壬申 일주로 격이 좋을 때 입신양명하고, 재산이 풍족하다고 한다.

癸酉

癸水는 酉에서 12운성 사(死)이다. 지지 酉 속에는 庚辛辛이 있다. 庚金은 酉에서 제왕이고, 辛金은 酉에서 태가 된다. 지장간 庚金과 辛金은 정·편인이다. 정·편인이 강하면 식재가 약해진다. 酉金의 물상은 오골계(烏骨鷄), 사찰, 술, 보석 등으로 나타낸다. 金水로만 되어 있어 깔끔하다. 보석이나 칼날을 물로 씻은 모습이다. 절에 있는 샘터이다. 고독한 기운이 감돌고, 결백한 성격으로 고립을 자초할 수 있다. 집념과 끈기 있고 야망도 크다. 영리하고 암기력이 뛰어나며 적게 배워 크게 써먹는다.

신살에는 나체도화(裸體桃花), 금신(金神), 효신살(梟神殺)이 있다. 나체도화는 도화살의 일종으로 甲子·庚午·丁卯·癸酉·癸卯·辛亥 일주를 말하는데 상대를 유혹하는 매력이 있다. 금신은 乙丑·己巳·癸酉일에 해당하는데 지지에 巳酉丑이 있으면 재물을 모으기가 쉽고 무관(武官)으로 출세하기도 한다. 효신살은 甲子·乙亥·丙寅·丁卯·戊午·己巳·庚辰·庚戌·辛未·辛丑·壬申·癸酉 일주를 말하는데 친모와 인연이 없거나 모처가 불화한다는 신살로 집안에 올빼미나 부엉이 그림 등을 두지 않는 것이 좋다고 한다. 또 일지에 편인이 있어 여명에서 자식을 극하니 산액이나 생리불순 등을 겪는다는 신살이다.

甲戌

甲木은 戌에서 12운성 양(養)이다. 戌 중에는 辛丁戊가 있다. 辛金은 戌에서 양이고, 丁火는 관대이다. 그리고 戊土는 戌에서 묘가 된다. 십신으로는 정관, 상관, 편재가 된다. 물상은 가을나무로 늦가을의 활기 없는 고목이다. 쓸쓸한 지도자 상(象)이다. 잎이 모두 떨어진 독산고목(禿山孤木)으로 홀로 서서 타인을 원망한다. 장간에 정관이 있어 법과 질서를 지키면서 할 일을 한다. 홀로 선 나무처럼 독단으로 흐르기 쉬우니 신앙 등에 의한 수양이 필요하다. 여자도 장부의 기질이 있다.

신살로는 철쇄개금(鐵鎖開金)에 해당하는데 타인을 위해 적덕을 많이 쌓지 않으면 본인이나 배우자에게 액(厄)이 있다고 한다. 또 甲·申·辛·午의 글자처럼 끝이 뾰족한 글자를 현침살(懸針殺)이라고 하는데 침, 칼, 가위, 바늘처럼 날카로운 도구를 사용하는 직업에 인연이 있다고 한다. 날카로운 도구에 찔리기도 한다.

乙亥

乙木은 亥에서 12운성 병(病)이다. 亥 장간 속에는 戊甲壬이 있다. 戊土는 亥에서 12운성 절이고, 甲木은 亥에서 장생이다. 그리고 壬水는 亥에서 건록이다. 이렇게 12운성을 적용하면 장간에 있는 글자들의 모양을 확인할 수 있다. 예를 들어 寅申巳亥 속에 모두 戊土가 있는데 12운성으로 그 모습이 다르다는 것을 파악할 수 있는 것이다. 십신으로 지장간은 정재, 겁재, 정인이 된다. 乙亥의 물상은 물 속의 풀이다. 초목이 물속에서 흔들리고 헤맨다. 그래서 주거가 안정되지 못하고 객지를 떠다닌다. 외롭고 고독하다.

신살로는 효신살(梟神殺)과 곡각살(曲脚殺)이 있다. 효신살은 甲子·乙亥·丙寅·丁卯·戊午·己巳·庚辰·庚戌·辛未·辛丑·壬申·癸酉 일주를 말하는데 친모와 인연이 없거나 모처가 불화한다는 신살로 집안에 올빼미나 부엉이 그림 등을 두지 않는 것이 좋다고 한다. 또 일지에 편인이 있어 여명에서 자식을 극하니 산액이나 생리불순 등을 겪는다는 신살이다. 곡각살은 팔자에 乙·己·巳·丑의 글자가 겹치면 글자 모양처럼 사고나 신경통 등으로 수족에 이상이 있다는 신살이다.

丙子

丙火는 子에서 12운성 태(胎)이다. 태는 잉태의 모습이다. 작은 공간에서 정신적 활동을 하면 좋다. 子의 지장간에는 壬癸癸가 있다. 장간의 壬水는 子에서 12운성 제왕이고, 癸水는 태가 된다. 丙火 기준으로 장간의 십신을 보면 정관과 편관이다. 물상은 겨울철의 태양이고, 호수를 비추는 태양이다. 쥐구멍에 빛이 들어온다. 겨울철에 丙火는 약하니 많은 보살핌을 받는다. 약하면 누군가가 돌봐준다. 제철을 만나지 못해 속으로는 시름이 있다. 관이 강하니 의관이 단정하여 공직에 적합하다. 기세 등등하다가 기(氣)가 죽기도 한다.

신살로는 복성귀인(福星貴人), 천록귀인(天祿貴人), 교신성(交神星), 음양살(陰陽殺) 그리고 비인살(飛刃殺)과 뇌공타뇌관(雷公打腦關)이 있다. 복성귀인은 甲寅·乙丑·丙子·丁酉·戊申·己未·庚午·辛巳·壬辰·癸卯일을 말하는데 일생동안 복록이 따르고 어려움이 있어도 전화위복이 된다는 신살이고, 천록귀인은 丙子·丁亥·辛巳일이며 인격이 온후하고 많은 사람에게 신뢰를 받는다는 길성이다. 교신성은 丙子·丙午·辛

卯·辛酉 일주로 자아심이 강해 무슨 일이든 남과 함께 하면 좋지 않다는 신살이다. 음양살은 용모가 아름다워서 많은 이성과 사귄다는 신살로 丙子 일주나 戊午 일주의 남명 그리고 戊午 일주의 여명이 이에 해당한다고 한다. 비인살은 일시적인 집중은 잘해도 지속성이 없고 변덕이 심한 성질을 가진 신살로 丙子·丁丑·戊子·己丑·壬午·癸未 일주에 해당한다. 비인은 양인의 지지를 충하는 경우를 말한다. 뇌공타뇌관은 丙子·戊戌·庚寅 일주로 벼락, 전기, 가스, 화재, 교통사고 등을 조심해야 한다고 한다.

丁丑

丁火는 丑에서 12운성 쇠(衰)이다. 쇠는 정상에서 막 물러난 것과 같으니 아직은 힘이 남아 있는 상태이다. 丑의 지장간에는 癸辛己가 있다. 癸水는 丑에서 양이고, 辛金은 丑에서 관대가 된다. 己土는 丑에서 쇠이다. 물상은 추운 섬에 홀로 있는 등대나 한낮의 소이다. 온기를 가진 기름진 땅으로 평생 일복이 많고 풍족한 재물도 따른다. 흙이 불로 달궈지니 예술적인 재능이 있다. 언 땅을 녹이는 봉사정신이 있어 존경을 받는다. 그러나 丁火는 丑土에서 서서히 빛을 잃으니 내면에 갈등과 번뇌가 있다. 새로운 길을 찾아야 한다. 庚金 재성의 고지(庫地)가 있어 안정된 재물은 있다.

신살로는 백호살(白虎殺)과 재고귀인(財庫貴人), 퇴신(退神) 그리고 여연살(女戀殺), 남연살(男戀殺), 비인살(飛刃殺)에 해당한다. 백호살은 甲辰·乙未·丙戌·丁丑·戊辰·壬戌·癸丑 일주가 해당된다. 백호가 있으면 성정이 과격하고 강해 폭력을 도발하기도 하지만 격투기 등 스포츠에서 발복하기도 한다. 재고귀인은 甲辰·丙戌·丁丑·戊戌·己丑·辛未·壬戌 일주로 부자가 될 가능성이 있다고 한다. 퇴신은 丁丑·丁未·壬辰·壬戌 일로 타인에게 두드러져 보이려는 성격으로 속단하여 후에 후회하기도 한다. 여연살은 여명이 乙丑·丁丑·丙申·己未·庚寅·辛未·壬寅·壬申 일주일 경우 배우자 몰래 애인이 있을 수 있다는 신살이다. 남연살은 남명이 甲寅·甲申·丁丑·己丑·戊申·辛未·壬寅·癸未일 경우 배우자 몰래 애인이 있을 수 있다는 신살이다. 비인살은 일시적인 집중은 잘해도 지속성이 없고 변덕이 심한 성질을 가진 신살로 丙子·丁丑·戊子·己丑·壬午·癸未 일주에 해당한다. 비인은 양인의 지지를 충하는 경우를 말한다.

戊寅

戊土는 寅에서 12운성 장생(長生)이다. 寅 중에는 戊丙甲이 있는데 戊土 입장에서는 비견, 편인, 편관이다. 戊土와 丙火는 寅에서 장생이고 甲木은 건록이다. 戊寅의 물상은 산에 사는 호랑이이나 민둥산의 고목이다. 자신의 힘을 믿고 과시하다가 화(禍)를 당하기도 한다. 좋게 보면 활동적이고 개척정신이 있다. 글자에 음기(陰氣)가 전혀 없어 한 번 꺾이면 무너지는 수가 있다. 학당귀인으로 공직이나 교육계로 나가는 경우가 많다.

신살로는 학당귀인(學堂貴人)과 칠살(七殺), 복신(伏神), 철사관(鐵蛇關)이 있다. 학당귀인은 丙寅·戊寅·丁酉·己酉·壬申·癸卯일을 말하는데 학업이 적성에 맞아 교육자의 길을 가면 좋다는 신살이다. 칠살은 甲申·戊寅·壬辰·壬戌·癸丑·癸未와 같이 일지에 칠살이 있는데 충돌, 언쟁, 구설, 관재, 수술, 사고, 이별 등에 해당한다. 복신은 戊寅·癸巳·戊申·癸亥 일주로 매사가 지연, 정체된다고 한다. 철사관은 甲辰·丙申·丁未·戊寅·庚戌·癸丑 일주로 돌림병이나 희귀병에 설릴 수 있으니 예방을 철저히 해야 한다는 신살이다.

己卯

己土는 卯에서 12운성 사(死)이다. 卯의 장간은 甲乙乙로 모두 木이다. 甲木은 卯에서 12운성 제왕이고, 乙木은 태가 된다. 물상은 논밭의 잡초나 곡식이다. 들판의 토끼이다. 타인과 융화가 힘들다. 자상하고 꼼꼼한 면이 있다. 편관이니 격에 따라 권력기관으로 가거나 건달로 산다. 여성은 일지 자체에 관살혼잡이 된다. 己卯는 양지와 물가를 찾아가야 한다. 그래서 火나 水가 있으면 좋다. 두뇌는 명석하지만 편관으로 안하무인(眼下無人)의 기질이 있다.

신살로는 진신(進神), 구추방해(九醜妨害), 단장관(斷腸關), 곡각살(曲

脚殺)이 있다. 진신은 甲子·己卯·甲午·己酉 일주로 즐겁게 하고 싶은 일을 한다는 신살로 문장력이 뛰어나지만 관재수에 조심해야 한다. 구추방해는 壬子·壬午·戊子·戊午·己卯·己酉·乙卯·乙酉·辛卯·辛酉 일주로 이성간의 잦은 연애사가 발생한다는 신살이고, 단장관은 甲午·乙未·丙辰·丁巳·己卯·庚寅·癸丑 일주로 대장이나 소장 등 장질환을 조심해야 한다. 곡각살은 팔자에 乙·己·巳·丑의 글자가 겹치면 글자 모양처럼 사고나 신경통 등으로 수족에 이상이 있다는 신살이다.

庚辰

庚金은 辰에서 12운성 양(養)이다. 辰에는 乙癸戊가 있다. 정재, 상관, 편인이다. 乙木은 辰에서 12운성 양이고, 癸水는 관대가 된다. 그리고 戊土는 辰에서 관대이다. 물상은 저녁에 보이는 별이다. 辰은 용으로서 변화무쌍하다. 신의가 깊고 포부가 원대하다. 눈치가 비상하고 이기적인 면도 있다. 좌절한 일은 다시 쳐다보지 않는다. 겉으로는 냉엄함이 있으나 속은 온화하고 한번 사귀면 변함이 없다. 곤명은 여장부의 기질이 있고 총명하고 활동적이다. 상관이 있어 남편 덕은 기대하기 힘들고, 편인이 있어 자식 덕도 기대하기 힘들다. 일주만 봤을 때 그렇다.

신살로는 효신살(梟神殺)과 일덕(日德), 괴강(魁罡), 유하살(流霞殺), 의처의부살(疑妻疑夫殺)이 있다. 효신살은 甲子·乙亥·丙寅·丁卯·戊午·己巳·庚辰·庚戌·辛未·辛丑·壬申·癸酉 일주를 말하는데 친모와 인연이 없거나 모처가 불화한다는 신살로 집안에 올빼미나 부엉이 그림 등을 두지 않는 것이 좋다고 한다. 또 일지에 편인이 있어 여명에서 자식을 극하니 산액이나 생리불순 등을 겪는다는 신살이다. 일덕은 甲寅·丙辰·戊辰·庚辰·壬戌에 해당하는데 성격이 착하고 복록이 후하다는 신살이다. 괴강은 庚辰·壬辰·戊戌·庚戌일인데 총명하고 문장력이 남보다 뛰어나고 발복이 빠르지만 고집이 세서 부부 화합이 어렵다는 신살이다. 유하살은 庚辰 일주와 辛卯 일주에 해당하는데 재산이 흩어지고, 중풍 등을 앓고, 객지를 떠돈다는 흉살이다. 의처의부살은 甲午·丙戌·戊辰·庚辰·壬戌 일주 남자와 乙巳·丁亥·己亥·辛巳·癸亥 일주 여자에 해당하는데 배우자에게 집착이 심하여 배우자의 이성관계를 의심한다는 신살이다.

辛巳

辛金은 巳에서 12운성 병(病)이다. 기존의 12운성에서는 사(死)라고 하였다. 巳의 지장간에는 戊庚丙이 있다. 지장간의 모습은 지지에 12운성을 대입하면 알 수 있다. 戊土와 丙火는 巳에서 건록이고, 庚金은 장생이 된다. 십신으로는 정인과 정관 그리고 겁재가 된다. 물상은 백사(白蛇), 햇빛에 빛나는 보석으로 그 빛은 아름답다. 보석은 자신을 감추고 타인의 반응을 살핀다. 냉철하고 높은 이상을 품어 접근이 힘들지만 속으로는 다정다감하다. 겁재가 있어 고집 있게 보이지만 관인(官印)도 힘이 있어 인간적인 면도 있다. 여린 구석이 있다. 남녀 공히 왕자병이나 공주병이 있다.

신살로는 복성귀인(福星貴人)과 천록귀인(天祿貴人) 그리고 의처의부살(疑妻疑夫殺)도 있다. 복성귀인은 甲寅·乙丑·丙子·丁酉·戊申·己未·庚午·辛巳·壬辰·癸卯일을 말하는데 일생동안 복록이 따르고 어려움이 있어도 전화위복이 된다는 신살이고, 천록귀인은 丙子·丁亥·辛巳일이며 인격이 온후하고 많은 사람에게 신뢰를 받는다는 길성이다. 의처의부살은 甲午·丙戌·戊辰·庚辰·壬戌 일주 남자와 乙巳·丁亥·己亥·辛巳·癸亥 일주 여자에 해당하는데 배우자에게 집착이 심하여 배우자의 이성관계를 의심한다는 신살이다.

壬午

壬水는 午에서 12운성 태(胎)이다. 午의 장간에는 丙己丁이 있다. 丙火는 午에서 제왕이고, 丁火와 己土는 태이다. 십신으로는 정재와 편재 그리고 정관이 있다. 지장간은 속마음을 나타내는데 정재와 정관은 안정성을 추구한다. 물상은 흑마(黑馬), 호수 속의 달빛이고, 밤중의 등대이고, 겨울철의 화롯불이다. 물과 불이 만나 다정다감하고 밤에 불빛 또는 겨울철에 불과 관련 있는 직업과 인연이 있다. 재관이 일지에 있어 호색(好色)으로 인한 풍파가 있을 수 있다. 여성은 재물과 남편 덕이 두텁고 대외적인 활동도 잘한다.

신살로는 록마동향(祿馬同鄉), 비인살(飛刃殺) 그리고 구추방해(九醜妨害)가 있다. 록마동향은 정관과 재성이 일지에 암장된 경우를 말하는데 복을 상징하고, 비인살은 일시적인 집중은 잘해도 지속성이 없고 변덕이 심한 성질을 가진 신살로 丙子·丁丑·戊子·己丑·壬午·癸未 일주에 해당한다. 비인은 양인의 지지를 충하는 경우를 말한다. 구추방해는 壬子·壬午·戊子·戊午·己卯·己酉·乙卯·乙酉·辛卯·辛酉 일주로 이성간의 잦은 연애사가 발생한다는 신살이다.

癸未

癸水는 未에서 12운성 쇠(衰)이다. 쇠는 정상에서 물러나 은퇴한 시기로 아직은 힘이 있다. 未의 장간에는 丁乙己가 있다. 丁火는 未에서 12운성 양이 되고, 乙木은 未에서 관대가 되며, 己土는 未에서 양이 된다. 십신으로 편재와 식신과 편관이다. 물상은 흑양(黑羊), 땅에 내리는 비로 분주하고 식신이 있어 평생 식록이 있다. 未土는 아직 미정을 뜻하니 결혼도 늦고 자식도 늦는 경향이 있다. 시작을 망설이거나 추진력이 부족할 때가 있다. 그래서 활동적인 직업은 부적합하다. 시련은 있어도 식신과 편관이 있어 잘 이겨내고, 출세를 위해 수단과 방법을 가리지 않는다.

신살로는 남연살(男戀殺), 칠살(七殺), 비인살(飛刃殺)이 있다. 남연살은 남명이 甲寅·甲申·丁丑·己丑·戊申·辛未·壬寅·癸未일 경우 배우자 몰래 애인이 있을 수 있다는 신살이고, 칠살은 甲申·戊寅·壬辰·壬

戌·癸丑·癸未와 같이 일지에 칠살이 있는 경우를 말하는데 충돌, 언쟁, 구설, 관재, 수술, 사고, 이별 등에 해당한다. 비인살은 일시적인 집중은 잘해도 지속성이 없고 변덕이 심한 성질을 가진 신살로 丙子·丁丑·戊子·己丑·壬午·癸未 일주에 해당한다. 비인은 양인의 지지를 충하는 경우를 말한다.

甲申

甲木은 申에서 12운성 절(絕)이다. 절이란 보이지 않는 곳에 있는 것을 말한다. 申의 지장간에는 戊壬庚이 있다. 戊土는 申에서 병이고, 壬水는 장생, 그리고 庚金은 申에서 건록이 된다. 십신으로는 편재와 편인 그리고 편관이 된다. 물상은 바위 위에 서 있는 나무여서 뿌리를 내리지 못하니 힘들다. 수배 중인 사람처럼 돌아다니니 타향살이하고 이사, 출장이 잦다. 실내에서 은둔하며 사는 일이 맞다. 밖에서 두드러지게 활동하면 실패가 많고 실속은 없다. 甲木이니 나서려 하겠지만 용두사미가 된다. 인내심을 가지고 운을 기다려야 한다.

신살로는 남연살(男戀殺), 칠살(七殺) 그리고 현침살(懸針殺)이 있다. 남연살은 남명이 甲寅·甲申·丁丑·己丑·戊申·辛未·壬寅·癸未일 경우 배우자 몰래 애인이 있을 수 있다는 신살이다. 칠살은 甲申·戊寅·壬辰·壬戌·癸丑·癸未와 같이 일지에 칠살이 있는데 충돌, 언쟁, 구설, 관재, 수술, 사고, 이별 등에 해당한다. 현침살은 甲·申·辛·午의 글자처럼 끝이 뾰족한 글자를 말하는데 침, 칼, 가위, 바늘처럼 날카로운 도구를 사용하는 직업과 인연이 있다고 한다. 날카로운 도구에 찔리기도 한다.

乙酉

乙木은 酉에서 12운성 제왕(帝旺)이다. 지지 酉 속에는 庚辛辛이 있다. 庚金은 酉에서 제왕이고, 辛金은 酉에서 태가 된다. 십신으로는 정·편관이 되어 일지가 관살혼잡이다. 물상은 가을의 풀이고, 바위에서 자라는 화초이다. 가냘프고 뿌리가 깊지 못해 늘 좌불안석(坐不安席)이다. 겉으로는 다정해도 안으로는 냉혹한 속성이 있다. 믿는 노끼에 발등 찍힐 수 있고, 엉뚱한 일로 당황하게 된다. 질병을 앓거나 독신으로 고독하게 살기도 한다. 관살이 강해 현실에서 시달림을 당한다는 뜻이다.

신살로는 구추방해(九醜妨害)와 곡각살(曲脚殺)이 있다. 구추방해는 壬子·壬午·戊子·戊午·己卯·己酉·乙卯·乙酉·辛卯·辛酉 일주로 이성간의 잦은 연애사가 발생한다는 신살이다. 곡각살은 팔자에 乙·己·巳·丑의 글자가 겹치면 글자 모양처럼 사고나 신경통 등으로 수족에 이상이 있다는 신살이다.

丙戌

丙火는 戌에서 12운성 묘(墓)이다. 戌 중에는 辛丁戊가 있다. 辛金은 戌에서 양이고, 丁火는 관대이다. 그리고 戊土는 戌에서 묘가 된다. 십신으로는 정재와 겁재 그리고 식신이 된다. 물상은 누렁이, 서산에 지는 태양이니 내리막길이다. 넘어지지 않도록 주의하면서 아름다운 황혼을 설계해야 한다. 수기(水氣)가 없어 조급하다. 활발하고 명랑하며, 희로애락 감정 표출이 심하다. 인정 많고 처세도 원만하지만 외화내허(外華內虛)의 상이다. 백호에 해당되어 있어 본인 또는 배우자에 횡액이 있을 수 있다. 여성은 부족한 水를 찾아 남의 남자를 좋아하기도 한다.

신살로는 백호살(白虎殺), 재고귀인(財庫貴人) 그리고 의처의부살(疑妻疑夫殺), 평두살(平頭殺)이 있다. 백호살은 甲辰·乙未·丙戌·丁丑·戊辰·壬戌·癸丑 일주가 해당된다. 백호가 있으면 성정이 과격하고 강해 폭력을 도발하기도 하지만 격투기 등 스포츠에서 발복하기도 한다. 재고귀인은 甲辰·丙戌·丁丑·戊戌·己丑·辛未·壬戌 일주로 부자가 될 가능성이 있다고 한다. 의처의부살은 甲午·丙戌·戊辰·庚辰·壬戌 일주 남자와 乙巳·丁亥·己亥·辛巳·癸亥 일주 여자에 해당하는데 배우자에게 집착이 심하여 배우자의 이성관계를 의심한다는 신살이다. 평두살은 甲子·甲辰·丙寅·丙戌·丙辰·丙寅이 일시에 있을 때를 말하는데 다툼이 많은 삶을 산다고 한다.

丁亥

丁火는 亥에서 12운성 건록(建祿)이다. 亥 장간 속에는 戊甲壬이 있다. 戊土는 亥에서 12운성 절이고, 甲木은 亥에서 장생이다. 그리고 壬水는

亥에서 건록이다. 십신으로는 상관과 정인, 정관이 된다. 물상은 황금돼지, 호수를 비추는 달빛이나 바닷가의 등대이다. 생각이 자주 변하니 지속성이 없어 객지생활하기도 하며 삶이 분주하다. 변덕이 심하고 화를 냈다가 후회하기도 한다. 처세가 좋아 오해를 받기도 한다. 관인이 있어 성품도 자상하고 재주도 좋다. 여성은 연애도 잘하고 애교만점이다.

신살로는 일귀(日貴), 천록귀인(天祿貴人) 그리고 의처의부살(疑妻疑夫殺)이 있다. 일귀(日貴)는 일지에 천을귀인이 있는 경우를 말하는데 丁酉·丁亥·癸巳·癸卯 일주에 해당한다. 천록귀인은 丙子·丁亥·辛巳일이며 인격이 온후하고 많은 사람에게 신뢰를 받는다는 길성이다. 의처의부살은 甲午·丙戌·戊辰·庚辰·壬戌 일주 남자와 乙巳·丁亥·己亥·辛巳·癸亥 일주 여자에 해당하는데 배우자에게 집착이 심하여 배우자의 이성관계를 의심한다는 신살이다.

戊子

戊土는 子에서 12운성 태(胎)이다. 태는 잉태한 듯이 조용히 실내에서 하는 일을 하면 좋다. 연구직처럼 두뇌를 활용한다. 子의 지장간에는 壬癸癸가 있다. 장간의 壬水는 子에서 12운성 제왕이고, 癸水는 태가 된다. 십신으로는 정재와 편재가 되니 재성혼잡이다. 물상은 한겨울의 사막이고 한밤중의 산이다. 움직임이 없으니 보수적 성향이 강하다. 완고한 듯해도 태지여서 자기주장을 펴지 못해 박력은 약하다. 자기 생각을 밖으로 표현은 잘 안 한다. 얼어 있는 땅이니 활용도가 적어 근심이 많고 변동도 많다. 지지에 재가 있는데 한적한 곳을 찾아야 한다.

신살로는 구추방해(九醜妨害), 비인살(飛刃殺) 그리고 육수(六秀)가 있다. 구추방해는 壬子·壬午·戊子·戊午·己卯·己酉·乙卯·乙酉·辛卯·辛酉 일주로 이성간의 잦은 연애사가 발생한다는 신살이다. 비인살은 일시적인 집중은 잘해도 지속성이 없고 변덕이 심한 성질을 가진 신살로 丙子·丁丑·戊子·己丑·壬午·癸未 일주에 해당한다. 비인은 양인의 지지를 충하는 경우를 말한다. 육수는 丙午·丁未·戊子·己丑·戊午·己未 일주를 말하는데 성격이 급하고 재치가 있지만 이기적인 면이 있어 동업은 하지 않는 것이 좋다.

己丑

己土는 丑에서 12운성 쇠(衰)이다. 丑의 지장간에는 癸辛己가 있다. 癸水는 丑에서 양이고, 辛金은 丑에서 관대가 된다. 己土는 丑에서 쇠이다. 십신으로는 편재와 식신 그리고 비견이 된다. 물상은 황소, 논밭을 가는 소, 아직 녹지 않은 땅으로 볼 수 있다. 소처럼 근면 성실하여 배고프지는 않다. 비견이 있어 자기주장이 강하고 고집이 있다. 잘 참는 편이지만 욱하는 기질과 거친 언행을 보여 놀라게 할 때가 있다. 부드럽고 중립적인 면이 있어 호평을 받지만 내실이 크지는 않다. 여성은 자기 성질대로 사는 사람이 많다. 내심 비밀이 있고 남편 덕이 없어 떨어져 지내면 좋다.

상관이 고지(庫地)여서 함께 살면 자식의 활동이 약해지니 자식과 떨어져 살거나 유학을 보내는 것이 좋다.

신살로는 재고귀인(財庫貴人), 태극귀인(太極貴人), 곡각살(曲脚殺), 비인살(飛刃殺), 남연살(男戀殺) 그리고 육수(六秀)와 간여지동(干與支同)이 있다. 재고귀인은 甲辰·丙戌·丁丑·戊戌·己丑·辛未·壬戌 일주로 부자가 될 가능성이 있다고 한다. 태극귀인은 甲子·甲午·丁卯·丁酉·戊辰·戊戌·己丑·己未·庚寅·辛亥·壬申 일주로 격이 좋을 때 입신양명하고, 재산이 풍족하나고 한다. 비인살은 일시적인 집중은 잘해도 지속성이 없고 변덕이 심한 성질을 가진 신살로 丙子·丁丑·戊子·己丑·壬午·癸未 일주에 해당한다. 비인은 양인의 지지를 충하는 경우를 말한다. 남연살은 남명이 甲寅·甲申·丁丑·己丑·戊申·辛未·壬寅·癸未일 경우 배우자 몰래 애인이 있을 수 있다는 신살이다. 육수는 丙午·丁未·戊子·己丑·戊午·己未 일주를 말하는데 성격이 급하고 재치가 있지만 이기적인 면이 있어 동업은 하지 않는 것이 좋다. 간여지동은 간지의 오행이 같은 경우를 말하는데 부부간에 떨어져 사는 식으로 나타나고 흉살과 겹치면 이별하기도 한다.

庚寅

庚金은 寅에서 12운성 절(絶)이다. 절은 끊어졌다는 의미이니 보이지 않는 곳에 있는 것과 같다. 정신적으로 발달한다. 寅 중에는 戊丙甲이 있는데 일간 庚金 입장에서는 편인, 편관, 편재이다. 戊土와 丙火는 寅에서 장생이고 甲木은 건록이다. 물상은 하얀 호랑이이고 나무를 도끼로 자르는 모습이다. 경쟁에서 지는 것을 싫어하고 혼자 다닌다. 성격은 싸늘하지만 속마음은 따뜻하다. 용기는 있으나 실패할 수 있으니 조심한다. 처세술이 좋고 영리하며 돈보다 명예를 중시한다. 평범한 것을 싫어해 고생을 하면서도 큰일을 생각한다.

신살로는 태극귀인(太極貴人), 여연살(女戀殺), 단장관(斷腸關) 그리고 뇌공타뇌관(雷公打腦關)이 있다. 태극귀인은 甲子·甲午·丁卯·丁酉·戊辰·戊戌·己丑·己未·庚寅·辛亥·壬申·癸巳 일주로 격이 좋을 때 입신양명하고, 재산이 풍족하다고 한다. 여연살은 여명이 乙丑·丁丑·丙申·己未·庚寅·辛未·壬寅·壬申 일주일 경우 배우자 몰래 애인이 있을 수 있다는 신살이다. 단장관은 甲午·乙未·丙辰·丁巳·己卯·庚寅·癸丑 일주로 대장이나 소장 등 장질환을 조심해야 한다. 그리고 뇌공타뇌관은 丙子·戊戌·庚寅 일주로 벼락, 전기, 가스, 화재, 교통사고 등을 조심해야 한다고 한다. 庚寅은 지혜가 밝고 학문이 뛰어나 교육자나 공무원으로 성공한다는 관귀학관(官貴學官)에 해당된다.

辛卯

辛金은 卯에서 12운성 제왕(帝旺)이다. 음간이 제왕에 이르면 있는 듯 없는 듯 조용히 있어야 한다. 제왕은 최고의 자리를 차지하였지만 곧 내려와야 한다. 卯의 장간은 甲乙乙로 모두 木이다. 甲木은 卯에서 12운성 제왕이고, 乙木은 태가 된다. 십신으로는 정재와 편재로만 되어 있어 재성혼잡이 된다. 물상은 하얀 토끼 또는 칼로 풀을 자르니 절단된 초목으로도 볼 수 있다. 성향은 침착성이 부족하여 일의 진행에 차질이 있을 수 있다. 조심성이 너무 많고 신경이 예민하여 초조와 불안한 면을 보이기도 한다. 배우자궁이 부실해질 수 있다.

신살로는 교신성(交神星), 구추방해(九醜妨害), 유하살(流霞殺), 현침살(懸針殺) 그리고 음욕살(淫慾殺)이 있다. 교신성은 丙子·丙午·辛卯·辛酉 일주로 자아심이 강해 무슨 일이든 남과 함께 하면 좋지 않다는 신살이다. 구추방해는 壬子·壬午·戊子·戊午·己卯·己酉·乙卯·乙酉·辛卯·辛酉 일주로 이성간의 잦은 연애사가 발생한다는 신살이고, 유하살은 庚辰 일주와 辛卯 일주에 해당하는데 재산이 흩어지고 중풍 등을 앓고 객지를 떠돈다는 흉살이다. 또 甲·申·辛·午의 글자처럼 끝이 뾰족한 글자를 현침살(懸針殺)이라고 하는데 침, 칼, 가위, 바늘처럼 날카로운 도구를 사용하는 직업에 인연이 있다고 한다. 날카로운 도구에 찔리기도 한다. 음욕살은 戊戌·辛卯·丁未·乙卯·己未·癸丑·庚申 일주인데 음흉하고 색정적인 기질이 있다고 하여 유흥가나 재혼 등과 관련이 있는 신살이다. 辛卯는 지혜가 밝고 학문이 뛰어나 교육자나 공무원으로 가서 성공한다는 관귀학관(官貴學官)에 해당된다.

壬水는 辰에서 12운성 묘(墓)이다. 辰에는 乙癸戊가 있다. 상관, 겁재, 편관이다. 乙木은 辰에서 12운성 양이고, 癸水는 관대가 된다. 그리고 戊土는 辰에서 관대이다. 물상은 흑룡(黑龍), 논에 있는 우물이나 물탱크이다. 壬辰은 자기주장이 강하고 자기 자랑을 하는 경향이 있다. 리더십이 있고 도량이 넓고 포부가 크다. 인내심과 승부욕이 강하다. 그러나 봉사 등으로 남 좋은 일을 많이 하여 실속이 없으며 생활이 불안정하다. 배우자 덕이 약하다.

신살로는 복성귀인(福星貴人), 퇴신(退神), 칠살(七殺), 괴강(魁罡) 등이 있다. 복성귀인은 甲寅·乙丑·丙子·丁酉·戊申·己未·庚午·辛巳·壬辰·癸卯일을 말하는데 일생동안 복록이 따르고 어려움이 있어도 전화위복이 된다는 신살이다. 퇴신은 丁丑·丁未·壬辰·壬戌일로 타인에게 두드러져 보이려는 성격으로 속단하여 후에 후회하기도 한다. 칠살은 甲申·戊寅·壬辰·壬戌·癸丑·癸未와 같이 일지에 칠살이 있는데 충돌, 언쟁, 구설, 관재, 수술, 사고, 이별 등에 해당하고, 괴강은 庚辰·壬辰·戊戌·庚戌일인데 총명하고 문장력이 남보다 뛰어나고 발복이 빠르지만 고집이 세서 부부 화합이 어렵다는 신살이다.

癸水는 巳에서 12운성 건록(建祿)이다. 음간이 힘을 받아야 해당 오행이 응축된다. 巳의 지장간에는 戊庚丙이 있다. 지장간의 모습은 지지에 12운성을 대입하면 알 수 있다. 戊土와 丙火는 巳에서 건록이고, 庚金은 장생이 된다. 십신으로는 정관과 정인 그리고 정재가 된다. 양간의 12운성은 기존의 12운성과 새로운 12운성의 차이가 없다. 물상은 흑사(黑蛇), 물 위에 떠오르는 태양이고 밤하늘의 빛이다. 태양 위의 구름이기도 하다. 水와 火가 교전하는 모습이니 조급하고 변덕이 심하다. 여름철에 비가 내리니 막힘이 있어 지연, 정체되지만 결국 성취한다. 배우자궁도 재관인이 있어 원만하다.

신살로는 복신(伏神), 일귀(日貴), 태극귀인(太極貴人)이 있다. 복신은 戊寅·癸巳·戊申·癸亥 일주로 매사가 지연·정체된다고 하고, 일귀(日貴)는 일지에 천을귀인이 있는 경우를 말하는데 丁酉·丁亥·癸巳·癸卯 일주에 해당한다. 태극귀인은 甲子·甲午·丁卯·丁酉·戊辰·戊戌·己丑·己未·庚寅·辛亥·壬申·癸巳 일주로 격이 좋을 때 입신양명하고, 재산이 풍족하다고 한다. 일지 장간에 재관이 있어 복이 있다는 록마동향(祿馬同鄉)에도 해당된다.

甲午

甲木은 午에서 사(死)이고 상관이다. 午의 장간에는 丙己丁이 있다. 丙火는 午에서 제왕이고, 丁火와 己土는 태이다. 십신으로는 식신과 정재 그리고 상관이 된다. 물상은 청마(靑馬), 뜨거워서 지친 나무로 인내심이 부족하고 폭발적인 성향이 있다. 목화상관(木火傷官)의 기세가 강하여 자신의 재능을 과시하고 타인을 무시하는 경향이 있다. 용기 있어 보이지만 담력은 적다. 마음에 들면 매우 잘하고, 상대가 월등하면 굴복한다. 재물에 집착은 강하지만 인색하다. 내 것을 주고도 좋은 소리 못 듣는 경우가 많다. 여명은 남자를 이기는 기질이 있다.

  신살은 태극귀인(太極貴人), 홍염살(紅艶殺), 진신(進神), 단장관(斷腸關), 의처의부살(疑妻疑夫殺) 등이 있다. 태극귀인은 甲子·甲午·丁卯·丁酉·戊辰·戊戌·己丑·己未·庚寅·辛亥·壬申·癸巳 일주로 격이 좋을 때 입신양명하고, 재산이 풍족하다고 한다. 홍염살은 甲午·丙寅·丁未·戊辰·庚戌·壬申·壬子 일주에 해당하는데 도화살처럼 이성에게 호감을 사서 배우자 외에 외정(外情)이 발생하기도 한다는 신살이다. 진신은 甲子·己卯·甲午·己酉 일주로 즐겁게 하고 싶은 일을 한다는 신살로 문장력이 뛰어나지만 관과는 인연이 없다. 단장관은 甲午·乙未·丙辰·丁巳·己卯·庚寅·癸丑 일주로 대장이나 소장 등 장질환을 조심해야 하고, 의처의부살은 甲午·丙戌·戊辰·庚辰·壬戌 일주 남자와 乙巳·丁亥·己亥·辛巳·癸亥 일주 여자에 해당하는데 배우자에게 집착이 심하여 배우자의 이성관계를 의심한다는 신살이다. 甲午 일주는 현침살에 속하고, 庚子 일주와 함께 외견은 도도하지만 상관이 강하면 상부(喪夫)하고 독수공방한다고 한다.

乙未

乙木은 未에서 12운성 관대(冠帶)이다. 未의 장간에는 丁乙己가 있다. 丁火는 未에서 12운성 양이 되고, 乙木은 未에서 관대가 되며, 己土는 未에서 양이 된다. 십신으로는 식신과 비견과 편재이다. 물상은 마른 땅 위의 갈대이다. 처세술은 좋으나 안정감이 없어 고생하기도 한다. 두뇌가 명석하고 식신을 발휘하여 학문이나 예술에서 능력을 발휘한다. 지구력은 약하고 음식이나 의복에 까탈을 부릴 때도 있다. 남자는 처궁이 백호로 처궁이 불안하다. 재성이 있다고 모두 좋은 것이 아니다.

신살을 살펴보면 백호살(白虎殺), 신병살(身病殺), 단장관(斷腸關), 곡각살(曲脚殺) 등이 있다. 백호살은 甲辰·乙未·丙戌·丁丑·戊辰·壬戌·癸丑 일주가 해당된다. 백호가 있으면 성정이 과격하고 강해 폭력을 도발하기도 하지만 격투기 등 스포츠에서 발복하기도 한다. 신병살은 乙巳·乙未·己巳가 일주나 시주에 있으면 잔병이 많아 늘 몸이 아프다는 신살이다. 단장관은 甲午·乙未·丙辰·丁巳·己卯·庚寅·癸丑 일주로 대장이나 소장 등 장질환을 조심해야 한다. 乙未는 팔자에 乙·己·巳·丑의 글자가 겹치면 사고나 신경통 등으로 수족에 이상이 올 수 있다는 곡각살이기도 하다.

丙申

丙火는 申에서 12운성 병(病)이다. 申의 지장간에는 戊壬庚이 있다. 戊

土는 申에서 병이고, 壬水는 장생이며, 그리고 庚金은 申에서 건록이다. 십신으로는 식신과 편관, 편재가 된다. 물상은 석양에 노을이고, 가을철의 태양이다. 남명은 다재다능하고 출세욕이 강하며 사교적이다. 영웅심이 강하고 과장이 많다. 그러나 여간해서 속내를 드러내지 않는 면도 있다. 명랑하면서도 우울한 증세가 있다. 대개 이마가 넓고 시원한 인상을 준다. 지살이 있어 한 곳에 안주하지 못하기도 하다.

신살로는 암록(暗祿), 여연살(女戀殺), 관귀학관(官貴學官), 문창귀인(文昌貴人), 철사관(鐵蛇關)이 있다. 암록은 건록의 글자와 합하는 글자를 말하는데 丙申·丁未·戊申·己未·壬寅·癸丑 일주가 해당된다. 암록이 있으면 귀인의 조력으로 평생 안락하다고 한다. 여연살은 여명이 乙丑·丁丑·丙申·己未·庚寅·辛未·壬寅·壬申 일주일 경우 배우자 몰래 애인이 있을 수 있다는 신살이다. 丙申은 지혜가 밝고 학문이 뛰어나 교육자나 공무원으로 가서 성공한다는 관귀학관(官貴學官)에 해당된다. 총명하여 공부를 잘한다는 문창귀인(文昌貴人)에도 해당한다. 철사관은 甲辰·丙申·丁未·戊寅·庚戌·癸丑 일주로 돌림병이나 희귀병에 걸릴 수 있으니 예방을 철저히 해야 한다는 신살이다.

丁酉

丁火는 酉에서 12운성 목욕(沐浴)이다. 지지 酉에는 庚辛辛이 있다. 庚金은 酉에서 제왕이고, 辛金은 酉에서 태가 된다. 음양은 반대로 움직

인다. 기존의 12운성은 金은 가을에 강하고 봄에 약하다고 보았다. 오행
으로만 본 것이다. 십신으로는 정재와 편재이니 재성혼잡이다. 물상은
붉은 닭, 달밤에 반짝이는 귀금속이나 촛대이다. 봉사정신이 있어 자신
이 먼저 베풀려고 한다. 金을 녹이는 丁火로 단호하게 끊어버리는 속성
이 있다. 중년 이후 금전 궁핍은 없다. 배우자는 좋은 편이다.

　신살로는 태극귀인(太極貴人), 복성귀인(福星貴人), 학당귀인(學堂貴
人), 일귀(日貴) 등이 있다. 태극귀인은 甲子·甲午·丁卯·丁酉·戊辰·戊
戌·己丑·己未·庚寅·辛亥·壬申·癸巳 일주로 격이 좋을 때 입신양명하
고, 재산이 풍족하다고 한다. 복성귀인은 甲寅·乙丑·丙子·丁酉·戊
申·己未·庚午·辛巳·壬辰·癸卯일을 말하는데 일생동안 복록이 따르고
어려움이 있어도 전화위복이 된다는 신살이다. 학당귀인은 丙寅·戊寅·
丁酉·己酉·壬申·癸卯일을 말하는데 학업이 석성에 맞아 교육자의 길
을 가면 좋다는 신살이다. 일귀(日貴)는 일지에 천을귀인이 있는 경우를
말하는데 丁酉·丁亥·癸巳·癸卯 일주에 해당한다. 총명하여 공부를 잘
한다는 문창귀인(文昌貴人)에도 해당한다.

 戊戌

　戊土는 戌에서 12운성 묘(墓)이다. 戌 중에는 辛丁戊가 있는데 십신으
로는 상관과 정인 그리고 비견이 된다. 辛金은 戌에서 양이고, 丁火는
관대이다. 그리고 戊土는 戌에서 묘가 된다. 물상은 황구(黃狗), 쓸쓸한

사막이나 가을 산이다. 괴강과 천문에 해당하여 종교에 관심이 많고 속세를 떠나기도 한다. 자만심이 강하고 고집도 세다. 타인의 일이라면 발 벗고 나서지만 가정에는 소홀하다. 책임감이 강하고 행동이나 마음의 시비가 분명하다. 순하지만 화날 때는 무섭다. 일반적으로 土가 그렇다. 고집으로 망하니 수양이 필요하다.

신살로는 재고귀인(財庫貴人), 괴강(魁罡), 태극귀인(太極貴人), 뇌공타뇌관(雷公打腦關), 음욕살(淫慾殺)이 있다. 재고귀인은 甲辰·丙戌·丁丑·戊戌·己丑·辛未·壬戌 일주로 부자가 될 가능성이 있다고 한다. 괴강은 庚辰·壬辰·戊戌·庚戌일인데 총명하고 문장력이 남보다 뛰어나며 발복이 빠르지만 고집이 세서 부부 화합이 어렵다는 신살이다. 태극귀인은 甲子·甲午·丁卯·丁酉·戊辰·戊戌·己丑·己未·庚寅·辛亥·壬申·癸巳 일주로 격이 좋을 때 입신양명하고, 재산이 풍족하다고 한다. 뇌공타뇌관은 丙子·戊戌·庚寅 일주로 벼락, 전기, 가스, 화재, 교통사고 등을 조심해야 한다고 하고, 음욕살은 戊戌·辛卯·丁未·乙卯·己未·癸丑·庚申 일주인데 음흉하고 색정적인 기질이 있다고 하여 유흥가나 재혼 등과 관련이 있는 신살이다. 戊戌이 일이나 시에 있으면 중상, 중병 등으로 흉터가 있을 수 있다는 과살(戈殺)도 있다.

己亥

己土는 亥에서 12운성 건록(建祿)이다. 亥 장간 속에는 戊甲壬이 있는데 십신으로는 겁재와 정관 그리고 정재가 된다. 戊土는 亥에서 12운성 절이고, 甲木은 亥에서 장생이다. 그리고 壬水는 亥에서 건록이다. 물상은 황금돼지, 비습한 토양이나 섬이다. 재(財)가 水에 있으니 수산업이나 해운업 또는 밤의 직업과도 인연이 있다. 지살이 있어 고향을 떠나 객지 생활하기 쉽다. 재복이 있어 돈 걱정은 없고 인정이 많다. 겉은 명랑해도 소심하고 사람을 기피한다. 부부간에는 이해와 아량이 필요하다.

신살로는 의처의부살(疑妻疑夫殺)과 곡각살이 있다. 의처의부살은 甲午·丙戌·戊辰·庚辰·壬戌 일주 남자와 乙巳·丁亥·己亥·辛巳·癸亥 일주 여자에 해당하는데 배우자에게 집착이 심하여 배우자의 이성관계를 의심한다는 신살이고, 곡각살은 팔자에 乙·己·巳·丑의 글자가 겹치면 글자 모양처럼 사고나 신경통 등으로 수족에 이상이 있다는 신살이다. 己亥는 지혜가 밝고 학문이 뛰어나 교육자나 공무원으로 가서 성공한다는 관귀학관(官貴學官)에 해당된다.

庚子

庚金은 子에서 12운성 사(死)이다. 子의 지장간에는 壬癸癸가 있는데 십신으로는 식신과 상관이니 식상혼잡이다. 장간의 壬水는 子에서 12운성 제왕이고, 癸水는 태가 된다. 물상은 흰쥐, 밤에 떠 있는 별이다. 가을과 겨울뿐이니 쓸쓸하고 외롭다. 금한수냉(金寒水冷)으로 늘 고독하다. 강자에 강하고 약자에 약하다. 일지 상관은 다재다능하고 문장,

언어가 수려하다. 그러나 상관도 종류가 많으니 십간에 따라 다 다르다. 기존의 질서를 허물거나 타인에게 말로 상처를 입히기도 한다. 여성은 피부가 곱고 총명하지만 신경이 예민하고 남편을 깔보는 경향이 있다.

신살로는 낙정관살(落井關殺)이 있다. 낙정관살은 己巳·庚子·壬戌·癸卯 일주가 해당되는데 수재(水災)를 당한다는 신살이니 물과 관련된 사업은 하지 않는 것이 좋다. 庚子 일주는 甲午 일주와 함께 상관이 심하면 상부(喪夫)하고 독수공방한다고 한다.

辛丑

辛金은 丑에서 12운성 관대(冠帶)이다. 丑의 지장간에는 癸辛己가 있는데 십신으로는 식신과 비견 그리고 편인이다. 癸水는 丑에서 양이고, 辛金은 丑에서 관대가 된다. 己土는 丑에서 쇠이다. 물상은 소뿔과 같아 자존심을 건드리면 신경이 예민하여 몹시 분개하고 복수한다. 첫인상은 다소 냉정하지만 신용이 있고, 의리도 있다. 흑백이 분명하고 마음에 들면 아주 잘한다. 어려운 일도 반드시 극복한다. 남의 일로 걱정도 많다. 성실하고 신용은 좋으나 도량은 넓지 않다.

신살로는 효신살(梟神殺)과 곡각살(曲脚殺)이 있다. 효신살은 甲子·乙亥·丙寅·丁卯·戊午·己巳·庚辰·庚戌·辛未·辛丑·壬申·癸酉 일주를 말하는데 친모와 인연이 없거나 모처가 불화한다는 신살로 집안에 올빼미나 부엉이 그림 등을 두지 않는 것이 좋다고 한다. 또 일지에 편인이 있어 여명에서 자식을 극하니 산액이나 생리불순 등을 겪는다는 신살이다. 곡각살은 팔자에 乙·己·巳·丑의 글자가 겹치면 글자 모양처럼 사고나 신경통 등으로 수족에 이상이 있다는 신살이다.

壬寅

壬水는 寅에서 12운성 병(病)이다. 병은 병든 것처럼 몸을 잘 사용하지 못하니 정신적으로 발달한다. 寅 중에는 戊丙甲이 있는데 십신으로는 편관과 편재 그리고 식신이다. 戊土와 丙火는 寅에서 장생이고 甲木은 건록이다. 물상은 밤의 호랑이다. 무서울 것이 없고 인내심이 있다. 큰 일을 만나도 태연자약하다. 타인을 돕고자 하면 물불을 가리지 않는 인정이 있어 사람이 많이 따른다. 풍족한 생활을 하고 일찍 독립하여 성공한다. 어명은 재능이 있고 생활력이 강해 가장 역할을 하기도 한다.

신살로는 여연살(女戀殺), 남연살(男戀殺), 암록(暗祿), 천주귀인(天廚貴人) 등이 있다. 여연살은 여명이 乙丑·丁丑·丙申·己未·庚寅·辛未·壬寅·壬申 일주일 경우 배우자 몰래 애인이 있을 수 있다는 신살이다. 남연살은 남명이 甲寅·甲申·丁丑·己丑·戊申·辛未·壬寅·癸未일 경우 배우자 몰래 애인이 있을 수 있다는 신살이다. 암록은 건록의 글자와 합하는 글자를 말하는데 丙申·丁未·戊申·己未·壬寅·癸丑 일주가 해당된다. 암록이 있으면 귀인의 조력으로 평생 안락하다고 한다. 천주귀인은

戊申·己酉·壬寅·癸卯 일주에 해당하는데 평생 의식이 풍족하다고 한다. 壬寅은 지혜가 밝고 학문이 뛰어나 교육자나 공무원으로 가서 성공한다는 관귀학관(官貴學官)에 해당하고, 공부를 잘한다는 문창귀인(文昌貴人)도 된다.

癸卯

癸水는 卯에서 12운성 목욕(沐浴)이다. 목욕은 아이의 때를 벗고 성인이 되어 가는 시기이다. 卯의 장간은 甲乙乙로 모두 木이다. 甲木은 卯에서 12운성 제왕이고, 乙木은 태가 된다. 십신으로는 상관과 식신이다. 봄에 비가 오는 물상으로 초목을 키운다. 인심이 후하고 의식은 풍족하다. 총명하고 다정다감하며 선하다. 호감 사는 인상으로 인기도 있다. 천성은 착하지만 간혹 사납게 변하기도 한다. 겉으로는 강한 척해도 내심 여리다. 창의적인 기획이나 아이디어가 뛰어난 것은 식상 때문이다.

신살로는 복성귀인(福星貴人), 학당귀인(學堂貴人), 천주귀인(天廚貴人), 낙정관살(落井關殺), 일귀(日貴) 그리고 나체도화(裸體桃花)가 있다. 복성귀인은 甲寅·乙丑·丙子·丁酉·戊申·己未·庚午·辛巳·壬辰·癸卯일을 말하는데 일생동안 복록이 따르고 어려움이 있어도 전화위복이 된다는 신살이다. 학당귀인은 丙寅·戊寅·丁酉·己酉·壬申·癸卯일을 말하는데 학업이 적성에 맞아 교육자의 길을 가면 좋다는 신살이다. 천주귀인은 戊申·己酉·壬寅·癸卯 일주에 해당하는데 평생 의식이 풍족하다고 한다. 낙정관살은 己巳·庚子·壬戌·癸卯 일주가 해당되는데 수재(水災)를 당한다는 신살이니 물과 관련된 사업은 하지 않는 것이 좋다. 일귀(日貴)는 일지에 천을귀인이 있는 경우를 말하는데 丁酉·丁亥·癸巳·癸卯 일주에 해당한다. 나체도화는 도화살의 일종으로 甲子·庚午·丁卯·癸酉·癸卯·辛亥 일주를 말하는데 상대를 유혹하는 매력이 있다. 총명하여 공부를 잘한다는 문창귀인(文昌貴人)에도 해당한다.

甲辰

甲木은 辰에서 12운성 쇠(衰)이다. 辰에는 乙癸戊가 있다. 십신은 겁재, 정인, 편재이다. 乙木은 辰에서 12운성 양이고, 癸水는 관대가 된다. 그리고 戊土도 辰에서 관대이다. 물상은 청룡(靑龍), 단단히 뿌리내린 나무이다. 자기주장을 강하게 밀고 나간다. 타인에게 의존하지 않고 직접 해야 직성이 풀린다. 재물이 땅에 있어 돈을 모으는 능력이 비상하다. 독립심이 있고 지지 않으려는 속성은 겁재 때문이다. 느긋하게 일에 임해야 한다. 지지의 용(龍)은 변화가 심하다. 여명도 활동적이어서 가장 역할을 하기도 한다.

신살로는 백호살(白虎殺), 재고귀인(財庫貴人), 금여(金輿), 철사관(鐵蛇關), 평두살(平頭殺)이 있다. 백호살은 甲辰·乙未·丙戌·丁丑·戊辰·壬戌·癸丑 일주가 해당된다. 백호가 있으면 성정이 과격하고 강해 폭력을 도발하기도 하지만 격투기 등 스포츠에서 발복하기도 한다. 재고귀인은 甲辰·丙戌·丁丑·戊戌·己丑·辛未·壬戌 일주로 부자가 될 가능성이 있다고 한다. 금여는 甲辰·乙巳·庚戌·辛亥 일주에 해당되는데 남녀 공히 좋은 배우자를 만나 일생 안락하고 자손이 번창한다는 길신이다. 철사관은 甲辰·丙申·丁未·戊寅·庚戌·癸丑 일주로 돌림병이나 희귀병에 걸릴 수 있으니 예방을 철저히 해야 한다는 신살이다. 평두살은 甲子·甲辰·丙寅·丙戌·丙辰·丙寅이 일시에 있을 때를 말하는데 다툼이 많은 삶을 산다고 한다.

乙巳

乙木은 巳에서 12운성 장생(長生)이다. 장생은 출생신고, 사업자등록을 한 것과 같다. 누군가의 도움이 필요하고 경험이 없어 서툴다. 乙木은 반대편 계절 양간인 庚金의 12운성과 같다. 음양은 반대로 움직이기 때문이다. 巳의 지장간에는 戊庚丙이 있는데 십신으로는 정재, 정관 그리고 상관이다. 지장간의 모습도 각기 다른데 지지에 12운성을 대입하면 알 수 있다. 戊土와 丙火는 巳에서 건록이고, 庚金은 장생이 된다. 물상은 청사(靑蛇), 풀밭의 뱀이고 초여름의 꽃이다. 지살로 평생 분주하고 주거가 불안하다. 총기가 발달하고 언변이 능숙한 것은 상관 때문이다. 감정이 풍부하며 한 가지 직업을 끝까지 지키지 못한다.

신살로는 금여(金輿), 신병살(身病殺), 의처의부살(疑妻疑夫殺), 고란과숙(孤鸞寡宿)이 있다. 금여는 甲辰·乙巳·庚戌·辛亥 일주에 해당되는데 남녀 공히 좋은 배우자를 만나 일생 안락하고 자손이 번창한다는 길신이다. 신병살은 乙巳·乙未·己巳가 일주나 시주에 있으면 잔병이 많아 늘 몸이 아프다는 신살이다. 의처의부살은 甲午·丙戌·戊辰·庚辰·壬戌 일주 남자와 乙巳·丁亥·己亥·辛巳·癸亥 일주 여자에 해당하는데 배우자에게 집착이 심하여 배우자의 이성관계를 의심한다는 신살이다. 甲寅·乙巳·戊申·辛亥 일주의 여자에게 해당한다는 고란과숙살이 있다. 이 살은 남편과 좋은 관계를 이루지 못해 이별할 수 있으니 조혼은 피하는 것이 좋다고 한다.

丙午

丙火는 午에서 12운성 제왕(帝旺)이다. 午의 장간에는 丙己丁이 있는데 십신으로는 비견과 상관 그리고 겁재이다. 장간의 丙火는 午에서 제왕이고, 丁火와 己土는 태이다. 물상은 맹렬한 불덩어리이고 정오의 태양이다. 힘차게 달리는 붉은 말이기도 하다. 보통 다정한 편이지만 폭발할 때는 무섭다. 처가 사회활동을 하면 좋다. 호탕하고 개방적으로 사람을 잘 사귄다. 전진만 하고 후퇴를 모른다. 자신감은 하늘을 찌르나 결실은 뜻대로 안 된다. 여명도 기질이 강해 여장부이다.

신살에는 교신성(交神星), 육수(六秀), 장군전(將軍箭) 그리고 일인(日刃)이 있다. 교신성은 丙子·丙午·辛卯·辛酉 일주로 자아심이 강해 무슨 일이든 남과 함께 하면 좋지 않다는 신살이다. 육수는 丙午·丁未·戊

子·己丑·戊午·己未 일주를 말하는데 성격이 급하고 재치가 있지만 이기적인 면이 있어 동업은 하지 않는 것이 좋다. 일인은 丙午·戊午·壬子 일주처럼 일지에 양인이 있는 경우로 자만심, 안하무인으로 생살대권을 장악하거나 극처극부하는 등 속성속패한다는 신살이다. 장군전은 丙午·丁未·戊午·己未·壬子·癸丑 일주로 죄를 지으면 빠져나갈 수 없고 그 처벌이 크다는 흉살이다.

丁未

丁火는 未에서 12운성 양(養)이다. 양은 태내에서 양육되는 기간이다. 혼자 독립하기는 힘들다. 未의 장간에는 丁乙己가 있다. 丁火는 未에서 12운성 양이 되고, 乙木은 未에서 관대가 되며, 己土는 未에서 양이 된다. 십신으로는 비견과 편인과 식신이다. 물상은 꽃이 핀 화원이고, 열이 있는 땅이니 水가 필요하다. 유쾌하고 활발하며 언변이 뛰어나다. 일의 계획성이나 추진력이 탁월하다. 인정 많고 희생정신이 강하고 손재주도 있다. 돈을 직접 관리하고 자기 몫을 챙긴다. 음양의 균형이 틀어져서 배우자 복은 약하다.

신살로는 홍염살(紅艷殺), 퇴신(退神), 육수(六秀), 음욕살(淫慾殺), 암록(暗祿), 장군전(將軍箭), 철사관(鐵蛇關) 등이 있다. 홍염살은 甲午·丙寅·丁未·戊辰·庚戌·壬申·壬子 일주에 해당하는데 도화살처럼 이성에게 호감을 사서 배우자 외에 외정(外情)이 발생하기도 한다는 신살이다.

퇴신은 丁丑·丁未·壬辰·壬戌일로 타인에게 두드러져 보이려는 성격으로 속단하여 후에 후회하기도 한다. 육수는 丙午·丁未·戊子·己丑·戊午·己未 일주를 말하는데 성격이 급하고 재치가 있지만 이기적인 면이 있어 동업은 하지 않는 것이 좋다. 음욕살은 戊戌·辛卯·丁未·乙卯·己未·癸丑·庚申 일주인데 음흉하고 색정적인 기질이 있다고 하여 유흥가나 재혼 등과 관련이 있는 신살이다. 암록은 건록의 글자와 합하는 글자를 말하는데 丙申·丁未·戊申·己未·壬寅·癸丑 일주가 해당된다. 암록이 있으면 귀인의 조력으로 평생 안락하다고 한다. 장군전은 丙午·丁未·戊午·己未·壬子·癸丑 일주로 죄를 지으면 빠져나갈 수 없고 그 처벌이 크다는 흉살이다. 철사관은 甲辰·丙申·丁未·戊寅·庚戌·癸丑 일주로 돌림병이나 희귀병에 걸릴 수 있으니 예방을 철저히 해야 한다는 신살이다.

戊申

戊土는 申에서 12운성 병(病)이다. 申의 지장간에는 戊壬庚이 있다. 戊土는 申에서 병이고, 壬水는 장생이다. 그리고 庚金은 申에서 건록이 된다. 십신으로는 비견과 편재 그리고 식신이다. 물상은 쓸쓸한 가을 산이나 광산이다. 땅에 철금속이 묻혀 있으니 식신생재로 복록이 두텁다. 남에게 주는 걸 좋아하는데 때로 자신도 모르게 남의 일에 참견하여 오해를 받기도 한다. 자신이 틀려도 남의 충고를 받아들이지 않는다. 곤명도 사업가로 나서는 경우가 있고, 남편보다 자식을 중시하는 것은 식신이 강하기 때문이다.

신살로는 복성귀인(福星貴人), 천주귀인(天廚貴人), 남연살(男戀殺), 복신(伏神), 암록(暗祿), 고란과숙(孤鸞寡宿)이 있다. 복성귀인은 甲寅·乙丑·丙子·丁酉·戊申·己未·庚午·辛巳·壬辰·癸卯 일을 말하는데 일생동안 복록이 따르고 어려움이 있어도 전화위복이 된다는 신살이다. 천주귀인은 戊申·己酉·壬寅·癸卯 일주에 해당하는데 평생 의식이 풍족하다고 한다. 남연살은 남명이 甲寅·甲申·丁丑·己丑·戊申·辛未·壬寅·癸未일 경우 배우자 몰래 애인이 있을 수 있다는 신살이다. 복신은 戊寅·癸巳·戊申·癸亥 일주로 매사가 지연, 정체된다고 한다. 암록은 건록의 글자와 합하는 글자를 말하는데 丙申·丁未·戊申·己未·壬寅·癸丑 일주가 해당된다. 암록이 있으면 귀인의 조력으로 평생 안락하다고 한다. 甲寅·乙巳·戊申·辛亥 일주의 여자에게 해당한다는 고란과숙살이 있다. 이 살은 남편과 좋은 관계를 이루지 못해 이별할 수 있으니 조혼은 피하는 것이 좋다고 한다.

己酉

己土는 酉에서 12운성 목욕(沐浴)이다. 지지 酉 속에는 庚辛辛이 있는데 십신으로는 상관과 식신이니 식상혼잡이다. 庚金은 酉에서 제왕이고, 辛金은 酉에서 태가 된다. 물상은 들판의 닭으로 분주하고 식록이 두텁다. 학업이 우수한 사람이 많은 것은 식상 기운 때문이다. 성격은 온순하면서도 타인을 제압하는 힘이 있다. 대개 주위의 인정을 받는다. 겉으로는 유(柔)하지만 내면에는 냉철함이 있다. 여성은 재주가 뛰어나고 애교도 많지만 남편을 무시하는 경향이 있다.

신살로는 학당귀인(學堂貴人), 천주귀인(天廚貴人), 진신(進神), 구추방해(九醜妨害), 문창귀인(文昌貴人) 등이 있다. 학당귀인은 丙寅·戊寅·丁酉·己酉·壬申·癸卯 일을 말하는데 학업이 적성에 맞아 교육자의 길을 가면 좋다는 신살이다. 천주귀인은 戊申·己酉·壬寅·癸卯 일주에 해당하는데 평생 의식이 풍족하다고 한다. 진신은 甲子·己卯·甲午·己酉 일주로 즐겁게 하고 싶은 일을 한다는 신살로 문장력이 뛰어난데 관재수에 조심해야 한다. 구추방해는 壬子·壬午·戊子·戊午·己卯·己酉·乙卯·乙酉·辛卯·辛酉 일주로 이성간의 잦은 연애사가 발생한다는 신살이다. 己酉는 총명하여 공부를 잘한다는 문창귀인(文昌貴人)에도 해당한다.

庚戌

庚金은 戌에서 12운성 쇠(衰)이다. 쇠는 정상에서 물러난 시기이나 아직은 힘이 있다. 戌 중에는 辛丁戊가 있는데 십신으로는 겁재와 정관, 편인이다. 辛金은 戌에서 양이고, 丁火는 관대이다. 그리고 戊土는 戌에서 묘가 된다. 물상은 백구(白狗), 철장에 갇힌 개다. 괴강으로 자기중심이라서 타협을 못하니 공동사업은 적합하지 않다. 자존심이 강하여 상처를 받으면 분개한다. 천문의 작용으로 종교와 인연을 맺기도 한다. 여명도 여걸의 성향이 있고 재치도 뛰어나지만 혼자 사는 경우도 있다.

신살로는 홍염살(紅艶殺), 효신살(梟神殺), 괴강(魁罡), 금여(金輿), 철사관(鐵蛇關) 등이 있다. 홍염살은 甲午·丙寅·丁未·戊辰·庚戌·壬申·壬子 일주에 해당하는데 도화살처럼 이성에게 호감을 사서 배우자 외에 외정(外情)이 발생하기도 한다는 신살이다. 효신살은 甲子·乙亥·丙寅·丁卯·戊午·己巳·庚辰·庚戌·辛未·辛丑·壬申·癸酉 일주를 말하는데 친모와 인연이 없거나 모처가 불화한다는 신살로 집안에 올빼미나 부엉이 그림 등을 두지 않는 것이 좋다고 한다. 또 일지에 편인이 있어 여명에서 자식을 극하니 산액이나 생리불순 등을 겪는다는 신살이다. 괴강은 庚辰·壬辰·戊戌·庚戌일인데 총명하고 문장력이 남보다 뛰어나고 발복이 빠르지만 고집이 세서 부부 화합이 어렵다는 신살이다. 금여는 甲辰·乙巳·庚戌·辛亥 일주에 해당되는데 남녀 공히 좋은 배우자를 만나 일생 안락하고 자손이 번창한다는 길신이다. 철사관은 甲辰·丙申·丁未·戊寅·庚戌·癸丑 일주로 돌림병이나 희귀병에 걸릴 수 있으니 예방을 철저히 해야 한다는 신살이다.

辛亥

辛金은 亥에서 12운성 장생(長生)이다. 亥 장간 속에는 戊甲壬이 있는데 십신으로는 정인과 정재 그리고 상관이다. 戊土는 亥에서 12운성 절이고, 甲木은 亥에서 장생이다. 그리고 壬水는 亥에서 건록이다. 물상은 하얀 돼지, 보석을 물로 씻어내니 도세주옥(淘洗珠玉)이라고 한다. 피부가 희고 곱다. 두뇌가 예리하며 관찰력이 뛰어나다. 금수상관으로 타인을 무시하고 누구든지 자기 맘대로 하려고 한다. 승부욕이 강하여 반론을 제기하는 상대는 적으로 규정한다. 여명은 금백수청(金白水淸)으로 피부가 곱고 지성적이지만 남편을 무시한다.

신살로는 태극귀인(太極貴人), 나체도화(裸體桃花), 금여(金輿), 고란과숙(孤鸞寡宿) 등이 있다. 태극귀인은 甲子·甲午·丁卯·丁酉·戊辰·戊戌·己丑·己未·庚寅·辛亥·壬申·癸巳 일주로 격이 좋을 때 입신양명하고, 재산이 풍족하다고 한다. 나체도화는 도화살의 일종으로 甲子·庚午·丁卯·癸酉·癸卯·辛亥 일주를 말하는데 상대를 유혹하는 매력이 있다. 금여는 甲辰·乙巳·庚戌·辛亥 일주에 해당되는데 남녀 공히 좋은 배우자를 만나 일생 안락하고 자손이 번창한다는 길신이다. 甲寅·乙巳·戊申·辛亥 일주의 여자에게 해당한다는 고란과숙살이 있다. 이 살은 남편과 좋은 관계를 이루지 못해 이별할 수 있으니 조혼은 피하는 것이 좋다고 한다.

壬子

壬水는 子에서 12운성 제왕(帝旺)이다. 子의 지장간에는 壬癸癸가 있는데 십신으로는 비견과 겁재이다. 장간의 壬水는 지지 子에서 12운성 제왕이고, 癸水는 태가 된다. 물상은 검은 쥐, 깊고 넓은 바다이다. 꽁꽁 언 추운 겨울이다. 도량이 넓지만 의혹이 많아 남을 쉽게 믿지 않는다. 형충되면 물난리로 화액이 따르니 조심해야 한다. 직업 변동이 많고 금전적으로 풍파를 겪기도 하는 것은 비겁이 강한 탓이다. 천성은 순박하여 사람이 많이 따른다. 여명도 여장부격으로 남을 위해 봉사하니 많은 사람들이 따른다.

신살에는 홍염살(紅艷殺), 구추방해(九醜妨害), 일인(日刃), 장군전(將軍箭) 등이 있다. 홍염살은 甲午·丙寅·丁未·戊辰·庚戌·壬申·壬子 일주에 해당하는데 도화살처럼 이성에게 호감을 사서 배우자 외에 외정(外情)이 발생하기도 한다는 신살이다. 구추방해는 壬子·壬午·戊子·戊午·己卯·己酉·乙卯·乙酉·辛卯·辛酉 일주로 이성간의 잦은 연애사가 발생한다는 신살이다. 일인은 丙午·戊午·壬子 일주처럼 일지에 양인이 있는 경우로 자만심, 안하무인으로 생살대권을 장악하거나 극처극부하는 등 속성속패한다는 신살이다. 장군전은 丙午·丁未·戊午·己未·壬子·癸丑 일주로 죄를 지으면 빠져나갈 수 없고 그 처벌이 크다는 흉살이다.

癸丑

癸水는 丑에서 12운성 양(養)이다. 丑의 지장간에는 癸辛己가 있는데 십신으로는 비견과 편인 그리고 편관이다. 癸水는 지지 丑에서 양이고,

辛金은 관대가 된다. 己土는 丑에서 쇠이다. 물상은 어두운 밤이고 추운 겨울이니 때를 기다려야 한다. 지금은 힘들지만 곧 봄이 오고 아침이 온다. 소와 같은 끈기와 집념을 가지고 있다. 일종의 오기에 가깝다. 배우자궁이 백호로 결혼이 쉽지 않고 자녀 양육도 어렵다. 음양의 조화가 깨져 부모와 형제의 인연이 박하다. 곤명은 사회에서는 인정받지만 가정에서는 그렇지 못하다.

신살은 백호살(白虎殺), 칠살(七殺), 단장관(斷腸關), 음욕살(淫慾殺), 암록(暗祿), 장군전(將軍箭), 철사관(鐵蛇關) 등이 있다. 백호살은 甲辰·乙未·丙戌·丁丑·戊辰·壬戌·癸丑 일주가 해당된다. 백호가 있으면 성정이 과격하고 강해 폭력을 도발하기도 하지만 격투기 등 스포츠에서 발복하기도 한다. 칠살은 甲申·戊寅·壬辰·壬戌·癸丑·癸未와 같이 일지에 칠살이 있는데 충돌, 인쟁, 구설, 관재, 수술, 사고, 이별 등에 해당한다. 단장관은 甲午·乙未·丙辰·丁巳·己卯·庚寅·癸丑 일주로 대장이나 소장 등 장질환을 조심해야 한다. 음욕살은 戊戌·辛卯·丁未·乙卯·己未·癸丑·庚申 일주인데 음흉하고 색정적인 기질이 있다고 하여 유흥가나 재혼 등과 관련이 있는 신살이다. 암록은 건록의 글자와 합하는 글자를 말하는데 丙申·丁未·戊申·己未·壬寅·癸丑 일주가 해당된다. 암록이 있으면 귀인의 조력으로 평생 안락하다고 한다. 장군전은 丙午·丁未·戊午·己未·壬子·癸丑 일주로 죄를 지으면 빠져나갈 수 없고 그 처벌이 크다는 흉살이다. 철사관은 甲辰·丙申·丁未·戊寅·庚戌·癸

丑 일주로 돌림병이나 희귀병에 걸릴 수 있으니 예방을 철저히 해야 한다는 신살이다.

甲寅

甲木은 寅에서 12운성 건록(建祿)이다. 寅 중에는 戊丙甲이 있는데 십신으로는 식신, 비견, 편인이다. 戊土와 丙火는 寅에서 장생이고 甲木은 건록이다. 물상은 대들보가 되는 나무이다. 자립심이 강하고 주관이 확고하고 고집이 세다. 청백하여 부정과 타협하지 않으니 고독하다. 간여지동(干與支同)으로 자존심만 내세우는 경우가 많다. 장남, 장녀 역할을 하므로 부모와 형제를 떠나 자수성가한다. 밖에서는 호인이나 안에서는 냉랭하다. 여명은 자식복은 있으나 남편복은 없다.

신살에는 복성귀인(福星貴人), 남연살(男戀殺), 일덕(日德), 고란과숙(孤鸞寡宿) 등이 있다. 복성귀인은 甲寅·乙丑·丙子·丁酉·戊申·己未·庚午·辛巳·壬辰·癸卯 일을 말하는데 일생동안 복록이 따르고 어려움이 있어도 전화위복이 된다는 신살이다. 남연살은 남명이 甲寅·甲申·丁丑·己丑·戊申·辛未·壬寅·癸未일 경우 배우자 몰래 애인이 있을 수 있다는 신살이다. 일덕은 甲寅·丙辰·戊辰·庚辰·壬戌에 해당하는데 성격이 착하고 복록이 후하다는 신살이다. 甲寅·乙巳·戊申·辛亥 일주의 여자에게 해당한다는 고란과숙살이 있다. 이 살은 남편과 좋은 관계를 이루지 못해 이별할 수 있으니 조혼은 피하는 것이 좋다고 한다. 甲寅은 자수성가한다는 정록(正祿)에 해당한다. 간여지동은 간지의 오행이 같은 경우를 말하는데 부부간에 따로 사는 식으로 나타나고 흉살과 겹치면 이별하기도 한다.

乙卯

乙木은 卯에서 12운성 태(胎)이다. 卯의 장간은 甲乙乙로 모두 木이다. 甲木은 卯에서 12운성 제왕이고, 乙木은 태가 된다. 십신으로는 겁재와 비견이다. 물상은 땅 위로 솟은 새싹이나 초원의 토끼이다. 인정이 많으나 소심하고 독립심이 약하나. 아름다운 세계를 동경하는 순진함이 있다. 외유내강으로 고집이 세다. 그래서 하는 일이 실패할 수도 있다. 밖에서는 호인이지만 집에서는 무정하다. 비겁의 혼재는 돈이 나갈 곳이 많음을 암시한다. 여명은 남자를 이기니 남편 덕(德)이 없다.

신살로는 구추방해(九醜妨害), 음욕살(淫慾殺), 간여지동(干與支同)이 있다. 구추방해는 壬子·壬午·戊子·戊午·己卯·己酉·乙卯·乙酉·辛卯·辛酉 일주로 이성간의 잦은 연애사가 발생한다는 신살이다. 음욕살은 戊戌·辛卯·丁未·乙卯·己未·癸丑·庚申 일주인데 음흉하고 색정적인 기질이 있다고 하여 유흥가나 재혼 등과 관련이 있는 신살이다. 乙卯는 자수성가한다는 정록(正祿)에 해당한다. 간여지동은 간지의 오행이 같은 경우를 말하는데 부부간에 따로 사는 식으로 나타나고 흉살과 겹치면 이별하기도 한다.

丙火는 辰에서 12운성 관대(冠帶)이다. 辰에는 乙癸戊가 있다. 정인, 정관, 식신이다. 乙木은 辰에서 12운성 양이고, 癸水는 관대가 된다. 그리고 戊土는 辰에서 관대이다. 물상은 구름에 가린 태양이다. 丙火의 빛이 辰土에 흡수되니 추진력과 배짱은 좋으나 결실이 약하다. 화날 때는 물불 안 가리니 무섭고, 시비구설이 따르고 관재수가 있을 수 있다. 자신의 단점은 드러내지 않고 교묘하게 처신한다. 곤명은 현모양처에 살림도 잘하는데 관고(官庫)이니 남편이 시들하다.

신살로는 단장관(斷腸關), 일덕(日德), 평두살(平頭殺), 취명관(取命關)이 있다. 단장관은 甲午·乙未·丙辰·丁巳·己卯·庚寅·癸丑 일주로 대장이나 소장 등 장질환을 조심해야 한다. 일덕은 甲寅·丙辰·戊辰·庚辰·壬戌에 해당하는데 성격이 착하고 복록이 후하다는 신살이다. 평두살은 甲子·甲辰·丙寅·丙戌·丙辰·丙寅이 일주나 시지에 있을 때를 말하는데 다툼이 많은 삶을 산다고 한다. 취명관은 어린아이가 혼령에 의해 질병을 얻을 수 있다는 신살이다.

丁火는 巳에서 12운성 절(絕)이다. 巳의 지장간에는 戊庚丙이 있는데 십신으로는 상관과 정재 그리고 겁재이다. 지장간의 모습은 지지에 12운성을 대입하면 알 수 있다. 戊土와 丙火는 지지 巳에서 건록이고, 庚

金은 장생이 된다. 물상은 보름달이다. 솔직하고 담백하며 명랑하다. 큰 욕망과 정의감이 있고, 꼼꼼하여 인정을 받는다. 남의 잘못은 지적하고 넘어가며, 성격이 급하여 거친 언행을 하고 후회한다. 뒤끝은 없다. 남의 밑에 있지 못한다. 곤명은 알뜰하고 재물 욕심이 있다. 혼자 사는 경우도 많다.

신살로는 음인(陰刃), 단장관(斷腸關), 간여지동(干與支同), 곡각살(曲脚殺)이 있다. 음인은 丁巳·己巳·癸亥 일주에 해당하는데 독선적인 성품으로 남의 비방을 받기 쉬우니 주의해야 된다는 신살이다. 단장관은 甲午·乙未·丙辰·丁巳·己卯·庚寅·癸丑 일주로 대장이나 소장 등 장질환을 조심해야 한다. 간여지동은 간지의 오행이 같은 경우를 말하는데 부부간에 각거하는 식으로 나타나고 흉살과 겹치면 이별하기도 한다. 곡각살은 팔자에 乙·己·巳·丑의 글자가 겹치면 글자 모양처럼 사고나 신경통 등으로 수족에 이상이 있다는 신살이다.

戊午

戊土는 午에서 12운성 제왕(帝旺)이다. 午의 장간에는 丙己丁이 있는데 십신으로는 편인과 겁재 그리고 정인이다. 丙火는 지지 午에서 제왕이고, 丁火와 己土는 태가 된다. 물상은 황마(黃馬), 광대한 산야이고, 불붙은 화산(火山)이다. 일지 양인(羊刃)이라 완고하고 어려서부터 모친과 인연이 적다. 매사 꼼꼼하고 외견은 군자이나 내면은 불안정하다. 매사 잘 진행하다가 끝을 보지 못하는 습성이 있다. 곤명은 호탕한 여걸로 언변이 능숙하고 활동력이 왕성하다.

　신살로는 효신살(梟神殺), 음양살(陰陽殺), 구추방해(九醜妨害), 육수(六秀), 일인(日刃) 그리고 장군전(將軍箭)이 있다. 효신살은 甲子·乙亥·丙寅·丁卯·戊午·己巳·庚辰·庚戌·辛未·辛丑·壬申·癸酉 일주를 말하는데 친모와 인연이 없거나 모처가 불화한다는 신살로 집안에 올빼미나 부엉이 그림 등을 두지 않는 것이 좋다고 한다. 또 일지에 편인이 있어 여명에서 자식을 극하니 산액이나 생리불순 등을 겪는다는 신살이다. 음양살은 용모가 아름다워서 많은 이성과 사귄다는 신살로 丙子 일주나 戊午 일주의 남명 그리고 戊午 일주의 여명이 이에 해당한다고 한다. 구추방해는 壬子·壬午·戊子·戊午·己卯·己酉·乙卯·乙酉·辛卯·辛酉 일주로 이성간의 잦은 연애사가 발생한다는 신살이고, 육수는 丙午·丁未·戊子·己丑·戊午·己未 일주를 말하는데 성격이 급하고 재치가 있지만 이기적인 면이 있어 동업은 하지 않는 것이 좋다. 일인은 丙午·戊午·壬子 일주처럼 일지에 양인이 있는 경우로 자만심, 안하무인으로 생살대권을 장악하거나 극처극부하는 등 속성속패한다는 신살이다. 장군전은 丙午·丁未·戊午·己未·壬子·癸丑 일주로 죄를 지으면 빠져나갈 수 없고 그 처벌이 크다는 흉살이다.

己未

己土는 未에서 12운성 양(養)이다. 未의 장간에는 丁乙己가 있다. 丁火는 지지 未에서 12운성 양이 되고, 乙木은 未에서 관대가 되며, 己土는 未에서 양이 된다. 십신으로 편인과 편관과 비견이다. 물상은 황양(黃羊), 건조한 땅으로 감정이 격해지면 폭발하고 나중에 후회한다. 水가 없으면 재물에 대한 갈증이 있으니 水를 보면 좋다. 내심 비밀이 많고 타인을 위한 봉사정신이 강하다. 밖에서는 무골호인이나 집에서는 무뚝뚝하고 심하면 폭군이다. 내 일보다 남의 일에 신경 쓴다. 곤명도 사회활동을 하면 좋다.

신살로는 태극귀인(太極貴人), 복성귀인(福星貴人), 여연살(女戀殺), 육수(六秀), 음욕살(淫慾殺), 암록(暗祿), 장군전(將軍箭)이 있다. 태극귀인은 甲子·甲午·丁卯·丁酉·戊辰·戊戌·己丑·己未·庚寅·辛亥·壬申 일주로 격이 좋을 때 입신양명하고, 재산이 풍족하다고 한다. 복성귀인은 甲寅·乙丑·丙子·丁酉·戊申·己未·庚午·辛巳·壬辰·癸卯 일을 말하는데 일생동안 복록이 따르고 어려움이 있어도 전화위복이 된다는 신살이다. 여연살은 여명이 乙丑·丁丑·丙申·己未·庚寅·辛未·壬寅·壬申 일주일 경우 배우자 몰래 애인이 있을 수 있다는 신살이다. 육수는 丙午·丁未·戊子·己丑·戊午·己未 일주를 말하는데 성격이 급하고 재치가 있지만 이기적인 면이 있어 동업은 하지 않는 것이 좋다. 음욕살은 戊戌·辛卯·丁未·乙卯·己未·癸丑·庚申 일주인데 음흉하고 색정적인 기질이 있다고 하여 유흥가나 재혼 등과 관련이 있는 신살이다. 암록은 건록의 글자와 합하는 글자를 말하는데 丙申·丁未·戊申·己未·壬寅·癸丑 일주가 해당된다. 암록이 있으면 귀인의 조력으로 평생 안락하다고 한다. 장군전은 丙午·丁未·戊午·己未·壬子·癸丑 일주로 죄를 지으면 빠져나갈 수 없고 그 처벌이 크다는 흉살이다.

庚申

庚金은 申에서 12운성 건록(建祿)이다. 申의 지장간에는 戊壬庚이 있는데 편인과 식신 그리고 비견이다. 戊土는 지지 申에서 병이고, 壬水는 장생이다. 庚金은 申에서 건록이 된다. 庚申은 살벌한 느낌이 있다. 독선적이고 자존심이 강하다. 바로 결정하고 틀려도 밀고 나간다. 申金은 현침으로 주사, 바늘, 칼, 침, 가위 등과 관련된 일을 할 수 있다. 몸을 다치지 않도록 조심해야 한다. 언행도 날카롭다. 庚申은 火로 단련되면 좋고, 水로 설기하는 것은 차선이다. 의리가 있고 극과 극을 오가는 기질로 영웅 아니면 건달이다.

신살로는 음욕살(淫慾殺)과 간여지동(干與支同) 그리고 정록(正祿)이 있다. 음욕살은 戊戌·辛卯·丁未·乙卯·己未·癸丑·庚申 일주인데 음흉하고 색정적인 기질이 있다고 하여 유흥가나 재혼 등과 관련이 있는 신살이다. 간여지동은 간지의 오행이 같은 경우를 말하는데 부부간에 각거하는 식으로 나타나고 흉살과 겹치면 이별하기도 한다. 甲寅은 자수성가한다는 정록(正祿)에 해당한다. 정록은 천간의 록에 해당하는 글자가 일지에 있을 때를 말한다.

辛金은 酉에서 12운성 태(胎)이다. 지지 酉 속에는 庚辛辛으로 金뿐이다. 십신으로는 겁재와 비견이다. 庚金은 酉에서 제왕이고, 辛金은 酉에서 태가 된다. 음양은 반대로 움직이기 때문이다. 물상은 흰 닭, 가을의 사찰이다. 금기(金氣)가 강해 소란하고 복잡한 것을 싫어한다. 타협하지 않고 주관이 확고하며 차갑고 고시식하다. 대외석으로는 사교성이 좋지만 집안에서는 무정하다. 증오심이 일어나면 쉽게 풀리지 않는다. 끝까지 기억한다. 乙卯·辛酉·壬子를 3대 고집이라고 한다. 이 중 辛酉가 제일이다. 금전 집착도 강하다.

신살로는 교신성(交神星), 구추방해(九醜妨害), 간여지동(干與支同)이 있다. 교신성은 丙子·丙午·辛卯·辛酉 일주로 자아심이 강해 무슨 일이든 남과 함께 하면 좋지 않다는 신살이다. 구추방해는 壬子·壬午·戊子·戊午·己卯·己酉·乙卯·乙酉·辛卯·辛酉 일주로 이성간의 잦은 연애사가 발생한다는 신살이다. 간여지동은 간지의 오행이 같은 경우를 말하는데 부부간에 각거하는 식으로 나타나고 흉살과 겹치면 이별하기도 한다.

壬水는 戌에서 12운성 관대(冠帶)이다. 戌 중에는 辛丁戊가 있는데 십신으로는 정인과 정재 그리고 편관이다. 辛金은 戌에서 양이고, 丁火는 관대이다. 그리고 戊土는 戌에서 묘가 된다. 물상은 검은 개, 가을 호수로 가족들이 밝은 편이 아니다. 재물도 잘 취득하고 잘 베풀기도 한다. 백호로 강직성과 과격성 그리고 욕심도 있다. 마음에 들면 잘하지만 틀어지면 증오한다. 지혜가 있고 총명하여 지도자격이다. 타인의 간섭이나 구속은 싫어한다. 배우자궁에 백호가 있어 사이가 좋은 편은 아니다. 여성들도 자기주장이 강하고 집안 주도권을 잡으려고 한다.

신살로는 백호살(白虎殺), 낙정관살(落井關殺), 재고귀인(財庫貴人), 퇴신(退神), 일덕(日德), 칠살(七殺), 의처의부살(疑妻疑夫殺) 등이 있다. 백호살은 甲辰·乙未·丙戌·丁丑·戊辰·壬戌·癸丑 일주가 해당된다. 백호가 있으면 성정이 과격하고 강해 폭력을 도발하기도 하지만 격투기 등 스포츠에서 발복을 하기도 한다. 낙정관살은 己巳·庚子·壬戌·癸卯 일주가 해당되는데 수재(水災)를 당한다는 신살이니 물과 관련된 사업은 하지 않는 것이 좋다. 재고귀인은 甲辰·丙戌·丁丑·戊戌·己丑·辛未·壬戌 일주로 부자가 될 가능성이 있다고 한다. 퇴신은 丁丑·丁未·壬辰·壬戌일로 타인에게 두드러져 보이려는 성격으로 속단하여 후에 후회하기도 한다. 칠살은 甲申·戊寅·壬辰·壬戌·癸丑·癸未와 같이 일지에 칠살이 있는데 충돌, 언쟁, 구설, 관재, 수술, 사고, 이별 등에 해당한다. 일덕은 甲寅·丙辰·戊辰·庚辰·壬戌에 해당하는데 성격이 착하고 복록이 후하다는 신살이다. 의처의부살은 甲午·丙戌·戊辰·庚辰·壬戌 일주 남자와 乙巳·丁亥·己亥·辛巳·癸亥 일주 여자에 해당하는데 배우자에게 집착이 심하여 배우자의 이성관계를 의심한다는 신살이다.

癸亥

癸水는 亥에서 12운성 절(絶)이다. 亥 장간 속에는 戊甲壬이 있는데 십신으로는 정관과 상관 그리고 겁재이다. 戊土는 亥에서 12운성 절이고, 甲木은 장생이다. 壬水는 亥에서 건록이다. 물상은 검은 돼지, 망망대해(茫茫大海)이다. 밤이 밤을 만나고 물이 물을 만났다. 거칠 것 없이 흐르니 화액(禍厄)이 따를 수 있으니 조심한다. 머리가 좋고 외유내강이다. 타인을 염려하는 마음이 깊어 이로 인해 피해를 입을 수 있다. 총명하고 생활력이 강한편이다. 교육계로 나가면 좋다.

신살로는 음인(陰刃), 복신(伏神), 의처의부살(疑妻疑夫殺), 간여지동(干與支同) 등이 있다. 음인은 丁巳·己巳·癸亥 일주에 해당하는데 독선적인 성품으로 남의 비방을 받기 쉬우니 주의해야 된다는 신살이다. 복신은 戊寅·癸巳·戊申·癸亥 일주로 매사가 지연, 정체된다고 한다. 의처의부살은 甲午·丙戌·戊辰·庚辰·壬戌 일주 남자와 乙巳·丁亥·己亥·辛巳·癸亥 일주 여자에 해당하는데 배우자에게 집착이 심하여 배우자의 이성 관계를 의심한다는 신살이다.

오운육기(五運六氣)

10

　운에서 오는 천간의 글자는 천간합이 되는 글자도 함께 끌고 들어온다. 甲木운이 오면 己土의 글자도 함께 허상으로 끌고 오고, 己土운이 오면 甲木의 글자도 함께 온다. 공식행사에 부부 중 한 사람만 와도 같이 온 것으로 인정해 주는 것과 같다.

　오운육기로 오는 글자는 실제 운에서 오는 글자처럼 실감나지는 않는다. 그러나 이미 팔자에 있는 글자와 물상결합을 이루면 현실적으로 체감할 수 있다. 천간의 글자도 마음이나 생각에 불과하니 허상이다. 현실에서 지지의 글자를 보아야 간지결합의 의미를 가진다.

　오운(五運)으로 가져오는 己土와 庚金도 지지에 土와 金을 보면 해당 오행을 득하게 된다. 그러나 해당 오운이나 육기의 글자가 이미 사주에 있다면 있는 글자를 사용하지 구태여 오운육기의 허상을 끌고 올 필요가 없다. 즉, 이미 팔자에 있는 전실(塡實)이 되면 해당 글자가 있으니 오운육기를 쓸 이유가 없는 것이다.

오운에 해당하는 글자는 천간의 글자와 마찬가지로 해당 오행의 지지를 보아야만 실제로 득하게 된다. 庚운이 오면 오운으로 乙을 끌고 오지만 지지에 木이 없으면 득을 할 수가 없다. 지지에 木의 글자가 있으면 물상결합이 되어 득하게 된다. 허상이 현실에 영향을 미치는 것이다.

천간운으로 오는 己土와 오운으로 오는 己土와의 차이는, 운에서 실자(實字)로 오는 글자는 생각이나 욕구가 먼저 일어나지만 오운으로 오는 글자는 의지나 희망과는 관계없이 오게 된다. 그래서 실감을 못할 수도 있다.

육기(六氣)란 지지에서 하나의 글자가 오면 충이 되는 다른 글자도 함께 온다는 것이다. 예를 들어 운에서 子가 오면 충이 되는 午도 함께 온다는 이론이다. 寅이 오면 충이 되는 申도 함께 온다.

육기도 허상이므로 현실적인 지지에 같은 오행의 글자를 보아야만 체감할 수 있다. 申운이 寅을 끌고 오면 寅은 팔자에 있는 卯를 보아 木을 획득한다. 육기에 의해 午가 子를 끌고 올 때 이미 팔자에 子가 있으면 천간의 오운과 마찬가지로 전실(塡實)되어 육기의 기운은 필요 없다. 그러나 만일 지지에 亥가 있으면 午운에 子를 끌고 온다. 글자가 다르기 때문이다. 그래서 午운에 들어오는 子도 팔자 내에 이미 亥가 있다면 득하게 된다.

申이 끌고 오는 육기 寅은 허상이지만 지지에 卯木이 있다면 득이 된다. 지지가 아닌 천간에 甲乙木이 있어도 물상결합처럼 되어 득이 되지만 지지에 있을 때보다는 약하다. 천간과 육기가 만나면 허상끼리 만나 실감이 잘 나지 않는다. 오운육기의 글자는 사주상에 같은 오행이 강할수록 체감하는 득은 커진다.

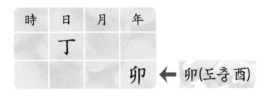

❶ 두 개의 卯가 불러오는 도충의 기운인 酉가 생성된다.

❷ 지지운인 卯가 불러오는 육기(六氣)도 역시 酉이다.

❸ 분명히 재성을 득하게 되는 운이 된다.

▼▼도충(倒沖) ☞ 하나의 기운이 강할 때 충이 되는 반대편 기운을 불러온다

❶ 寅운에 오는 육기 申은 지지 酉를 보아 재물 유입이 있다.

❷ 그러나 천간의 글자가 없어 의지나 의욕이 없기에 들어왔다 나가기 쉽다.

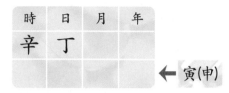

❶ 寅운이 육기 申金을 끌고 온다.

❷ 천간 辛金을 보아 물상결합으로 재성을 득한다.

❸ 지지에 金의 글자가 없다면 상(象)끼리 물상결합이니 들어와도 다시

　나간다.

❶ 壬子년 천간 壬水가 丁火를 오운으로 불러온다.

❷ 丁火는 지지 巳火와 물상결합된다.

❸ 돈을 벌기 시작했다.

❹ 오운육기는 같은 오행의 지지를 만나야 한다. 지상간은 안 된다.

❶ 지지 寅이 申을 육기로 불러온다.

❷ 천간 辛金과 간지결합되어 재성을 불러와 약혼한다.

❸ 육기의 기운과 천간이 상(象)에 불과하여 약혼은 깨진다.

운(運)의 해석

① 대운의 해석

자연의 법칙에서 작은 기운은 무조건 큰 기운을 따를 수밖에 없다. 대운은 계절처럼 큰 환경을 나타낸다. 개인의 팔자가 어떻게 되었든지 겨울에는 두꺼운 옷을 입고 여름에는 얇은 옷을 입어야 한다. 마찬가지로 간지의 글자들은 모두 대운의 변화에 따라 오르락내리락 흔들리며 변화한다.

◉**비겁** 내 생각대로 하고 싶어진다. 타인을 고려하지 않고 주관이 강하며 돈을 잃는다. 라이벌이 생겨 힘든 경쟁이 시작된다. 필요

없는 지출이 있을 수 있다. 내 인생은 나의 것이라는 생각으로 강한 추진력을 발휘한다.

◉**식상** 부지런해진다. 직장을 그만두고 새로운 일을 시작한다. 활동력이 강화된다. 돈 벌 준비를 한다. 여자는 남편과 멀어지고 자식이 발전한다.

◉**재성** 큰 투자를 하거나 돈에 관심이 많다. 돈에 마음을 빼앗겨 도덕성을 훼손한다. 모친과 이별수가 있다. 남편에게 잘한다. 금전적 안정감이 온다. 남자는 이성과 인연이 있다.

◉**관성** 직장과 인연이 있고 여자는 남자를 만난다. 일을 하다 보니 피곤하다. 건강에 조심해야 한다. 특히 편관이 그렇다. 법과 질서를 잘 지킨다. 올바른 언행을 한다.

◉**인성** 활동력이 둔화되며 문서나 자격증, 임대사업과 인연이 있다. 학문, 학위와도 관계가 있다. 마음이 포근하고 안정감이 있다.

② 세운(년운)의 해석

세운은 대운 속에서 움직인다. 대운이 계절이라면 세운은 그 계절 속에서 움직이는 날씨와 같다. 대운이 亥子丑이고 세운이 巳午未라면 겨울철에 좀 따뜻한 날씨와 같다. 반대로 대운이 巳午未로 가고 세운이 亥子丑이라면 여름철에 시원한 날 정도로 보면 된다. 그래서 대운에 큰 대

(大)를 붙인 것이다.

◉ **비겁** 독자 사업을 하고 싶어한다. 처의 말을 잘 듣지 않는다. 돈을 잃을 가능성이 있다. 친구와 동업하나 결과는 좋지 않다. 내 뜻대로 하면 고객이 멀어진다.

◉ **식상** 사업을 시작하는 때이다. 직장이 싫어진다. 사표를 생각한다. 갑자기 돈 생각이 많이 난다. 머리가 새로운 생각과 아이디어로 활발하게 움직인다. 남편의 말을 무시한다. 여자는 직장을 그만두고 자식을 키우는 데 전념한다.

◉ **재성** 돈에 관심이 많으니 수입이 있는 해가 된다. 돈을 벌면 인색해진다. 인간성이 상실되고 차분함이 사라진다. 돈을 쓰며 호기를 부리는 해가 된다.

◉ **관성** 취직이 되고 여자는 결혼할 수 있다. 승진할 수 있고 급여도 증가한다. 일거리가 많아지니 건강에 유의할 해가 된다. 남편의 번성이 있고, 남자는 자식의 번영이 있다.

◉ **인성** 학위나 승진과 연관 있는 해가 된다. 공부가 잘된다. 자격증이나 시험 등에 도전하면 좋다. 활동할 일이 없어지니 건강에 조심한다.

③ 월운의 해석

월운은 대운 속에 있는 세운의 영향을 받는다. 그래서 대운을 먼저 살펴보고 그 다음 세운 그리고 월운을 보는 것이다.

- **비겁** 친구가 생긴다. 돈 쓸 일이 있다. 생각 없이 일을 저지르고 만다. 근거없는 자신감에 넘친다.
- **식상** 활발하게 움직인다. 멀리 갈 일이 생긴다. 두뇌활동이 활발하여 새로운 생각이 많이 떠오른다.
- **재성** 느닷없이 돈에 대한 생각이 많다. 복권 생각이 나서 산다. 남자는 여자와 인연이 있는 달이다.
- **관성** 자유로움이 없어지고 직장에 취직한다. 함부로 행동 못한다. 여자는 남자를 만날 수 있는 달이다.
- **인성** 할 일이 없어진다. 일이 뜻대로 안 되고 지연된다. 책과 함께한다. 자격증에 도전하고 승진 심사에 좋은 때이다.

12

화토동법(火土同法)

천간은 木火土金水 오행 운동을 한다. 그러나 지구는 봄, 여름, 가을, 겨울 사계절 운동을 한다. 그래서 천간은 5행, 지지는 사계절 운동을 하니 짝이 맞지 않는 것이다. 그래서 천간과 지지의 관계를 볼 때는 火=土로 같이 쓰고 있다. 丙火와 戊土, 그리고 丁火와 己土를 함께 본다.

그러나 丙火와 戊土가 같을 수가 없고, 丁火와 己土가 같을 수가 없다. 천간의 甲乙木은 지지의 寅卯와 거의 비슷하다. 천간의 丙丁火는 지지의 巳午와 거의 비슷하다. 천간의 庚辛金은 지지의 申酉와 거의 비슷하고, 천간의 壬癸는 지지의 亥子와 거의 비슷하다. 그러나 천간의 戊己土는 지지의 辰戌丑未土와는 다르다.

천간의 戊己土는 木火와 金水 사이에 위치하여 양의 기운이 흠뻑 들

어 있다. 丙丁火의 강한 양 운동을 억제시키는 역할을 戊土가 한다. 己
土도 양의 기운이 많이 있으나 음 운동의 시작을 己土가 한다. 그래서 己
土 속에는 음의 기운이 들어 있다. 그래도 金水보다는 양의 기운이 많다.

지지의 辰戌丑未는 각 계절의 사이에 위치하여 천간의 土와는 많이
다르다. 이러한 천간과 지지의 土가 차이가 있음에도 불구하고 천간의
土를 지지로 달리 표현할 방법이 없다. 그래서 천간과 지지를 연결하는
12운성이나 여러 신살 등에서는 화토(火土)동법이라 하여 丙丁과 戊己
를 함께 사용하고 있다.

13

격(格)의 청탁(淸濁)

　가까운 글자끼리 오행이 상생하면 청(淸)하다. 식상이 재성을 생하고 재성이 관성을 생하면 청하다. 관성이 인성을 생하고 인성이 비겁을 생하면 청하다. 특히 식상과 재성으로 또는 관성과 인성으로 몰려 있으면 더욱 좋다.

　있어야 할 자리에 있어야 할 글자가 있으면 청하다. 어렸을 때 재성은 성장에 좋은 환경을 말한다. 청년기에 인성은 배워야 할 때 학문에 집중함을 의미한다. 장년기 때 관성은 좋은 직장을 의미한다. 노년기 때 재성은 나이 들어 풍족함을 말하니 좋다.

　좋은 글자가 있어도 극을 받으면 탁하다. 재성이 비겁의 극을 받거나 관성이 상관의 극을 받으면 좋지 않다. 좋은 글자라도 특정한 오행이 지나치게 많으면 좋지 않다. 좋은 글자들이 공망이 되면 제대로 사용하지 못하니 나쁘다. 좋은 글자들이 합이 되어 제 역할을 못해도 좋지 않다. 일반적으로 정편(正偏)이 섞여 있으면 좋지 않다.

관인(官印)이 있으나 떨어져 있거나 극을 받으면 탁하다. 식재(食財)가 있으나 서로 이어지지 못하고 장애가 있으면 탁하다.

아생식(我生食) ☞ 내가 일을 한다

식생재(食生財) ☞ 일하여 돈을 번다

재생관(財生官) ☞ 돈이 많으면 관직을 얻고 싶다

관생인(官生印) ☞ 직장에 가니 승진하고 싶다

인생아(印生我) ☞ 명예는 나를 뿌듯하게 해준다

허자(虛字)

사주팔자는 눈에 보이는 여덟 글자와 대운, 세운 등으로 해석을 한다. 그러나 보이지 않는 글자의 기운이 작용할 경우도 있는데 이러한 글자를 허자(虛字)라고 한다.

① 공협(拱挾)

자연 현상은 반드시 단계를 거친다. 봄에서 여름을 거치지 않고 가을로 갈 수는 없다. 지지의 흐름은 천간과 달리 매우 규칙적이기 때문에 연속된 지지의 글자 중 가운데 글자가 빠지면 빠진 글자가 허상으로 존재한다고 본다. 즉, 사주의 지지에 子寅의 글자가 있다면 가운데 丑이 있다고 보는 것이다. 이를 공협(拱挾)이라고 한다.

　공협은 체(體)의 영역에서만 존재한다. 팔자 원국이나 대운에서만 존재하고 세운에서는 생성되지 않는다.

❶ 子와 寅 사이에 丑의 글자가 허자로 존재한다.

❶ 酉와 亥 사이에 戌의 글자가 공협으로 존재한다.

❶ 일지와 시지 巳未 사이에 午가 공협으로 존재한다.

❷ 허자는 잡히지 않는 허상이기 때문에 운의 글자에서 보호를 받는다.

❸ 일간 辛金의 입장에서는 午가 천을귀인이니 좋은 허자가 된다.

② 도충(倒沖)

대자연은 음기(陰氣)가 극에 달하면 양기(陽氣)가 생성되고, 양기가 극에 달하면 음기가 생성되는데 이를 도충이라 한다. 즉 무더움이 절정에 이르는 한여름에 소나기가 오거나, 추위가 극에 이르면 일시적으로 따뜻해지는 현상이다. 그래서 지지에 午가 2~3개 이상 뭉쳐 있으면 허자로 子가 생성되고, 삼합 등으로 강한 오행이 생성되면 반대편 오행이 허자로 존재하게 된다. 공기의 저항이나 작용 반작용 법칙 등을 생각하면 된다. 실생활에서 하나의 의견이 지나치게 강하면 반대 의견이 나오는 것도 마찬가지이다. 이미 사주 상에 도충의 글자가 있을 때는 도충기는 존재하지 않는다.

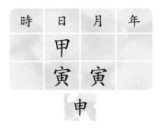

❶ 두 개의 寅이 병립하여 반대의 기운 申金을 도충해 온다.

❷ 위치는 월지와 일지 사이이다.

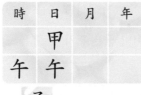

❶ 午화 글자 두 개가 병립하면 두 개의 午火가 子水를 불러온다.

❷ 위치는 일지와 시지의 사이가 된다.

❶ 午午 두 개가 子를 불러오지 못한다.

❷ 子水가 전실(塡實)되었기 때문이다.

❸ 전실이란 이미 사주 상에 허자의 글자가 있다는 뜻이다.

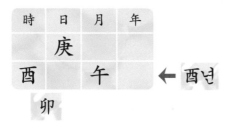

❶ 세운에서 酉金이 오면 卯木이 생성된다.

❷ 酉 겁재가 오면서 재성에 관한 움직임이 나타나는 것이다.

❸ 도충의 기운은 용의 영역인 세운에서도 형성된다.

❶ 戊寅년 지지 寅午戌 삼합이 된다.

❷ 寅午戌 삼합은 도충으로 水를 불러온다.

❸ 하나의 기운이 강하면 반대편 오행을 불러온다.

❶ 亥卯 반합이 세운에서 未土를 보아 삼합이 된다.

❷ 삼합 목국(木局)이 되면 도충기 金이 유입된다.

❸ 도충기인 金은 천간 辛金을 보아 물상결합으로 재를 득한다.

③ 합에 의한 허자

삼합과 방합에서 세 글자 중 한 글자가 없을 때 나머지 한 글자가 허자
로 생긴다. 즉, 세 글자 중 두 글자만 있을 때 허자 하나가 생성된다.

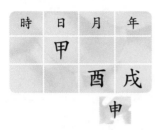

❶ 방합 申酉戌에서 申이 없어 허자로 申을 불러온다.

❷ 허자 申은 년지와 월지 사이에 위치한다.

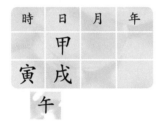

❶ 寅午戌 삼합에서 午가 없으니 午를 불러온다.

❷ 허자 午는 일지와 시지 사이에 위치한다.

❶ 寅卯辰 방합에서 辰이 없어 월지와 일지 사이에 허자 辰이 있다.

15

체(體)와 용(用)

체와 용은 명리에서 중요한 뼈대 역할을 한다. 사주팔자 원국과 대운, 그리고 세운이나 월운간의 관계를 말해 주기 때문이다.

다음의 몇 가지 예로 체용(體用)을 이해하여 보자.

◉ 건물이 체라면 건물의 용도는 용이다.

◉ 거위가 체라면 황금알은 용이다.

◉ 도로가 체라면 자동차는 용이고, 자동차가 체라면 운전자는 용이다.

◉ 나무의 뿌리와 줄기가 체라면 꽃과 잎은 용이다.

◉ 건강이 체라면 활동은 용이다.

◉ 이론이 체라면 적용은 용이다.

◉ 컴퓨터 하드웨어가 체라면 소프트웨어는 용이다.

◉ 사주팔자 원국을 체라고 하면 대운은 용이 된다.

◉ 팔자와 대운이 체라면 세운과 월운은 용이 된다.

◉ 사주에서 체는 격국이고 용은 억부이다. 격국으로 그릇의 크기를 판별하고 억부로 그릇의 용도를 알 수 있다.

　　체가 우선이고 용은 그 다음이다. 그러나 일반적으로 체는 소홀히 하고 용을 중요시 한다. 건물의 골격에는 관심이 없고 인테리어나 외장에 관심을 갖는다. 건강을 해지면서 일과 공부에 치중한다. 이본도 모르면서 사주풀이를 하려고 한다. 체용의 순서가 바뀌는 예이다. 체가 무너지면 용은 쓸모가 없다. 주객이 전도된 경우가 많다.

　　체와 용을 정확히 구분하지 않으면 모든 학습이 헛수고가 되기 쉽다. 체용을 구분하지 못해 대운과 세운을 같이 보기도 하고, 또 체의 영역인 격국용신과 용의 영역인 억부용신도 혼동하게 된다. 명리학 공부의 근본 뿌리가 흔들리는 것이다.

　　체(體)의 영역은 시간이 지나면 줄어들고 용(用)의 영역은 시간과 관계없이 늘었다 줄었다 한다. 체의 영역인 건물은 시간이 지나면 낡아지지만 용의 영역인 건물의 활용은 좋아지기도 하고 나빠지기도 한다. 재성의 체인 처(妻)는 시간이 흐르면 늙어가나 재성의 용인 재물은 많아지기도 하고 적어지기도 한다.

사주풀이를 할 때 원국을 제외하고 대운을 체로 세운을 용으로 본다든지, 원국 없이 세운을 체로 월운을 용으로 보면 안 된다. 사주팔자 원국 8개의 글자가 근본적인 체가 된다.

巳午와 亥子는 체와 용이 바뀐다

60간지는 체의 영역으로 甲子 乙丑 丙寅 丁卯……로 진행되는데 양에서 시작하고 음에서 마무리한다는 우주의 운동법칙에 따라 천간이 양이면 지지도 양이고, 천간이 음이면 지지도 음이 된다. 그래서 甲子의 甲木과 子水는 모두 양이고, 乙丑의 乙木과 丑土는 모두 음이 된다. 이와 마찬가지로 丙寅은 천간 지지가 모두 양이고 丁卯는 천간 지지가 모두 음이 된다.

그러나 용의 영역에서는 천간은 오행 운동을 하고, 지지는 사계절 운동을 하기 때문에 음양이 바뀌는 경우가 생기는데, 앞에서 설명했던 亥子와 巳午가 그렇다. 각 계절의 시작은 양이 하므로 寅申巳亥는 모두 양이다. 계절의 마무리는 음이 하므로 子午卯酉는 모두 음이다. 辰戌丑未는 환절기이다. 그래서 여름의 시작은 巳가 하고 마무리는 午가 하니 巳는 양, 午는 음이 된다. 또 겨울의 시작은 亥가 하고 마무리는 子가 하기 때문에 亥가 양, 子가 음이 된다. 봄과 가을도 마찬가지이다. 봄에서는 寅이 양, 卯가 음이 되고 가을에서는 申이 양, 酉가 음이다.

이러한 계절의 지지 음양을 60간지와 비교해 보면 水와 火의 지지가 체용에 따라 음양이 달라진다는 것을 알 수 있다.

예를 들어 60간지 乙巳 丁巳 己巳 辛巳 癸巳를 보면 천간이 모두 음이 므로 지지도 음에 속해야 하는데 실제로는 여름의 시작이기 때문에 巳 火는 양이 된다. 甲午 丙午 戊午 庚午 壬午는 천간이 양이므로 지지 午 도 양이어야 하는데 실제로는 여름을 마무리하므로 午火는 음이 된다. 乙亥 丁亥 己亥 辛亥 癸亥는 천간이 음이므로 지지도 체의 영역에서는 음이 된다. 그러나 실제로 사용되는 용의 영역에서는 亥가 겨울의 시작 이므로 양이 된다. 甲子 丙子 戊子 庚子 壬子도 마찬가지이다. 천간이 모두 양이므로 지지 子도 양이 되는데 실제 사용은 겨울을 마무리하므 로 子水는 음이 된다. 이렇게 水火는 체용의 음양이 바뀐다.

그러나 木과 金의 지지는 그렇지 않다. 甲寅 丙寅 戊寅 庚寅 壬寅은 천간 지지가 모두 양이고 乙卯 丁卯 己卯 辛卯 癸卯는 천간과 지지가 모 두 음이다. 甲申 丙申 戊申 庚申 壬申은 천간 지지가 모두 양이고, 乙酉 丁酉 己酉 辛酉 癸酉는 천간 지지가 모두 음이다. 그래서 水와 火의 음 양은 체용에 따라 다르니 주의한다.

① 십신(十神)의 체용

십신은 천간끼리의 작용이다. 천간과 지지와의 십신은 정확히 말하면 천간과 지장간 말기와의 십신 관계를 말한다. 지장간 말기의 글자가 지지의 음양오행을 결정하기 때문이다.

그렇다면 천간끼리의 십신 관계와 천간과 지장간의 십신 관계는 어떻게 다른가?

천간은 마음을 나타내고 지지는 현실을 나타낸다. 그래서 정신적, 심리적인 내용은 천간의 십신으로 살피고, 현실적인 내용은 지장간의 십신을 보면 된다. 결국 천간과 지지와의 차이인 것이다.

일반적인 십신을 체라고 하면 각 천간 글자의 십신은 용이 된다. 즉 비견이 체라면 甲甲 乙乙 丙丙 丁丁……의 차이는 용이 된다. 같은 비견일지라도 글자에 따라 용이 달라지는 것이다. 甲甲 丙丙 辛辛……은 체의 영역에서는 모두 비견이지만, 용의 영역에서는 천간의 글자에 따라 의미가 달라지는 것이다. 같은 건물이라도 용도가 다른 것이다.

또 십신의 체용에는 사람에 대입하는 체의 영역과 추상적인 일에 해당하는 용의 영역이 있다. 비겁에서 체의 영역은 친구, 동료, 형제 등이고, 용의 영역은 나의 주장, 고집, 자신감 등이다.

식상은 내 힘을 빼는 것이다. 재성처럼 의도적으로 힘을 소모시키는 것이 아니고 저절로 자연스럽게 힘이 빠지게 하는 것이다. 여성 사주에서 자식은 식상의 체에 속하고, 먹고 살기 위해 하는 일, 취미생활이나 육체적 운동은 식상의 용에 속한다.

재성은 내가 의도적으로 힘을 빼며 노력하는 것이기에 육체적, 정신적 에너지의 소모가 심하다. 처(妻)는 재성의 체가 되고, 돈을 버는 일은 재성의 용이 된다.

관성은 외부의 힘이 나를 통제하는 것이다. 체의 영역에서는 남자에게는 자식, 여자에게는 남편이 되고 용의 영역에서는 직장이나 지켜야 할 법, 관습 등이 된다.

인성은 나에게 힘을 주는 것이다. 체의 영역에서는 모친이고 용의 영역에서는 학문, 문서, 자격증, 학위, 인격, 품위, 명예 등이다.

② 방합과 삼합의 체용

가족의 합인 방합은 체이고 사회적인 합인 삼합은 용이다. 가족이나 국가, 민족 등은 체의 영역이고, 직업이나 사회활동 등은 용의 영역이다. 그래서 부모, 형제, 부부 등 육친은 체의 영역이므로 방합의 글자 중심으로 관찰하고, 사회활동이나 직업 등은 용의 영역이므로 삼합의 글자 중심으로 살핀다. 이것은 결국 지장간과 이어지는데 지장간 초기와 말기가 체의 영역이고 지장간 중기가 용의 영역을 나타낸다. 지장간 중기는 사회적인 합인 삼합과 관련이 있다.

● 寅申巳亥 생지의 체용

寅은 체의 영역에선 木의 일을 시작하고, 용의 영역에선 火의 생지 일을 한다.

申은 체의 영역에선 金의 일을 시작하고, 용의 영역에선 水의 생지 일을 한다.

巳는 체의 영역에선 火의 일을 시작하고, 용의 영역에선 金의 생지
일을 한다.

亥는 체의 영역에선 水의 일을 시작하고, 용의 영역에선 木의 생지
일을 한다.

◉ 子午卯酉 왕지의 체용

子는 체의 영역에선 水의 일, 용의 영역에선 水의 왕지 일을 한다.

午는 체의 영역에선 火의 일, 용의 영역에선 火의 왕지 일을 한다.

卯는 체의 영역에선 木의 일, 용의 영역에선 木의 왕지 일을 한다.

酉는 체의 영역에선 金의 일, 용의 영역에선 金의 왕지 일을 한다.

◉ 辰戌丑未 묘지의 체용

辰은 체의 영역에선 木의 고지이고, 용의 영역에선 水의 묘지이다.

戌은 체의 영역에선 金의 고지이고, 용의 영역에선 火의 묘지이다.

丑은 체의 영역에선 水의 고지이고, 용의 영역에선 金의 묘지이다.

未는 체의 영역에선 火의 고지이고, 용의 영역에선 木의 묘지이다.

16 이(理)와 기(氣)

> 이(理) ☞ 오행의 강약, 통근 여부
>
> 기(氣) ☞ 왕상휴수사, 12운성

체용(體用)과 마찬가지로 이기(理氣)를 구분하지 못하면 명리 공부가 뒤죽박죽이 된다. 보통 드러나는 이(理)와 함께 드러나지 않는 추상적인 기(氣)도 중요한 역할을 한다.

사주에서 통근과 투출에 의해 결정되는 오행의 강약은 이(理)에 속하고, 천간 지지를 계절과의 관계로 판단하는 왕상휴수사와 12운성은 기(氣)에 속한다.

즉, 이(理)는 강약으로 판단하고 기(氣)는 왕쇠로 판단한다. 그래서 사주를 판단할 때는 이기(理氣)를 종합적으로 적용하여 판단해야 작은 고추[理]가 맵다[氣]의 차이를 구별할 수 있다. 이적(理的) 판단을 통해 고추의 크고 작음을 구별하고, 기적(氣的) 판단으로 매운맛과 싱거운 맛을 구별한다. 이적(理的) 판단으로 체격을 파악하고 기적(氣的) 판단으로 체력을 파악하는 것이다.

먼저 예를 통해 이기(理氣)의 차이를 알아보자.

◉ 보기 좋은 떡은 이(理)이고 맛은 기(氣)이다.

◉ 외모는 이(理)이고 마음씨는 기(氣)이다.

◉ 상품의 품질은 이(理)이고 브랜드는 기(氣)이다.

◉ 물질은 이(理)이고 정신은 기(氣)이다.

◉ 주사나 약은 이(理)이고 혈자리나 침은 기(氣)이다.

◉ 교회나 절은 이(理)이고 신앙심은 기(氣)이다.

◉ 객관적인 것이 이(理)라면 주관적인 것은 기(氣)이다.

17

왜 일간이 기준이 되는가?

년주는 나의 어린 시절로 주로 가문이나 부모의 영향력이 크게 작용한다. 월주는 부모나 함께 자란 형제나 남매 그리고 친구의 영향력이 강한 때이다. 일주는 내가 사회나 가정에서 주도권을 행사하는 시기이고, 시주는 자식들이나 후배들이 주도권을 잡는 때이다.

그래서 어린 시절은 년간을 기준으로 보고, 청소년과 대학생 시절은 월간을 기준으로 본다. 중장년 시절은 일간을 중심으로 보고, 노년 시절은 시간 중심으로 본다.

현재 대학생이 현재 상황을 보려면 월간 중심으로 보고, 중년 시절을 알고 싶으면 일간을 중심으로 보면 된다.

12신살이나 공망을 찾을 때 년주(년지) 또는 일주(일지)를 기준으로 한다. 년주(년지)를 기준으로 적용하면 조상이나 부모의 입장에서 보는 것이고, 일주(일지) 기준은 나를 기준으로 보는 것이다. 부모 입장에서 생각하는 것과 내 입장에서 생각하는 것은 다를 수 있다.

그래서 부모나 윗사람 입장에서 사주를 보려면 년주(년지) 등 기준으로 하고, 사주 주인공의 입장에서 보려면 일주(일지)를 기준으로 하면 된다. 부모나 나의 입장이 다를 수 있으니 기준이 달라지는 것이다.

공망도 마찬가지이다. 년주를 기준으로 보면 부모 입장에서 보는 것이고, 일주를 기준으로 보면 나를 기준으로 보는 것이다. 12신살을 볼 때도 년지 또는 일지 기준으로 보게 된다. 마찬가지 이유 때문이다.

과거에 부모나 조상의 신분이 나의 삶에 강력한 영향을 미칠 때에는 년주를 기준으로 하였다. 부모나 어른들의 생각이 나의 삶의 방향을 결정해 버리는 시대였다. 또 과거에는 현대처럼 달력이나 시계가 발달하지 못하여 정확한 생년월일을 뽑을 수 없어서 누구나 아는 띠(년지) 중심으로 명리학이 적용되었을 것이다. 그래서 년주를 기준으로 하는 경우가 많았다.

현대 사회에서는 집안 어른들이나 부모의 의견이 나의 삶에 크게 영향을 미치지 못한다. 그래서 점차 내가 주인이 되는 일주를 기준으로 사주팔자를 보게 되었다. 일주(일지)는 내가 사회에서 활약하는 인생의 전성기이기도 하다.

18

야자시(夜子時)에 대하여

자정이 되면 양 운동이 시작되고 정오가 되면 음 운동이 시작된다. 동지가 지나면 양 운동이 시작되고, 하지가 지나면 음 운동이 시작된다. 대자연은 음양이 극에 이르면 반대의 음양 운동을 시작함으로써 순환 운동이 이루어진다.

하늘은 오행 운동을 하므로 10천간이 되었고, 지구는 사계절 운동을 하므로 12지지가 되었다. 그래서 12지지를 사용하여 일년은 12달이고 하루는 두 시간을 하나의 지지에 배당하여 12개의 시(時)가 있다.

子시는 밤 11시부터 1시까지, 丑시는 밤 1시부터 3시까지, 寅시는 3시부터 5시까지, 卯시는 5시부터 7시까지, 辰시는 7시부터 9시까지, 巳시는 9시부터 11시까지, 午시는 낮 11시부터 1시까지, 未시는 오후 1시부터 3시까지, 申시는 오후 3시부터 5시까지, 酉시는 오후 5시부터 7시까지, 戌시는 7시부터 9시까지, 亥시는 밤 9시부터 11시까지로 된다.

여기에서 밤 11시부터 자정을 넘겨 1시까지 하루가 바뀌는 子시가 문제가 된다.

子시는 밤 11시부터 다음 날 1시까지가 된다. 그래서 밤 11시부터 자정까지와 자정부터 1시까지가 똑같은 子시로 취급한다. 그러나 사실은 자정을 기점으로 양 운동이 시작되므로 자정을 넘기면 날짜가 바뀌게 된다. 12월 31일 밤 11시 50분은 子시가 된다. 그리고 자정을 넘겨 다음 날인 1월 1일 12시 10분도 子시가 된다. 그리고 1월 1일 밤(오후) 11시 50분도 子시이다.

다시 말하자면 1월 1일에 자시가 두 군데 있는 것이다. 1월 1일 오전 12시부터 1시까지도 子시이고, 1월 1일 밤(오후) 11시부터 12시까지도 子시이다. 그러나 이 두 개의 子시는 같을 수가 없다. 하루가 시작되는 子시와 하루를 마치는 子시이기 때문이다. 그래서 조자시(朝子時)와 야자시(夜子時)로 구분한다.

조자시는 하루가 시작되는 자정부터 1시까지이다. 야자시는 하루가 끝나고 마무리하는 밤 11시부터 12시까지이다. 이 두 개의 子시는 날짜는 같지만 분명히 차이가 있으므로 최근의 만세력에서는 구분하여 사용하고 있다.

19

천간 지지는 연속적인 흐름이다

천간 ☞ 甲乙丙丁戊己庚辛壬癸甲乙丙丁…

지지 ☞ 子丑寅卯辰巳午未申酉戌亥子丑寅卯…

우주와 대자연은 잠시도 멈추지 않고 순환 운동을 한다. 이 운동을 크게 나누어 음양오행 운동으로 설명할 수 있고 다시 구체적으로 나누면 10천간 12지지로 설명할 수 있다. 천간과 지지 글자로 구간을 나눈 것은 설명을 위하여 문자화한 것일 뿐이다. 甲에서 乙로 넘어가는 글자의 변화와 관계없이 우주는 쉬지 않고 운동하고 있는 것이다.

예를 들어 성적을 표시할 때 수우미양가로 나눈다. 수(90점 이상), 우(81점부터 89점까지), 미(71점부터 79점까지)…… 이런 식으로 나눈다고 했을 때 소수점 이하 반올림은 문제 삼지 않는다 하더라도 89점과 90점은 1점 차이임에도 불구하고 수와 우로 나뉘게 된다. 그러나 81점과 89점은 8점의 차이가 있음에도 같은 우에 속한다.

이처럼 쉬지 않고 운동하는 자연현상을 구간으로 나누어 문자화하면 모순이 존재한다. 각 구간을 좀 더 많은 수로 세분하면 문제점을 줄일 수 있지만 그래도 정확한 것은 아니다. 움직이고 있는 것들을 있는 그대로 글자로 표현하는 것은 힘들다. 그래서 같은 글자일지라도 어디쯤에 속하는 글자인지 고려하여 통변하는 습관을 들여야겠다.

사주에서 卯시는 새벽 5시부터 7시까지로 본다. 辰시는 아침 7시부터 9시까지이다. 새벽 5시 5분과 아침 6시 55분은 큰 차이가 있음에도 같은 卯시로 취급하고, 6시 55분과 7시 5분은 10분간의 차이임에도 시(時)가 바뀌게 된다. 6시 55분 출생은 卯의 기운은 거의 끝나가고 辰의 기운이 성장하고 있을 때이다. 卯와 辰의 글자가 변하면 많은 변화가 있을 수도 있고 그렇지 않을 수도 있는 것이다. 우주나 자연은 멈추지 않고 운동하므로 명리학습에서 글자를 볼 때 이러한 것들을 항상 고려해야 하겠다.

20

궁합(宮合)

궁합도 천간과 지지를 모두 고려해야 한다. 마음과 현실이 다를 수 있기 때문이다.

일단 마음이 통해야 하니 천간을 우선으로 본다.

◉ 일간이 합이나 상생이라면 마음으로는 서로 통하는 관계라고 볼 수 있을 것이다.

◉ 일간이 극 관계라면 마음에서 우러난 관계가 아니라고 보면 된다.

지지도 마찬가지이다.

◉ 일지나 월지가 형충파해로 되어 있으면 현실에서 부딪치는 일이 많을 것이며, 반대로 지지가 합이나 상생 관계라면 마음이야 어떻든 사

이좋은 모습으로 살아가게 될 것이다.

◉ 천간과 지지가 모두 서로 극한다면 피곤한 부부생활이 되고 오래 가지도 못할 것이다.

궁합을 볼 때는 천간의 글자 특히 현재나 미래를 나타내는 일간과 시간의 글자를 중점적으로 관찰한다.

천간이 상생이나 합이면 좋으나 상극의 관계라면 피한다. 천간이 같은 글자라면 그냥 친구처럼 평행 관계로 살아갈 것이다. 예를 들면 다음과 같다.

◉ 甲甲은 뻣뻣하게 경쟁하듯이 살아갈 것이다.

◉ 乙乙은 담쟁이 얽히듯이 살아갈 것이다.

◉ 丙丙은 서로 화끈할 것 같다.

◉ 丁丁은 은근히 서로를 생각할 수 있다.

◉ 戊戊는 서로 버티는 맛이 있다.

◉ 己己는 친하면서 약간 경쟁 관계이다.

◉ 庚庚은 생각은 있으나 고집들이 강하다.

◉ 辛辛도 잘 화합이 되지 않는다.

◉ 壬壬은 무관심하게 심리전을 편다.

◉ 癸癸는 대화는 많지만 일관성이 약하다.

지지는 현실이니 서로의 사주에서 일지나 월지 그리고 시지가 합이나 생하는 관계가 되면 좋고, 형충이 되면 피하는 것이 좋겠다. 주의할 것은 근묘화실에 의해 같은 시기의 글자끼리 살펴보는 것이다. 월지와 월지, 일지와 일지, 시지와 시지를 보는 것이다. 특히 월지가 중요하겠다.

궁합은 보통 띠(=년지)로 많이 보는데 이는 우선 편하기 때문일 것이다. 《만세력》이 없어도 띠는 누구나 알고 있기 때문에 널리 사용하지만 사주팔자에서 년지 하나의 글자가 차지하는 비중으로 볼 때 확률이 그렇게 높다고 할 수는 없다. 또 년지를 사용하는 이유는 근묘화실에 의해 년지가 조상이나 가문을 나타내기에 집안의 관계를 중요시했던 전통사회에서는 중요시 여겼다. 띠(=년지)는 성격을 결정하는 어린 시절의 집안 전통이나 분위기를 나타내는 글자이므로 무시할 수는 없다.

다음으로 만세력이 없더라도 생월(=월지)을 알 수 있으므로 상호 글자의 형충회합파해의 관계를 살필 수 있다. 월지의 중요성을 볼 때 일간이 서로 극되고 월지까지 좋은 관계가 아니라면 피하는 것이 좋다.

21

사주와 건강

사주에 없는 오행은 일단 해당 신체부분에 문제가 생기기 쉽다. 또 지나치게 강해도 문제가 생긴다. 그래서 특정 오행이 너무 강하거나 너무 약할 때는 이미 기본적으로 해당 오행의 신체에 이상이 있을 수 있고, 운에서 특정 오행이 지나치거나 부족해지면 해당 운에 이상이 있을 수 있다.

	木	火	土	金	水
장기(臟器)	간 · 담	심장 · 소장	비위	폐 · 대장	신장 · 방광
오기(五氣)	풍(風)	열(熱)	습(濕)	조(燥)	한(寒)

건강의 신호는 木火土金水의 순서로 나타난다.

일반적으로 木을 나타내는 간이나 담에서 일차적으로 신호를 보내고, 다음으로 火의 심장·소장, 다음에는 土의 위장·비장, 그리고 金의 폐·대장에서 水의 신장·방광으로 간다. 피로 등으로 오는 첫 단계 木의 간은 주의하면 회복이 쉽지만 마지막 단계인 水의 신장은 소생이 힘들다.

◉ 木이 강하거나 약하면 土나 金에 영향이 있다.

◉ 火가 강하거나 약하면 金이나 水에 영향을 미친다.

◉ 土에 문제가 있으면 水나 木에 영향을 순다.

◉ 金이 강하거나 약하면 木이나 火에 문제가 생길 수 있다.

◉ 水에 문제가 있으면 火나 土에 영향을 주게 되니 오행을 골고루 갖추는 것이 좋다.

육친도 마찬가지이다.

◉ 비겁이 강하면 재성이 극을 받으니 몸을 지탱하는 척추나 관절에 무리가 따른다.

◉ 식상이 강하면 팔다리가 길고 성장은 빠르지만 야무진 맛이 없어진다.

◉ 재성이 강하면 피곤하고 차분하지 못하다.

◉ 관성이 강하면 스트레스 등으로 신경질적이 될 수 있다.

◉ 인성이 강하면 활동력 둔화로 비만해질 수 있다.

비겁은 원기를 주고, 식상은 활력을 주어 성장을 촉진하며, 재성은 활동이 많아 몸에 부담을 준다. 관성은 규칙적인 생활로 튼튼하지만 스트레스가 많아지고, 인성은 움직이기 싫어하니 운동 부족이 올 수 있다.

- 천간은 정신적인 문제와 관련 있고, 지지는 육체적인 문제와 연결된다. 지장간은 몸 속, 즉 내장에 관한 것을 살핀다.
- 년주는 머리 쪽과 연관 있고, 월주는 가슴 쪽, 일주는 몸의 중심인 복부 그리고 시주는 팔다리를 보게 된다.

사주의 형충파해회합은 건강에 좋지 않은 영향을 미칠 수 있다. 온전한 글자들이 어떤 이유로든 변질되면 장기의 정상적인 역할을 방해한다. 그래서 사주의 구성에 따라 가벼운 질병이 주기적으로 나타날 수 있다.

- 충이 급작스런 악화라면, 합은 만성적인 질병과 연관이 있다.
- 형은 수술 등과 관계가 있다.

운에서 오는 오행 또는 육친도 영향을 미칠 수 있으니 앞에서 정리한 기본적인 내용을 운에도 적용하면 된다.

- 대운에서 오는 병은 만성일 수 있고, 세운에서 오는 병은 급성일 수 있다.
- 월운이나 일운에서 오는 가벼운 질병들도 있다.
- 비겁운에서는 내 자신 속의 면역력이 강해져 건강이 좋아질 수 있다. 그러나 재성이 극을 당하니 일이 꼬여 심리적인 문제의 원인이 될 수

있다. 겁재운에는 지나친 자신감으로 무리하지 않도록 한다.

◎ 식상운에는 관성을 막아주므로 대체로 활력도 있고 건강하다. 상관운에는 지나친 체력 소모가 예상되니 지나친 운동이나 음주 등을 삼간다. 교통사고 등도 조심한다.

◎ 재성운에는 일간이 약하다면 문제가 생긴다. 명예나 도덕성에 손상을 입어 심리적 스트레스가 있을 수 있다. 돈 욕심으로 무리하여 관절, 신경통 등이 올 수 있다.

◎ 관성운에는 정신, 신체건강에 문제가 있을 수 있다. 대체로 심신이 위축되고 성장에 시장이 있을 수 있다. 편관은 순간적인 신경장애, 고혈압, 뇌졸증 등 피와 연관된 계통에 주의하고, 정관은 무난하나 너무 융통성이 없는 데서 오는 피로나 신경질환에 주의한다.

◎ 인성운에는 에너지 소모는 없으나 활동하지 않으니 순환기에 문제가 있을 수 있다. 중풍, 소화장애, 수족, 생식기 등에 주의한다.

사주 상에 나타난 오행이나 십신 등으로 건강을 판단하는 것은 타고난 체질과 운의 작용과의 관계를 볼 뿐이다. 의학이 발달하지 않은 과거에는 사주팔자에 많이 의존했고 한의학에서도 개인의 체질을 중요시 여겨 처방을 내리므로 음양오행을 참고하는 것 같다. 그러나 의약이 놀랄 정도로 발달한 현대에는 사주에 의존하는 것보다 전문병원이나 약국을 찾는 것이 좋겠다.

22

형충회합 종합정리

사주팔자는 태어날 때 주어지는 우주 기운으로서 삶의 시간표와 같은 것이다. 시간표를 지키면 질서가 유지되지만 지켜지지 않을 때는 혼란이 일어난다.

팔자가 운에 의해서 동하더라도 운에 순응하면 큰 탈 없이 지나간다. 그러나 운을 거역하면 삶에 파란이 일어난다. 사주팔자는 형충뿐만 아니라 합이나 파해 또는 여러 가지 신살에 의해서도 동하게 된다.

① 천간합(天干合)

천간합이 일어나는 순서는 **첫째** 드러난 천간끼리의 합[明合], **둘째** 드러난 천간과 개고된 지장간의 합[明暗合]이다. **셋째** 개고된 지장간끼리 합[暗合], **넷째** 일간과 다른 천간과의 합 순서로 일어난다. 일간과 합은 최후에 이루어진다.

❶ 천간에 드러난 합이 가장 먼저 일어난다.

❷ 합이 되면 합된 글자는 온전한 역할을 못한다.

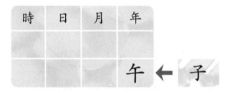

❶ 팔자원국과 대운에서는 대운이 왕이다.

❷ 팔자원국의 글자들은 대운의 글자에 순응해야 한다.

❸ 대운은 계절과 같은 것으로 하늘의 뜻이다.

❹ 겨울이 왔으므로 여름의 글자 午는 수(囚)의 상태가 되어야 한다.

❺ 수(囚)의 상태란 겨울잠을 자는 것과 같다.

⑥ 수(囚)의 상태가 아니고 드러나면 운에 의해 충을 당한다.

⑦ 충을 당하면 午의 지장간들은 개고된다.

⑧ 지장간이 개고되면 현실에서 여러 가지 소란이 일어난다.

時	日	月	年
		甲	
		子	午

❶ 甲木과 午 중 己土가 언젠가 합할 것이다.

❷ 월지가 본부이므로 午는 월지에 순응하면 좋다.

❸ 겨울생이므로 여름의 글자 午는 수(囚)의 상태가 되어야 한다.

❹ 수(囚)의 상태를 유지하면 충이 있어도 큰 탈 없이 지나간다.

❺ 午가 수(囚)의 상태가 아니고 드러나면 午는 개고 당한다.

❻ 午가 개고되면 午 중 장간이 모두 튀어 나온다.

❼ 그때 월간 甲木과 午 중 己土가 합거된다.

❽ 수(囚)의 상태란 겨울잠을 자는 것과 같다.

時	日	月	年
丁			
		午	子

❶ 여름 午월생이다.

❷ 팔자원국에서는 월지가 사령부이다.

❸ 팔자의 모든 글자는 월지에 순응해야 한다.

❹ 년지의 子水는 수(囚)의 상태로 있어야 한다.

❺ 수(囚)의 상태가 아니면 월지에게 충을 당한다.

❻ 충을 당하면 子의 지장간들이 개고된다.

❼ 개고된 子 중 壬水가 시간의 丁火와 합거된다.

❽ 년지 子水가 충을 당해 현실적인 소란이 있게 된다.

1 사주의 강약을 판별할 때 천간합이 있으면 그 글자가 약화되니 강약에도 변화가 생긴다. 천간합으로 인하여 격국도 변한다.

2 천간합에서 나오는 합화오행(合化五行)은 기(氣)의 상태인 생각뿐이어서 현실적으로 일어나지 않는다. 합화오행의 글자가 지지에 많거나 강할수록 천간합으로 새로운 오행을 득할 수가 있다.

3 예를 들어 丁壬합이 될 때 木을 얻으려면 지지에 木의 기운이 강해야 한다. 강할수록 더 잘 득할 수 있다. 또 대운이 木이라면 봄이 온 것과 같으므로 대운이 木일 때도 득할 수 있다. 월지도 木이고 대운도 木이고 세운도 木이면 木을 득한다고 단정할 수 있다.

4 그래서 천간합으로 인해 합화오행을 언제 득할지는 대운, 세운, 월운이 모두 합화오행 지지가 올 때이다. 일진까지도 같은 오행이면 그날 확실하다. 丙辛합이 있을 때 언제 합화오행 水를 얻을 수 있을까? 대운, 세운, 월운 일진에서 水가 올 때 확실히 水를 득할 수 있다.

5 甲己가 합이 되면 甲木과 己土의 성질이 약화된다. 그리고 甲己합

土에서 나오는 새로운 土는 기존의 土와는 다르다. 土가 관이라면 기존의 직장을 잃고 새로운 직장을 얻는 것과 같다. 乙庚합에서 나온 金도 마찬가지이다. 金이 재성이라면 투자한 돈과 새로 벌어들인 돈은 다른 것이다.

6 천간합으로 새로운 합화오행을 득하면 합화(合化)라고 하고, 합이 되어도 새로운 합화오행을 득하지 못하면 합거(合去)라고 한다.

7 천간은 마음이나 심리를 나타내니 천간의 극은 마음의 갈등과 같다. 지지는 현실을 나타내니 지지의 충은 현실에서 실제로 일어난다. 형충파해는 지지에서만 적용하는 용어이니 천간충이라기보다는 천간극이라고 부르는 게 좋다.

② 삼합(三合) 방합(方合) 반합(半合)

1 천간 글자가 합거되면 생각만 사라지는 것이다. 그러나 지지의 글자가 형충으로 흔들리면 소란이나 소동이 현실에서 일어난다.

2 천간합은 마음이나 생각이 없어지거나 약화된 것이고, 지지합은 현실적인 일이 묶여 답답한 상황이 진행된다. 정신적인 사랑이 천간합이고, 현실적인 사랑이 지지합이다.

3 천간이든 지지든 합이 있으면 글자 본연의 역할은 약화된다. 그러나 다른 글자를 챙긴다는 면에서 부드럽고 인간적인 면은 있다.

4 삼합과 방합의 차이는 체와 용의 차이이다. 삼합은 직업, 적성, 진로 등 사회생활을 볼 때 사용하고, 방합은 가족, 문중, 동창, 민족 등을 살필 때 사용한다. 체용에서는 항상 체가 용보다 우선이다.

5 삼합이나 방합이 되면 천간에 투한 글자를 능가하는 힘이 생긴다. 현실적인 힘에 의해 내 뜻이 무산되고 내 마음대로 되지 않는 것이다. 불이 나면 우선 불을 꺼야 한다.

6 삼합이나 방합이 되면 그 기운이 강하니 설기가 우선이다. 木이 강하면 火, 火가 강하면 土, 土가 강하면 金, 金이 강하면 水, 水가 강하면 木으로 설기하는 것이 가장 좋다. 그러나 그것도 팔자에 설기 받는 오행이 있을 경우이다. 설기를 받는 오행이 없다면 다른 방법을 찾아야 한다.

7 삼합이나 방합 등을 이루어 하나의 오행이 지나치게 강하면 다른 미

약한 오행들이 피해를 본다. 예를 들어 水가 너무 강하면 木은 떠다니고, 火는 꺼지고, 金은 물에 가라앉고, 土는 떠내려간다. 그러나 뿌리를 두고 천간에 투한 글자는 삼합이나 방합에도 버틸 수 있다. 강물이 넘쳐도 뿌리가 있는 나무는 휩쓸리지 않고 버티는 것과 같다.

8 삼합이나 방합이 되었을 때 설기받는 오행이 미약하면 그 오행은 피해를 당해 사라지고 새로운 오행이 생긴다. 즉, 亥卯未 삼합이 되었을 때 팔자에 火가 미약하면 기존의 미약한 火는 사라지고 새로운 火가 생긴다. 새로운 세계가 열리려면 출산의 고통이 따르는 법이다. 기존의 직업이 사라지고 새로운 직업을 얻는 것과 같다.

9 申子辰 삼합이 되면 세 글자는 기존 오행의 속성을 잃고 강력한 水 기운을 형성한다. 사회활동〔用〕을 왕성하게 하다 보니 집안일〔體〕을 소홀히 하는 것과 같다. 삼합은 가족의 일보다 사회적인 일에 더 집중한다.

10 亥子丑 방합은 각 글자가 오행의 기운을 가지고 있으면서 강력한 水 기운을 형성한다. 방합은 사회적인 활동보다 가족이나 집안일을 더 중시한다. 퇴근도 빨리하고, 주말에는 가족과 함께 시간을 보낼 수 있다.

11 삼합이나 방합이 되어 강력한 기운이 생성되면 도충의 기운이 생성된다. 도충이란 하나의 오행이 강할 때 나타나는 반대편 계절의 오행이다. 水가 강하면 火가 생기고, 火가 강하면 水가 형성된다. 木이 강하면 金, 金이 강하면 木이 생성된다. 속도가 빠르면 저항

도 강해지는 것과 같다. 도충에 의해 여름에 소나기가 내리고, 겨울에 따뜻한 날이 생긴다.

12 삼합이나 반합은 사회활동을 나타내는 지장간 중기와 관련이 있다.

13 반합도 삼합처럼 합화오행을 생성시키지만 삼합보다는 약하다. 반합은 각 글자가 체용을 동시에 가지고 있다. 즉 亥卯 반합에서 亥는 水의 역할도 하고 木의 역할도 한다. 그래서 해당 오행의 통근도 된다. 물론 온전한 글자보다는 약하다.

14 팔자 원국에 반합이 있으면 운에서 다른 한 글자가 올 때 삼합이 된다. 반합은 결합력이 삼합보다 약하기 때문에 형충 등에 의해 쉽게 해체될 수 있다.

15

時	日	月	年
		午	戌

❶ 午戌 반합이지만 戌은 가을에서 겨울로 가는 때이다.

❷ 戌은 火를 입묘시키는 시기이다.

❸ 戌은 午의 火기운을 오히려 위축시킬 뿐이다.

❹ 반합이라고 모두 같은 반합이 아니다.

16

時	日	月	年
		戌	午

❶ 늦가을에서 겨울로 가는 시기에 태어났다.

❷ 午戌 반합으로 火가 강해지는 것이다.

❸ 년지의 午火는 戌에 입묘된다.

❹ 초반 강했던 火의 기운이 시드는 것이다.

17

時	日	月	年
		午	寅

❶ 寅午 반합으로 火의 기운이 강해진다.

❷ 년지 寅은 월지 午에게 힘을 보탠다.

❸ 반합으로 강해지는 경우는 생지와 왕지가 만났을 때이다.

❹ 묘지의 글자는 왕지의 글자를 오히려 위축시킨다.

18

時	日	月	年
		午	寅 ← 子

❶ 운에서 겨울이 왔다.

❷ 팔자의 모든 글자는 운의 글자에 복종해야 한다.

❸寅午든 寅午戌이든 운의 글자 子에게 엎드려야 한다.

❹겨울에 여름옷은 장롱 속에 들어가 겨울잠을 자야 한다.

❺그러나 寅午나 寅午戌이 되면 복종하려 들지 않는다.

❻사장에게 대드는 직원의 모습이다.

❼운이 군(君)이고 팔자원국은 신(臣)이다.

19 대운에 의해 삼합, 방합 등이 성립되면 해당 오행이 강해지니 삶에 변화가 일어난다. 대운은 정적(靜的)이므로 구체적인 변화 내용은 세운으로 알 수 있다.

20

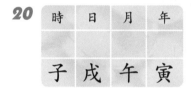

時	日	月	年
子	戌	午	寅

❶寅午戌 삼합이 있다.

❷월지가 午이므로 火의 기운이 무척 강하다.

❸시지의 子는 꼭꼭 숨어 있어야 한다.

❹子가 월지의 午를 충하면 子가 개고된다.

❺왕신(旺神)에게 대들면 안 된다.

❻자연은 강자에게 무조건 복종해야 한다.

21 亥卯未나 寅卯辰 등 목국에서 강한 木의 기운을 충하는 오행은 개

고 후 파괴된다. 잠자는 호랑이를 건드리면 안 된다.

22 방합의 글자는 세 글자 모두 오행의 속성이 그대로 있다. 즉, 寅卯辰에는 모두 木의 성질이 있다. 그래서 寅卯辰의 글자를 형충파해하면 모든 현상이 일어난다. 방합의 글자는 체의 성질을 그대로 가지고 있기 때문이다.

23 그러나 삼합은 체의 용도는 사라지고 주로 용의 용도로 쓰이므로 체를 형충파해 해도 소용없다. 싸우려 집을 찾아갔지만 사람이 집에 없으니 싸울 수가 없는 것이다. 없는 사람과 싸울 수는 없다. 삼합은 사회활동을 나타낸다.

24 합국을 이루고 있는 팔자에 해당 오행을 극하는 천간이 하나라도 투출하면 격이 크게 파괴된다. 寅午戌 삼합을 이루고 있을 때 천간에 水가 있는 경우이다. 『적천수』에서는 이를 '성국간투일관성_成局干透一官星 좌변우변공록록_左邊右邊空碌碌'이라고 표현하고 있다.

③육합(六合)

1 육합은 천간합과 다르게 지지의 속성이 그대로 유지되면서 묶인다. 子와 丑이 합으로 묶이면 역할은 감소하지만 일정 부분 고유의 속성을 갖고 있다. 묶였던 육합이 운에서 풀리면 다시 정상적으로 사용할 수 있다.

2 천간합은 마음이 끌리는 심리적인 합이지만 지지 육합은 현실적으로 묶이니 답답함을 피부로 느낀다. 원국에 있는 육합이 대운에서 합이나 충으로 해소되지만 그 경우의 수는 다양하다.

3

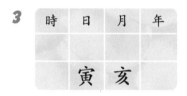

時	日	月	年
	寅	亥	

❶ 寅亥합이 있다.

❷ 두 글자는 대등한 힘을 가진 것이 아니다.

❸ 월지가 팔자원국의 본부이다.

❹ 원국에서 월지를 능가하는 힘은 없다.

❺ 亥가 주도권을 가지고 寅을 합한다.

❻ 寅은 亥에게 묶인다.

4

時	日	月	年
		亥	寅

❶ 봄철에 태어났다.

❷ 월지 寅이 주도권을 잡는다.

❸ 寅이 亥를 합한다.

❹ 亥는 寅에 의해 합을 당한다.

❺ 월지와 일지와의 관계는 부모와 나와의 관계이다.

❻ 월지와 일지가 합이 되면 부모가 나를 묶는다.

5

時	日	月	年
		寅 ← 亥	

❶ 亥운에 寅은 묶인다.

❷ 잘 사용했던 寅이 亥운에는 묶인다.

❸ 팔자의 본부가 묶이니 많이 답답하다.

❹ 답답한 이유는 외부에서 오는 亥의 글자 때문이다.

❺ 일간을 기준으로 寅과 亥의 십신을 파악한다.

6

❶ 팔자원국에 寅亥합이 있다.

❷ 亥가 寅을 묶고 있다.

❸ 亥운이 오면 亥는 더욱 강해진다.

❹ 寅은 더 강하게 묶인다.

7

❶ 원국에 寅亥합이 있다.

❷ 寅운이 오면 寅이 강해진다.

❸ 寅은 亥에서 풀린다.

❹ 묶였던 寅이 운의 도움으로 합이 풀리는 것이다.

8

❶ 寅亥합이 있다.

❷ 寅이 亥를 묶고 있다.

❸ 申운에 寅은 힘을 잃는다.

❹ 가을이 왔으므로 봄의 글자는 휴식을 한다.

❺ 寅의 힘을 잃으니 亥는 합에서 해방된다.

❶ 亥는 寅에게 묶여 있다.

❷ 巳운에 亥는 더욱 힘을 잃는다.

❸ 여름에는 겨울의 글자가 활동하면 안 된다.

❹ 亥는 巳운에 힘을 잃어 寅에게 더욱 묶인다.

❶ 寅申충이 있다.

❷ 봄철에 태어났으므로 申은 조용히 있어야 한다.

❸ 申이 조용히 있지 않으면 申은 寅에게 충을 당한다.

11

❶ 팔자원국은 대운에 복종해야 한다.

❷ 寅운이 왔으므로 申은 더욱 숨죽이고 있어야 한다.

❸ 申이 밖으로 나온다면 寅에게 강한 충을 맞게 된다.

❹ 일간이 무엇인지에 따라 조용히 있어야 할 십신을 적용하면 된다.

12

❶ 원국에서 申은 실내의 직업을 가지면 좋다.

❷ 봄에는 가을의 글자가 실내에 있기 때문이다.

❸ 申운이 오면 申이 힘을 받게 된다.

❹ 반대로 申운에는 寅이 힘을 잃는다.

❺ 寅은 申운에 조용히 있지 않으면 충을 맞는다.

13

❶ 寅申충과 寅亥합이 있다.

❷ 팔자의 본부는 寅이다.

❸ 寅이 주도권을 잡고 亥를 합하고, 申을 충한다.

❹ 충하기 전에 숨거나 멀리 떨어져 있으면 충을 피할 수 있다.

14

❶ 申운이 오면 寅이 힘을 잃는다.

❷ 합하고 충하는 힘이 약화된다.

❸ 일지 申은 힘을 얻어 강해진다.

❹ 寅은 실내에서 하는 정신적인 일에서 승승장구한다.

15

時	日	月	年
			申

❶ 팔자에 申이 있다.

❷ 일간에 따라 십신이 정해진다.

❸ 지지는 현실에서 소유하고 있는 것이다.

❹ 가지고 있는 것은 실감하지 못한다.

❺ 늘 함께 있기 때문이다.

16

❶ 운에서 庚金이 오면 마음이 생긴다.

❷ 년지의 申을 활용할 수 있다.

❸ 지지에 金이 없으면 운에서 金이 와도 마음만 동하니 활용할 수 없다.

❹ 생각만으로 끝나 버리는 것이다.

❺ 천간과 지지가 물상결합을 이룰 때 뜻하는 바를 이룬다.

❻ 물론 글자의 훼손이 없었을 때이다.

❼ 일간에 따라 정해진 십신으로 해석한다.

17

❶ 壬운에 壬水의 마음이 생긴다.

❷ 지지에 드러난 水는 없다.

❸ 잠재되어 있던 申 중 壬水를 끄집어낸다.

❹ 지장간은 지지보다는 약하다.

18

時	日	月	年
壬			
子	午		

❶ 子午충이 있다.

❷ 子의 지장간은 壬癸癸이고, 午의 지장간은 丙己丁이다.

❸ 장간에 丁壬 암합이 있다.

❹ 장간의 丁火와 壬水가 합이 될 가능성이 있다.

❺ 정재와 비견의 암합이다.

❻ 어디까지나 잠재적인 가능성이다.

19 천간의 戊己土는 지지에서 辰戌충이 동하더라도 戌에 입묘되지

않는다. 土는 火와 비슷하다는 것이지 똑같지 않다. 辰에는 水가,

戌에는 火가, 丑에는 金이, 未에는 木이 입묘된다.

④ 형충(刑沖)

1 팔자나 대운에 존재하는 형충은 그 자체로 동요하지 않는다. 정적인 상태로 머물다가 운(세운이나 월운)에서 동적인 힘이 가해질 때 형충이 일어난다. 나무가 바람 등 외부의 자극으로 흔들리는 것과 같다. 외부의 자극이 없으면 팔자도 동하지 않는다.

2 대운도 체의 영역이니 대운에 의해서 팔자가 동하지는 않는다. 해당 대운에 의해 원국의 환경이 조성되고 세운이나 월운에서 실제로 일어난다. 겨울(대운)이 왔다고 항상 눈이 오지는 않는다. 겨울의 어느 특정한 기간(세운이나 월운)에 눈이 오는 것이다.

3 팔자가 운에 의해 형충으로 동한다고 하더라도 무조건 형충이 일어나는 것은 아니다. 복종해야 할 월령이나 운에 복종하지 않았을 때 월령이나 대운에 의해 형충을 당한다. 형충을 당하면 지장간이 개고되어 여러 가지 소란이나 소동이 일어난다.

4 충이나 형을 무조건 부정적으로 판단하면 안 된다. 수술 등으로 좋아질 수도 있고, 꾸중이나 체벌을 받고 좋아질 수도 있다. 게임이나 시합을 통해 경기력이 향상되기도 한다. 형충이 힘든 것은 사실이지만 아픔을 통해 개선되거나 경쟁력이 향상될 수 있다.

5 형은 잘못된 것을 좋게 고치려는 시도이다. 충격이나 소란을 가해 좋아질 수도 있지만 부작용이 생길 수도 있다. 체벌이나 형벌, 수리, 수선, 수술 등이 형의 예이다.

6 寅巳申, 丑戌未 삼형의 글자들은 두 개의 글자만 있어도 형이 된다. 巳申형, 丑戌형, 寅巳형, 戌未형 등이다. 팔자에 형이 있거나 운에서 형이 오면 형의 환경에 놓인 것이니 당하기 전에 미리 그런 환경을 만들 수도 있다. 강제로 수술을 당하기 전에 작은 수술로 대체하는 것이다.

7 지지의 충으로 활동영역이 넓어지고 생각이 깊어지고 경쟁력이 길러질 수도 있다. 그러나 충은 반드시 소란이나 소동 등 시끄러움을 동반한다.

8 개고된 지장간이 천간이나 다른 지장간의 글자와 합거되면 지지가 온전하지 못하게 되어 삶이 휘청거린다. 네 개의 책상 다리 중 한두 개가 파손되거나 손실되는 아픔이 있다.

9 형충으로 개고된 지장간이 다른 천간들과 합하여 합화(合化)되면 득할 수도 있다. 합화가 되면 득을 한다. 합화는 해당 합화오행의 기운이 지지에 강할수록 잘 된다.

10

時	日	月	年
	壬		
	子	午	子

❶ 子午충이 연속된다.

❷ 팔자의 본부는 월령 午火이다.

❸ 두 개의 子水는 실내에서 조용히 일해야 한다.

❹ 실내에서 할 수 있는 일은 정신적 활동이다.

❺ 정신적 활동에는 교육, 종교, 철학, 행정 등이다.

❻ 일주 壬子는 실내에서 힘을 발휘한다.

11

時	日	月	年
	壬		
子	午	子	

❶ 壬水는 午에서 12운성 태(胎)이다.

❷ 태는 숨어 있는 상태이다.

❸ 숨어서 정신활동을 한다.

❹ 壬子는 제왕이니 힘이 있다.

❺ 정신활동을 할 때 잘 사용할 수 있다.

12

時	日	月	年
	壬		
		子	午

❶ 子월생이다.

❷ 겨울이므로 午는 월에게 순종해야 한다.

❸ 꼼짝 않고 실내에서 조용히 일하는 것이 좋다.

❹ 午가 子에게 반항하면 午는 개고된다.

❺ 개고된 午 중 丁火는 일간이 합해 온다.

❻ 일간이 합해 온 것은 취한다.

❼ 소란, 소동을 통해 재를 취하는 것이다.

❽ 그러나 팔자 지장간에 있는 재는 원래 내 것이었다.

❾ 숨어 있던 것이 드러난 것이다.

13

時	日	月	年
		壬	
		子	午

❶ 午가 子에게 대들면 午가 개고된다.

❷ 개고되면 午의 지장간이 튀어나온다.

❸ 午 중 丁火가 나와서 월간의 壬水와 합거된다.

❹ 일간이 합해온 것은 득이지만 타간의 합거는 손실이다.

❺ 午 중 丁火가 재성이라면 재성의 손실이 예상된다.

14

時	日	月	年
		丙	
		子	午

❶ 午가 子에게 반항하면 午가 개고된다.

❷ 午가 개고되어 지장간 丙己丁이 나와도 천간에 辛壬甲이 없으니 합거
될 것이 없다.

❸ 현실적인 소동은 있지만 잃는 것은 없다.

時	日	月	年
壬	乙		
	亥		← 巳

❶ 월간 乙木은 상관이다.

❷ 巳운이 오면 亥는 복종해야 한다.

❸ 여름이 왔으니 겨울의 글자들은 휴식하는 것이 좋다.

❹ 亥가 巳에게 대든다면 巳가 亥를 충한다.

❺ 월지를 충하면 동주에 있는 월간 乙木도 휘청거린다.

❻ 상관과 칠살은 흉신의 대표이다.

❼ 좋을 때는 모르고 지나가지만 흉할 때는 실감난다.

❽ 흉신 중 상관과 칠살이 특히 실감난다.

❾ 만일 亥가 巳에게 순종하면 아무 일 없이 지나간다.

16 운에 복종해야 한다는 말은 밤이면 낮의 글자는 휴식을 취하고, 낮에는 밤의 글자가 휴식을 취해야 한다는 의미이다. 겨울에는 겨울옷을 입어야 한다는 것이다.

17 물상결합은 천간과 지지가 훼손되지 않고 같은 오행이 만나는 경우이다. 이때는 특별한 일이 없으면 득할 수 있다. 득이 좋다는 말은 아니다. 기신(忌神)을 득할 수도 있기 때문이다.

18 물상결합이 되면 일단 득한다. 물상결합 후 합거되면 득한 후 다시 나간다. 돈을 받았다가 그 돈으로 다시 외상을 갚는 것처럼 들

어왔다 나가는 경우도 많다.

19 형은 잘못된 것을 좋게 만드니 수리나 조정, 가공 등과 관련이 있는 직업이 좋다. 치료나 상담 등도 형과 어울리는 일이다. 사물뿐만 아니라 정신적, 육체적 치료도 모두 형과 관련이 있다.

20 월지는 사주팔자의 본부이다. 집안의 가장과 같고 회사의 대표와 같다. 본부가 흔들리면 그곳에 뿌리를 둔 모든 천간들도 함께 흔들린다. 특히 흉신이 흔들리면 더욱 실감나는데 흉신의 대표는 칠살과 상관이다.

21 충과 삼형도 개고된 지장간이 물상결합을 이루면 득할 수 있다. 그러나 재형(再刑)이나 재충(再沖)을 당하면 타격이 크다. 엎친 데 덮친 격이 된다.

22

時	日	月	年
	壬		
	子	午	

❶ 午가 반항하면 子에게 충을 당한다.

23

時	日	月	年
	壬		
	子	午	← 子

❶ 子운이 오면 午는 더욱 위축된다.

❷ 조용히 잠잠히 있어야 한다.

❸ 반항하면 원국에서 당하고 운에서 재충을 당한다.

❹ 타격이 크다.

24 寅申巳 삼형살보다 丑戌未 삼형살이 동하면 타격이 더 크다. 寅申巳는 어린이 삼형살이고 丑戌未는 노인의 삼형살이다. 丑戌未는 환절기 커브길과 같아 조심 또 조심해야 한다. 寅申巳의 지장간은 모두 양간이지만 丑戌未에서 戌은 양간인 戊土도 있다. 이戊土는 丑 중 癸水와 합거될 수도 있다.

25 재충과 재형이 될 때는 자숙하고 조용히 있는 것이 좋다. 이때 드러나게 나선다면 재형이나 재충을 당해 피해가 크다. 재형이란 팔자의 형을 운에서 다시 형하거나, 대운에서 형한 것을 세운에서 재차 형한 경우를 말한다.

26 형으로 개고되어 물상결합이나 합화가 되면 득할 수 있다. 그러나 좋은 결과를 얻는다 해도 형으로 인한 소란은 있다.

27 寅申巳亥충은 어린아이의 싸움과 같아 빈번하지만 타격은 크지 않다. 子午卯酉충은 어른들의 싸움과 같아 승패가 뚜렷하다. 辰戌丑未는 붕충(朋沖)으로 큰 타격이 없다.

28 충은 깨지는 의미가 있지만 깨져야 새로운 세상이 탄생하는 것이니 긍정적인 면도 있다. 지지가 충이 되면 개고되어 천간의 글자와 합하거나 장간끼리 합하여 변화가 일어난다.

29 충으로 개고된 글자가 타간 합거로 해당 지지가 파괴되면 손실이 크다. 물상결합하여 득한 것까지 모두 사라지기 때문이다.

30 寅申巳亥 역마 글자가 충을 당하면 이동 중에 문제가 있을 수 있다. 그러나 천간과 합거가 없으면 활발하게 움직여 좋은 결과를 만들어 낼 수도 있다.

31 寅申巳亥 생지 속에는 戊土가 있다. 어떻게 다른가? 12운성을 적용해 보면 안다. 戊土는 寅에서 장생이고, 巳에서 건록이다. 戊土는 申에서 병이고, 亥에서 절이 된다.

32 辰戌丑未는 백호나 괴강 또는 입묘와 연관되어 있어 형충이 되면 더욱 변화가 심하게 일어난다.

33 辰戌丑未충이 동하면 입묘(入墓)가 먼저 일어난다.

34

❶ 壬水는 월지 辰에서 입묘이다.

❷ 戌운에 辰은 戌에 복종해야 한다.

❸ 운이 군(君)이고 원국은 신(臣)이기 때문이다.

❹ 辰이 戌에게 복종하지 않으면 辰이 충을 당해 동한다.

❺ 辰이 동하면 월간 壬水가 입묘된다.

❻ 입묘 상태에 있었는데 팔자원국은 정적(靜的)이다.

❼ 동하지 않으면 실제로 입묘는 일어나지 않는다.

❽ 충으로 동했을 때 壬水의 입묘작용이 일어난다.

35 천간의 기신이 합거되면 좋고, 천간의 희신이 합거되면 좋지 않다.

36 일간이 甲戊庚일 때 천을귀인은 丑未이다. 일간 甲戊庚에 丑未가 동시에 있을 때는 충도 되고 천을귀인도 된다.

37 파(破)가 있으면 외형적으로는 제 역할을 하지만 내부적으로는 문제가 생긴다. 부부가 사이좋게 보이지만 내부적으로 멀어진 상태라고 할 수 있다. 그래서 파가 되면 자기 역할은 하지만 가치는 감소한다. 흠집 난 전자제품과 같다.

38 해(害)는 지합(육합)을 방해하는 충의 글자가 된다. 예를 들어 寅亥합이 있을 때 巳가 오면 巳亥충으로 寅亥합을 방해한다. 그래서 해는 합을 방해하여 묶이는 것을 막으니 긍정적인 요소도 있다. 자식의 이성 교제를 막는 부모와도 같다.

39 寅申巳亥 생지 속에 있는 戊土는 천간의 土와는 성질이 다르다. 巳를 제외한 나머지는 土의 뿌리가 되지 못한다.

40 子午卯酉충은 지장간끼리 합보다 타간과 먼저 합거되면 합거가 없는 한 글자는 깨지지 않는다.

41 子午卯酉충은 타간과 합거 없을 경우에도 개고된 장간끼리 합거가 일어나 지지가 깨진다. 그래서 왕지(旺支) 충은 무섭다.

42 辰戌丑未는 형충이 되면 타격이 크다. 특히 일간이 뿌리내린 지

지가 묘지나 백호에 해당될 때 형충되면 위험하다.

43 辰戌충은 戌土는 상(傷)하지만 辰土 속에는 戊癸합이 있어 충이 되어도 戊癸합만 풀린다. 충되면 합이 풀려 오히려 득(得)할 수 있다.

44 丑未충은 지장간이 모두 음간이고 寅申충은 지장간이 모두 양간이다. 辰戌丑未충이 동하면 입묘(入墓)가 먼저 일어난다.

45 지장간 형충으로 개고된 글자가 천간의 기신을 합거하면 좋아지고, 천간의 희신을 합거하면 좋지 않다.

46 천을귀인은 형충을 두려워하고 합은 기뻐한다. 일지에 천을귀인이 있을 때 일지를 충하는 운에는 흉하다.

47 운에서 오는 천간이 원국의 지지와 물상결합 되면 일단 득이 있다. 합거가 되더라도 일단 물상결합된 오행을 득한 뒤 다시 나가는 것이다.

48 일지 이외의 지지가 운의 지지와 합이 되면 원국의 지지를 묶는 현상이 일어난다.

49 합된 글자라도 형을 당하면 두 글자 모두 개고되어 해당 지지가 파괴될 수 있다.

50 파해(破害)는 사주를 동하게 하는 힘은 있으나 지장간을 개고시킬 만큼은 아니다.

51 공망은 오행 작용은 있으나 육친 작용은 사라진다. 그래서 뿌리 역할 등은 하게 되나 육친의 역할을 못하니 노력에 비해 결과가

없다. 비어 있으니 더욱 채우려고 애를 써서 다른 곳에서 소득을
내기도 한다.

제3부

명리
(심화편)

1 천간끼리의 작용

甲木

◉ **甲甲** 솟구치려는 甲木이 두 개이니 추진력이 막강하다. 비견으로 동지들끼리 의기투합하는 모습이다. 같은 비견이라도 천간의 각 글자에 따라 다른 기운을 내뿜는다. 甲甲은 이른 봄에 두꺼운 땅을 뚫고 솟아나는 새싹들의 경쟁으로 돌파력, 추진력, 경쟁력이 좋다.

◉ **甲甲甲** 이 정도면 막을 자가 없다. 뒤도 옆도 안 보고 전진하는 모습이다. 앞만 보고 질주한다. 선두경쟁에서 타의 추종을 불허한다.

◉ **甲乙** 소나무에 담쟁이가 타고 올라가는 모습이다. 멋있을 수도 있지만 乙木이 강하다면 甲木은 피해를 볼 수도 있다. 항상 글자의 강약을 따져 판단한다. 甲木이나 乙木이나 둘 다 앞으로 나아가려고만 한다. 나

중심이다. 사실 甲木은 乙木이 없어도 혼자 잘 살 수 있다. 乙木이 답답하면 庚金으로 합하면 된다.

◉**甲乙戊** 甲木만으로는 戊土에 뿌리를 내리지 못하지만 乙木도 함께 있으면 甲木은 戊土에 뿌리내린다. 여기에 癸水가 있으면 戊土에 습기가 있어 甲乙木은 더욱 좋아한다. 甲乙木이 뿌리내릴 곳을 찾으니 좋은 관계가 된다. 木의 뿌리로 제일 좋은 지지는 辰土이다. 辰 속에 癸水와 戊土가 있기 때문이다.

◉**甲丙** 솟아오르는 나무에 햇볕은 필수적이다. 그러나 丙火가 너무 강하면 甲木은 시든다. 일단 뿌木 입장에서 식신 활동이 활발해진다. 실력이 늘어난다. 그러나 힘의 균형을 봐야 한다. 甲木은 태양과 함께 癸水가 있으면 좋다.

◉**甲丁** 어떤 계절의 甲木인지 봐야 한다. 가을, 겨울의 甲木은 마른 장작에 비유되니 丁火로 불이 붙어 활활 잘 탄다. 그러나 습기 있는 甲木은 불이 잘 붙지 않는다. 봄의 甲木은 丁火보다 따스한 햇볕인 丙火가 좋다. 甲丁은 상관의 활동이 활발해진다. 학문 또는 예술적 능력이 탁월하다.

◉**甲丁乙** 甲木과 丁火의 관계는 일반적으로 좋다. 여기에 乙木이 함께 하면 丁火는 꺼지지 않고 甲木과 좋은 관계를 유지한다. 丁戊丙과 辛壬庚의 관계도 그렇다. 이런 관계는 크게 성공하는 좋은 관계로 본다.

◉**甲丁戊** 戊土에 丁火가 있으면 불이 타는 가마의 모습이다. 여기에 장작 甲木을 밀어 넣어주면 좋다. 각 글자의 균형이 이루어지면 상격이

다. 그러나 甲木이 지나치게 많으면 불은 꺼질 것이다.

◉ **甲戊** 戊土 위에 甲木이다. 민둥산 위에 소나무 한 그루이다. 마른 戊土에 고목이 하나 서 있는 모양으로 좋지 않다. 戊土가 재성에 해당하니 재성의 안정감이 없다. 그러나 주변에 물이 많다면 戊土도 습기를 받아 甲木이 좋아하는 땅이 될 것이다. 항상 주변 상황이 중요하다.

◉ **甲己** 己土는 음의 土로서 기름진 땅이다. 좋은 땅에서 甲木은 잘 자란다. 정재가 좋은 모습이다. 그러나 주변에 火가 많으면 己土도 건조해진다. 그러면 甲木도 불편해질 것이다.

◉ **甲己丙** 甲木이 기름진 땅 위에 하늘에서 태양을 받으니 식신과 재성이 좋은 관계가 된다. 예능계 쪽에서 빛을 발한다고 한다.

◉ **甲庚** 이른 봄의 甲木과 가을의 庚金이 만나 음과 양의 조화로 긍정적이며 일단 경쟁력이 있다. 甲木은 이른 봄만 제외하고 庚金과 좋은 관계이다. 庚金으로 甲木을 가지치기 또는 장작을 만드는 것이다. 甲庚丁이 되면 마른장작을 도끼로 패서 丁火로 불을 붙이니 좋다(**벽갑인정**).

◉ **甲辛** 甲木을 면도칼 辛金으로 자르는 모습이다. 辛金이 아주 강하지 않고서는 甲木을 자를 수 없다. 甲木 입장에서도 흠집이 나니 좋은 일은 아니다. 정관이지만 좋은 모습이 아니다.

◉ **甲壬** 연못에 수양버들이다. 甲木은 亥水에서 장생지이다. 땅 속에서 싹이 트므로 甲木 입장에서는 壬水를 만나면 힘이 난다. 인성이 좋은 모습이니 명예나 인기를 누린다. 여기에 丙火가 뜨면 더욱 좋다.

◉ **甲癸** 甲木이 癸水를 만나면 봄이나 초여름에는 좋다. 癸水는 甲木

의 성장에 필요한 비가 된다. 정인이 좋은 모습이니 인기가 좋다. 그러나 겨울에는 癸水가 얼어 甲木에게 별 도움이 되지 못한다. 己土가 함께 하면 큰 부(富)를 이룬다고 한다.

乙木

◉乙甲 乙木이 타고 올라갈 甲木이 된다. 소나무를 타고 올라가는 담쟁이덩굴이다. 甲木과 乙木이 함께 있으면 등라계갑(藤蘿繫甲)이라고 한다. 乙木에 甲木이 있으면 동료들의 도움이 있다고 한다. 甲木이 겁재로 동료, 형제이기 때문이다.

◉乙甲丙 乙木은 甲木을 타고 올라가는데 여기에 丙火까지 있다면 더욱 좋을 것이다. 물론 癸水가 더해지면 금상첨화가 될 것이다. 甲木이나 乙木은 丙火와 癸水를 좋아한다.

◉乙乙 잡초나 덩굴식물이 엉키는 모양으로 무질서하다. 칡덩굴이나 담쟁이처럼 주변에서 흔히 볼 수 있는 모습이다. 비견이 해(害)를 주니 형제나 동료의 도움을 기대하지 못한다. 동업하면 안 된다.

◉乙丙 甲木이든 乙木이든 나무는 햇볕을 좋아한다. 봄철에 식물이 자라려면 癸水와 丙火가 필요하다. 그러나 지나치면 안 된다. 그리고 계절에 따라 달라지니 월지 계절을 반드시 고려한다. 상관으로 좋은 관계이니 표현력이 뛰어나다. 염양려화(艷陽麗花)라고 한다.

◉乙丁 乙木이 丙火는 좋아하지만 丁火를 보면 메말라버린다. 丙火는 빛이지만 丁火는 열이기 때문이다. 메마른 칡덩굴이나 담쟁이이다.

식신이지만 좋은 일이 없다. 표현력이 약하고 재능을 인정받지 못한다.

◉ **乙戊** 甲木은 戊土에 뿌리를 내리지 못하지만 乙木은 戊土를 올라 탄다. 乙木은 웬만하면 누구와도 잘 어울린다. 乙木은 나무든 바위든 타 고 올라간다. 재성에 해당하니 자기 능력으로 부(富)를 이룬다.

◉ **乙己** 乙木 입장에서는 기름진 己土를 싫어할 이유가 없다. 좋은 땅에서 뿌리내리고 잘 자란다. 己土가 재성에 해당하니 乙木의 사교성 으로 부(富)를 이룬다. 甲木이든 乙木이든 己土를 좋아한다.

◉ **乙己丙** 乙木이든 甲木이든 丙火를 좋아한다. 물론 나무는 습토인 己土도 좋아한다. 뿌리에서는 기름진 습토가 영양분을 공급하고, 하늘 에서는 태양이 내리쬐니 재능을 발휘하여 부(富)를 이룬다.

◉ **乙庚** 연약한 乙木이 강한 庚金을 만나면 갑작스런 재앙이 있을 수 있다. 庚金은 성장한 甲木과 어울린다. 乙木이 신경을 상징하니 乙木이 庚金을 만나면 정신이상이 있을 수 있다. 乙庚합이라고 좋아할 일이 아 니다. 백호창광(白虎猖狂)이라고 한다.

◉ **乙辛** 辛金은 면도칼이다. 연약한 乙木이 辛金의 칼날에 잘리니 뇌, 신경계, 간질 등을 조심해야 한다. 겉모습이 관성에 해당하지만 직장 근 무가 안 좋다. 천간의 비교는 빠르게 격의 고저를 구분하는 장점이 있다.

◉ **乙壬** 乙木과 壬水는 연못 위에 연꽃이다. 보기 좋다. 모양이 갖추 어지면 귀한 신분이 된다. 귀인의 조력으로 상류사회로 간다. 모든 천간 의 비교는 일차적으로 월지를 본다. 계절에 따라 천간의 상태가 달라지 기 때문이다. 壬水가 강하면 乙木은 떠내려간다.

◉**乙壬丙** 연못 위에 떠 있는 연꽃에 태양이 비친다. 아름다운 모습이다. 정인과 상관의 모습이 좋은 관계여서 자기 재능을 발휘하여 명예와 인기를 얻는다.

◉**乙癸** 乙木은 성장기에는 甲木처럼 癸水를 좋아한다. 乙木에게 癸水는 봄비이다. 乙木은 대인 관계가 좋아 癸水가 있으면 남의 도움으로 쭉쭉 뻗어간다. 그러나 추운 겨울에 癸水는 얼어붙어 乙木에게 도움이 되지 못한다.

丙火

◉**丙甲** 丙火의 역할은 생명을 키우는 일이다. 그래서 丙火는 甲木이나 乙木을 좋아한다. 주변 상황이 좋으면 평생 행운이 따라 다닌다. 그러나 丙火가 지나치면 甲木은 마르게 된다. 항상 강약을 잘 봐야 한다.

◉**丙乙** 乙木과 丙火도 좋은 관계이다. 丙火는 생명을 키우기 위해 있다. 丙火가 없으면 나무는 성장할 수 없다. 丙甲, 丙乙은 인성으로 좋은 관계이니 공부를 잘한다.

◉**丙丙** 두 개의 태양이 내리쬐니 눈을 뜰 수가 없다. 가진 실력을 다 사용하지 못한다. 친구의 도움도 쓸모가 없다. 甲甲을 제외하고 양간이 함께 있으면 부정적인 면이 많다. 이때는 癸水가 필요하다.

◉**丙丁** 태양과 달의 관계이다. 밤과 낮을 관리하는 상호 협조 관계이다. 아이의 손을 잡은 어른이다. 친밀감이 있다. 겁재이지만 조화롭게 어울리는 한 쌍이다.

◉ **丙戊** 대지를 비추는 태양이다. 대지는 햇볕이 없으면 무용지물이다. 대지는 태양을 받아 만물을 키운다. 식신으로 평생 할 일을 하게 된다. 물이 함께 있으면 더욱 좋다.

◉ **丙己** 논밭에 햇볕이 내리쬐는 모습이다. 여기에 癸水만 있으면 곡식이 잘 자란다. 상관으로 표현능력이 우수하다. 태양은 戊土와 己土를 생하여 만물을 키운다.

◉ **丙庚** 丙火는 庚金을 녹일 수 없다. 뜨겁기만 하다. 편재라고 좋아할 일이 아니다. 인기가 없다. 庚金을 녹일 수 있는 것은 丁火이다.

◉ **丙辛** 辛金은 보석이고 날카로운 칼이다. 햇빛을 보면 반짝반짝 빛난다. 좋은 관계의 정재이지만 나쁜 관계에서는 별로 좋지 않다.

◉ **丙壬** 넓은 호수, 넓은 바다에 태양이 비춘다. 강휘상영(江暉相暎)으로 좋은 관계이다. 편관으로 직장생활에서 두각을 나타낸다.

◉ **丙癸** 구름이 태양을 가리니 좋지 않다. 흑운차일(黑雲遮日)이라고 한다. 정관이지만 조직에서 두각을 나타내지 못한다. 물론 여름에는 구름이 필요하다. 丙火가 지나치면 癸水 구름으로 차단해 주면 좋다.

丁火

◉ **丁甲** 甲木이 장작이라면 丁火는 좋다. 정인으로 사물에 대한 이해가 빠르다. 그러나 甲木이 마르지 않았을 때는 좋지 않다. 그래서 주변의 상황과 계절을 보아야 한다.

◉ **丁甲庚** 마른 甲木이라면 庚金 도끼로 패서 장작을 만들어 丁火로

불을 붙이면 좋다. 그래서 丁甲庚 세 글자는 어떤 배열이든 좋다. 벽갑인정(劈甲引丁)이라고 한다. 총기가 있고 경쟁력이 강하다.

◉**丁乙** 담쟁이덩굴에 불붙어 타버린다. 乙木이 축축하다면 연기만 나고 별로 좋은 관계가 아니다. 인성이지만 학문적 성취가 좋지 못하다. 너무 요령만 피운다.

◉**丁丙** 달빛 옆에 태양이 함께 있다. 음과 양의 조화이고 밤과 낮의 조화이다. 겁재의 강한 힘과 끈기로 빠른 성과가 있다.

◉**丁丁** 촛불, 화롯불은 여러 개가 있으면 좋다. 양화위염(兩火爲炎)이라고 한다. 비견이 멋있다. 친구의 도움이 좋다. 음간은 丁丁을 제외하고 함께 있으면 좋지 못하다. 양간은 甲甲을 제외하고 함께 있으면 좋지 못하다.

◉**丁戊** 戊土를 넓은 대지로 쓰면 丁火로는 약하지만 가마로 쓰면 丁火도 좋다. 丁火는 가마 戊土에서는 자기 재능을 충분히 발휘한다. 유화유로(有火有爐)라고 한다.

◉**丁己** 己土는 습토이니 丙火를 보아야 제 역할을 한다. 丁火로는 약하다. 식신이지만 하고 싶은 일이 자신의 뜻대로 되지 않는다.

◉**丁庚** 庚金은 丁火로 단련하면 좋다. 丁火는 열이기 때문에 무딘 庚金을 녹일 수 있다. 丁庚이 있으면 재성으로 자기의 재능을 충분히 발휘하며 성공한다.

◉**丁庚戊** 庚金이 용광로 戊土 속에서 丁火로 단련되는 모습이다. 격이 높아진다.

◉**丁辛** 丁火는 庚金, 辛金을 녹일 수 있다. 보석을 丁火로 녹여버리면 안 된다. 세상이 어떻게 돌아가는지 모르는 답답한 사람이다. 편재가 날아가는 모습이다.

◉**丁壬** 연못 위에 달빛이 비친다. 정관이 좋은 인연이다. 천간합이 모두 좋은 것은 아니다. 丙壬, 丁壬 모두 좋다. 호수의 햇빛, 호수의 달빛이다.

◉**丁癸** 촛불이나 화롯불에 축축한 비가 내린다. 좋을 수가 없다. 관성이지만 조직생활에 적응을 잘하지 못하니 승진이 어렵다.

戊土

◉**戊甲** 마른 戊土 위에 甲木은 성장을 잘하지 못한다. 戊土는 甲木에 의해서 부서진다. 관성이라고 좋아하면 안 된다. 줏대가 없어 출세가 힘들다. 甲木은 己土를 좋아한다.

◉**戊乙** 민둥산 위에 乙木의 모습이다. 담쟁이덩굴은 사교성이 좋아 어느 곳이나 타고 올라간다. 그래서 정관이 좋은 관계이니 윗사람의 도움이 있다.

◉**戊丙** 지리산에 태양이 솟아오르는 모습이다. 스케일이 크다. 일출동산(日出東山)이라고 한다. 처음에 고생해도 나중에 해가 뜨면 아름답다. 크게 성공한다.

◉**戊丁** 가마 속에 불이다. 유로유화(有爐有火)라고 한다. 지리산 위에 비추는 달빛이다. 정인으로 머리가 좋아 기획력이 뛰어나고 일의 처

리를 솜씨 있게 잘한다. 모든 십간 관계는 계절이나 주변 글자들을 함께 살핀다.

◉**戊丁甲** 가마 戊土 속에서 丁火로 불타고 있는 甲木 장작의 모습이다. 좋은 그림이다. 격이 높아진다.

◉**戊戊** 두 개의 지리산이 나란히 있다. 꿈만 크고 실속이 없으며 고집만 세다. 양간은 甲甲을 제외하고 함께 있으면 바람직하지 않다.

◉**戊己** 戊土와 己土의 비율을 보며 따져야 한다. 산 속의 논밭이다. 산에 있는 논밭이니 좋은 관계는 아니다. 논밭은 들판에 있어야 한다. 타인과 융화가 힘들다.

◉**戊庚** 庚金이 들어 있는 戊土이다. 다듬어지지 않은 철강이 땅 속에 있다. 땅의 효용 가치가 없다. 식신이지만 좋은 관계가 아니다. 일을 해도 결과가 좋지 않다.

◉**戊辛** 보석이 들어 있는 戊土이다. 戊土는 땅으로 쓸모가 없다. 흙 묻은 보석이다. 보석은 반짝거려야 한다. 상관 관계로 말이 많다.

◉**戊壬** 태백산 옆의 동해바다이다. 산명수수(山明水秀)라고 한다. 스케일이 크고 경치가 좋다. 편재로서 그릇이 크니 대성할 구조이다. 그러나 壬水가 너무 많으면 戊土는 휩쓸려 갈 것이다. 戊土가 많아도 壬水는 제 역할을 못한다.

◉**戊壬丙** 태백산에 올라 넓은 바다를 본다. 하늘에는 태양이 높이 떠 있다. 아름다운 그림이다. 격이 높아진다.

◉**戊癸** 메마른 戊土에 비가 오면 휩쓸려갈 것이다. 정재이지만 모양

이 좋지 않다. 그러나 戊土와 癸水가 적당하면 마른땅에 비가 오니 좋아진다. 주변 상황을 보고 판단한다.

己土

◉ **己甲** 일반적으로 음간은 관살에 타격이 크니 기피한다. 甲木 입장에서 己土는 좋지만 己甲의 관계는 좋을 수도 있고 나쁠 수도 있다. 甲木 입장에서는 덕을 보지만 己土 입장에서는 극을 당해 손해일 것 같다. 위장병을 조심하라.

◉ **己乙** 己土는 논밭이다. 거기에 잡초가 있으면 좋지 않다. 편재의 행운이 따르지 않는다. 물론 乙木이 잡초가 아닌 곡식이라면 사정은 달라진다. 계절이나 주변 환경을 함께 살핀다. 일처리를 끝까지 잘하도록 노력해야 한다.

◉ **己丙** 己土에 丙火는 곡식을 키우는 데 절대적으로 필요하다. 정인의 도움으로 경쟁에서 승리한다. 그러나 丙火가 너무 강하면 논밭이 메마를 것이다. 대지보조(大地普照)라 하여 외부의 도움이 있다.

◉ **己丁** 己土는 내부적으로 따뜻해야 한다. 그래서 丁火를 품은 己土는 좋다. 거름 등으로 발효되는 논밭이다. 그러나 丁火가 지나치면 己土가 마르니 해가 될 것이다.

◉ **己戊** 산 옆에 있는 논밭이다. 자연과 어울리는 아름다운 모습이다. 대인 관계가 원만하다. 己土 입장에서는 이익을 보지만 戊土 입장에서는 손해를 보는 느낌이 있다.

●**己己** 논밭이 나란히 있으니 모든 것을 나누어야 한다. 물도 거름도 나누어야 한다. 비견이지만 일을 하는데 느리다. 친구의 도움이 크지 않다. 음간은 丁丁을 제외하고 함께 있으면 바람직하지 못하다.

●**己庚** 논밭에 쇠뭉치가 들어 있는 모습으로 좋은 모습이 아니다. 土와 金의 관계는 별로 좋지 못하다. 상관으로 말이 많고 참견이 심하다.

●**己辛** 己庚과 마찬가지로 논밭 속에 보석이 있어 좋지 않다. 보석은 壬水로 깨끗이 씻어주면 좋다. 식신의 역할이 좋은 결과를 내지 못한다.

●**己壬** 己土와 壬水는 己土가 물을 탁하게 하니 기토탁임(己土濁壬)이라 하여 흙탕물이다. 정재이지만 재물운이 나쁘고 여자 문제를 일으킨다.

●**己癸** 논밭에 비가 내리면 좋다. 옥토위생(玉土爲生)이라고 한다. 물론 癸水가 너무 많으면 壬水처럼 되어 좋지 않다. 편재로 큰 부자를 기대한다. 戊癸는 땅이 휩쓸려 가니 좋지 않다.

庚金

●**庚甲** 일반적으로 庚金과 甲木은 좋지만 甲木이 봄철의 어린 나무면 좋지 않다. 가을, 겨울의 甲木은 庚金과 잘 어울린다. 도끼로 장작을 만든다.

●**庚乙** 무딘 庚金이 연약한 乙木을 짓이기는 모습으로 갑작스런 재앙이 있다. 정재라고 모두 좋은 것은 아니다.

●**庚丙** 丙火로는 庚金을 녹이지 못한다. 관성이지만 직장생활에 적

합하지 않고 재능을 발휘하지 못한다. 庚金은 丁火로 녹일 수 있다.

◉ **庚丁** 庚金은 丁火로 제련하면 좋다. 화련진금(火鍊眞金)이라고 한다. 정관을 잘 사용하여 자기의 재능을 충분히 발휘한다. 그러나 丁火가 너무 거세다면 녹아 없어진다.

◉ **庚戊** 철에 흙이 묻어 있다. 戊土가 많으면 庚金은 묻히고 말 것이다. 토다금매(土多金埋)라고 한다. 인성이지만 다른 사람의 도움이 해가 된다.

◉ **庚戊丁** 다듬어지지 않은 무딘 철 庚金이 용광로 속에서 丁火로 단련되는 형상이다. 좋다고 본다. 격이 높아진다.

◉ **庚己** 己土도 庚金에는 오물로 작용하니 좋지 않다. 정인인데 타인의 도움이 오히려 해가 된다. 여기서도 庚金이 강하다면 약간의 흙은 털어내고 사용할 것이다. 庚金에 戊土와 己土는 좋지 않다.

◉ **庚庚** 庚金끼리 있으면 살벌한 느낌이 있다. 싸늘하다. 가을의 찬기가 느껴진다. 양간끼리는 甲甲을 제외하고 일반적으로 좋지 않다. 비견이 도움이 되지 못한다.

◉ **庚辛** 庚辛도 금속끼리 함께 있으니 살벌하다. 찬기가 돈다. 겁재 관계로 냉혹하다. 재성의 피해가 예상된다.

◉ **庚壬** 庚壬이나 辛壬은 金을 물로 깨끗이 씻는 모습이다. 식신으로 지식의 흡수가 뛰어나다. 그러나 壬水가 너무 많으면 庚金은 가라앉고 만다.

◉ **庚癸** 庚癸나 辛癸는 철에 습기가 있어 녹스는 모양이다. 좋지 않

다. 壬水는 퍼붓는 물이고 癸水는 가랑비 정도이다. 상관이지만 참견이 심해 해가 된다.

◉ **辛甲** 면도칼로 甲木을 자를 수는 없다. 흠만 낼 뿐이다. 정재이지만 재적 성취가 힘들다. 庚甲은 좋다.

◉ **辛乙** 연약한 乙木이 辛金의 칼날을 만나면 바로 상한다. 재성이니 재물이 신속하게 흩어진다. 재성이 있다고 좋아하면 안 된다.

◉ **辛丙** 보석이 햇빛을 받으면 광재가 난다. 위엄이 있다. 정관으로 좋은 관계이다. 丙火는 辛金을 녹일 수 없다.

◉ **辛丁** 丁火는 庚金, 辛金을 녹일 수 있다. 보석을 불태워 훼손하니 좋을 리가 없다. 보석을 녹이니 세상을 너무 모른다. 화소주옥(火燒珠玉)이라고 한다.

◉ **辛戊** 보석이나 칼날에 흙이 묻었다. 土가 辛金의 빛을 잃게 한다. 정인이지만 타인의 도움이 해가 된다. 辛金은 土를 싫어한다.

◉ **辛己** 보석에 흙이 묻어 빛을 잃었다. 칼날에 흙이 묻었다. 인성이지만 타인의 도움이 해가 될 수 있다. 인덕이 없다.

◉ **辛庚** 辛金이든지 庚金이든지 金끼리 만나면 무섭다. 무서운 성격이 있다.

◉ **辛辛** 서로 잘난 체하는 보석이 두 개다. 날카로운 칼날이 두 개이다. 복수심이 강하다. 잔인하다.

◉**辛壬** 辛金은 壬水를 만나면 깨끗하게 씻어진다. 상관으로 재능을 잘 발휘한다. 도세주옥(淘洗珠玉)이라고 한다.

◉**辛癸** 辛金이 癸水를 만나면 녹이 슨다. 식신이지만 재능을 발휘하지 못한다.

壬水

◉**壬甲** 큰 호수의 버드나무이다. 아름다운 그림이다. 식신으로 자신의 재능을 충분히 발휘한다. 같은 식신이라도 글자에 따라 차이가 있다.

◉**壬甲丙** 호수에 버드나무가 있고 태양이 떴다. 좋은 모습이다. 연꽃이 떠 있는 壬乙丙보다는 덜 좋다.

◉**壬乙** 넓은 호수에 연꽃이 피었다. 상관으로 자기 능력 이상을 발휘한다.

◉**壬乙丙** 호수에 연꽃이 피고 밝은 태양이 떠 있다. 壬乙, 壬丙, 乙丙 모두 좋은 관계가 된다.

◉**壬丙** 햇볕이 내리쬐는 호수이다. 동해에 태양이 떴다. 재운이 있어 큰 부자가 된다. 丙壬처럼 강휘상영(江暉相暎)이라고 한다.

◉**壬丙戊** 바다에 태양이 뜨고 큰 산도 있으니 그림이 참 좋다. 태양이 뜬 맑은 날 태백산에 올라서 본 동해바다를 연상한다. 스케일이 크다.

◉**壬丁** 바다를 비추는 달빛도 멋있다. 정재로 재물이 차곡차곡 모인다. 좋은 성격으로 인기 좋다.

◉**壬丁戊** 바다에 달이 뜨고 큰 산이 있다. 좋은 관계이며 격이 높아

진다.

◉ **壬戊** 동해바다와 태백산이다. 산수가 아름답다. 관이 좋으니 직장에서 성공한다. 편관으로 리더십도 있다. 모든 글자는 힘의 균형을 살펴야 한다. 壬水가 강하면 戊土를 쓸어버릴 수 있다.

◉ **壬戊癸** 동해바다를 보기 위해 태백산에 올랐는데 癸水 비가 오니 좋지 않다. 戊癸합이 되고 壬水만 남는다.

◉ **壬己** 壬水가 가장 싫어하는 것은 물을 흐리게 하는 己土이다. 기토탁임(己土濁壬)으로 관운이 좋지 않다. 정관이 있다고 좋아하면 안 된다.

◉ **壬庚** 壬水가 庚金을 씻어내니 좋다. 경발수원(庚發水源)이라고 한다. 인성으로 창조력과 기획력이 뛰어나다. 다른 사람의 원조를 쉽게 받는다.

◉ **壬庚丙** 庚金을 壬水로 깨끗이 씻어 丙火로 말리니 좋다. 격이 높아진다.

◉ **壬辛** 辛金과 壬水는 좋은 관계이다. 도세주옥(淘洗珠玉)이라고 한다. 정인으로 학업이 우수하고 총명하다.

◉ **壬壬** 큰 물끼리의 만남이다. 홍수가 났다. 왕양대해(汪洋大海)이다. 실패를 자주한다. 양간은 甲甲을 제외하고 함께 있으면 좋지 않다.

◉ **壬癸** 큰 물과 작은 물이 만났으니 물살이 빠르다. 경쟁이 강하니 좋을 수도 있으나 물이 너무 거세면 피해가 있을 수 있다.

癸水

◉**癸甲** 소나무에 비가 오니 좋은 모습이다. 상관으로 표현능력이 좋고 지능이 높다. 상관이라고 무조건 부정적으로 보면 안 된다.

◉**癸乙** 초원에 비가 오니 좋다. 그러나 乙木과 癸水의 힘을 비교하고 乙木이 잡초인지 아닌지도 본다. 계절이 언제인지도 본다.

◉**癸丙** 좋은 관계는 아니다. 丙火가 강하면 癸水가 증발하고 癸水가 강하면 먹구름이 태양을 가린다. 정재이지만 재물이 모이지 않고 손실이 많다. 흑운차일(黑雲遮日)이라고 한다.

◉**癸丁** 등대, 화롯불, 촛불에 비가 오니 좋지 않다. 재성이지만 재운이 전반적으로 좋지 못하다.

◉**癸戊** 건조한 戊土에 비가 오면 좋다. 관성이니 조직생활에서 두각을 나타낸다. 癸水가 지나치면 마른땅이 휩쓸려 갈 수 있다.

◉**癸己** 논밭에 비가 내리니 좋다. 관성으로 직장생활에 적합하다. 습윤옥토(濕潤玉土)라고 한다. 역시 癸水가 지나치면 좋지 않다.

◉**癸庚** 癸水와 庚金이 만나면 庚金이 녹이 슨다. 정인이지만 윗사람의 덕이 없다.

◉**癸辛** 庚金 辛金은 癸水와 만나면 녹이 슨다. 윗사람의 덕이 없으니 자력으로 일어서야 한다.

◉**癸壬** 癸水와 壬水가 만나면 물이 너무 강하다. 겁재이니 건강이나 재산상의 손실에 주의한다.

◉**癸癸** 계속 비만 온다. 일을 할 수가 없다. 일의 진행이 느리다.

2

지지끼리의 작용

> **子水**

◉ **子子** 깊은 겨울이고 깊은 밤이다. 어둡고 춥다. 움직임도 없다. 밤이나 지하의 생활 환경이다. 왕지 글자의 모임이니 영향력이 강하다.

◉ **子丑** 子丑합이다. 지축의 가장 아랫부분이다. 역시 추우나 곧 봄이 올 것이다. 봄을 준비해야 한다. 子는 丑에 힘을 잃는다.

◉ **子寅** 겨울과 초봄으로 격각이다. 격각은 水운동과 火운동처럼 서로 반대편 일이 일어나니 일이 꼬인다. 장간에 戊癸합이 있어 겨울과 봄을 잇는 역할을 한다.

◉ **子卯** 겨울과 봄의 왕지가 만났으니 에너지가 넘쳐 子卯형이 된다.

◉ **子辰** 子辰 반합이다. 장간에 戊癸합이 있다. 水의 기운이 강해진

다. 水의 왕지와 묘지의 만남으로 일시적으로 강해졌던 水의 기운은 점차 약해진다.

◉ **子巳** 子水와 巳火는 반대 계절이다. 지장간에 戊癸 암합이 있어 속으로 그리워한다. 여름에는 겨울, 겨울에는 여름이 그립다.

◉ **子午** 여름과 겨울의 왕지의 충이다. 큰 싸움이 된다. 서로 피해를 입을 가능성이 크다. 丁壬 암합이 있어 여름에는 겨울이 그립고, 겨울에는 여름이 그립다.

◉ **子未** 겨울과 여름의 글자의 만남으로 장간에 丁壬합이 있다. 서로 그리워하는 마음은 있다. 그러나 겉으로는 여름과 겨울이니 子未해가 된다.

◉ **子申** 申子辰 삼합에서 반합이다. 장간에 戊癸합이 있다. 水와 金으로 출신은 다른 글자들이 만나 水의 일을 한다. 乙木과 己土의 천을귀인이다.

◉ **子酉** 겨울과 가을의 왕지의 글자들이 만났다. 서로 양보할 수 없는 싸움이나 모두 金水로 음의 글자들이다. 子酉파가 된다.

◉ **子戌** 쓸쓸하고 춥다. 격각이다. 水와 火의 일을 함으로써 살아가는 방식이 다르다. 상문살, 조객살이 격각에 해당한다. 장간에 가을과 겨울을 잇는 戊癸합, 丁壬합이 있다.

◉ **子亥** 어두운 밤이고 추운 겨울이다. 움직임이 없다. 水가 강하니 火는 무척 약해질 것이다. 장간에 戊癸합이 있다.

◉**丑子** 子丑합이다. 子는 시간이 감에 따라 결국 丑 속으로 흡수된다. 장간에 암합은 없다.

◉**丑丑** 丑은 겨울에서 봄으로 넘어가는 때이다. 아직은 추우나 내부적으로는 봄이 움튼다. 서두르다간 위험하다. 환절기엔 조심한다.

◉**丑寅** 겨울의 환절기를 지나 봄은 온다. 내부적으로 지장간에 戊癸합, 丙辛합, 甲己합으로 얽혀 있다.

◉**丑卯** 지지가 한 칸 뛰면 격각으로 하는 일이 다르다. 각각 金운동과 木운동의 정반대 일을 하니 잘될 리 없다. 지장간에 甲己합이 있다.

◉**丑辰** 丑辰파이다. 水와 金의 묘지의 만남이다. 장간에 戊癸합으로 암합되어 있다. 전환기에는 조심한다.

◉**丑巳** 巳酉丑 삼합에서 가운데 왕지가 빠졌다. 출신은 달라도 金의 일을 한다. 장간에 戊癸합, 丙辛합이 있다. 운에서 酉가 오면 삼합이 되어 金운동이 활발할 것이다.

◉**丑午** 丑午해가 된다. 丑午 귀문이다. 金과 火의 활동을 한다. 서로 화합하지 못한다. 겨울은 여름을 그리워한다. 丙辛 암합이 있다.

◉**丑未** 지지의 반대 방향 글자들은 충이다. 丑未충이다. 음양이 교차하는 시기이기 때문에 辰戌충보다 강도가 세다. 丑未는 甲木, 戊土, 庚金의 천을귀인이다.

◉**丑申** 庚金을 묘지에 담는 丑이다. 申金에는 庚金이 많이 들어 있다. 약간 우울하다. 내부적으로 戊癸합이 있다.

◉**丑酉** 酉丑의 반합이다. 丑은 金의 묘지이기 때문에 반합으로 일시적으로 강해졌던 金기운은 점차 약해진다. 酉丑은 반합이라고 하지만 장간의 합이 없다.

◉**丑戌** 丑戌형이다. 묘지끼리의 만남이다. 약한 戊癸 암합이 있다. 전환기에는 조심해야 한다. 개고되면 지장간들이 여러 변화를 야기할 것이다.

◉**丑亥** 지지가 하나 건너뛰면 격각이다. 金운동과 木운동의 반대 운동을 하려는 글자의 만남이다. 격각이면 하는 일이 꼬인다. 장간에 戊癸합, 甲己합이 있다.

寅木

◉**寅子** 격각이다. 子는 水의 왕지이고 寅은 火의 생지이니 서로 반대편 쪽의 일을 하려 하니 잘될 리가 없다. 장간에 戊癸합이 있다.

◉**寅丑** 丑을 거쳐 봄의 운동이 활발해진다. 장간에 봄의 활력을 넣는 戊癸합, 丙辛합, 甲己합이 있다.

◉**寅寅** 초봄의 새싹들 움직임이 생동감 있다. 생지 글자의 모임으로 귀염성이 있다. 甲甲처럼 경쟁력이 강하다.

◉**寅卯** 봄 글자의 모임으로 생동감 있다. 움직임이 좋다. 그러나 어리다. 같은 木이지만 가는 길은 다르다. 寅은 火의 일을 하고 卯는 木의 일을 한다.

◉**寅辰** 방합에서 가운데 글자가 없다. 일이 시들하다. 격각이다. 격

각은 상문살, 조객살에 해당하여 불길하다. 辰은 장간에 戊癸합이 있다.

◉**寅巳** 봄과 여름의 생지 글자들의 만남이다. 火와 金의 서로 다른 방향 운동을 한다. 寅巳형이다.

◉**寅午** 寅午 반합이다. 火의 기운이 강해진다. 삼합은 직업 등 사회 활동과 관계가 있다. 출신은 木火로 다르지만 함께 火의 일을 한다. 辛 金의 천을귀인이다.

◉**寅未** 未는 甲木의 묘지이다. 寅에는 甲木이 많이 들어 있다. 寅의 활동은 점차 약화된다. 장간에 甲己합이 있다. 寅未 귀문이다.

◉**寅申** 초봄과 초가을의 반대편 글자로 충이다. 생지끼리의 싸움이 다. 생지의 충은 발전의 원동력이다. 자극이다. 寅이 새싹이라면 申은 첫 낙엽이다.

◉**寅酉** 寅酉 원진으로 火운동과 金운동이 서로 곁눈질한다. 내부적 으로 丙辛합이 있어 미워하면서 함께 있다.

◉**寅戌** 寅午戌에서 午가 없다. 寅은 火운동을 시작하나 戌로 약해진 다. 왕지가 없어 시작만 하고 대충 끝나버린다. 丙辛 암합이 있다.

◉**寅亥** 寅亥합이 된다. 서로 묶여 있어 사용 못한다. 지지합이라도 내부적인 암합이 없어 속마음을 주고 받는 것은 아니다.

卯木

◉**卯子** 왕지의 글자끼리 강한 힘이 나온다. 子卯형이다. 水운동과 木 운동으로 가는 방향이 다르다.

◉ **卯丑** 격각이다. 金운동과 木운동으로 서로 반대편 운동을 하니 줄다리기처럼 일이 잘 안된다. 장간에 甲己합이 있다.

◉ **卯寅** 봄의 왕지와 생지가 만나 木기운이 강하다. 성장과 발전이다. 생동감 있고 귀엽다. 푸르다. 서로 같은 木이지만 寅은 火의 일을 하고 卯는 木의 일을 한다. 하는 일은 다르다.

◉ **卯卯** 木의 왕지 글자가 두 개이니 木운동이 활발하다. 봄의 절정으로 성장과 확산이 두드러진다.

◉ **卯辰** 卯辰은 봄의 글자들이다. 卯의 활동은 시간이 지나면서 辰에 의해 위축될 것이다.

◉ **卯巳** 글자가 한 칸 떨어지면 격각이 된다. 金과 木운동으로 서로 반대로 간다. 장간에 乙庚 암합이 있다. 巳卯는 壬水와 癸水의 천을귀인이다.

◉ **卯午** 卯午는 봄, 여름의 왕지 글자로 파(破)가 된다. 木과 火의 운동으로 다른 곳으로 간다. 甲己 암합이 있다.

◉ **卯未** 亥卯未에서 卯未 반합이다. 반합의 강한 기운은 점차 未에 의해서 약화되어 간다. 未는 木의 묘지이기 때문이다. 木과 土라는 출신이 다른 오행들이 만나 木의 일을 한다. 장간에 甲己합이 있다.

◉ **卯申** 卯申원진이다. 木운동과 水운동으로 서로 달라서 생기는 현상이다. 장간에 乙庚합이 있으니 미운 정, 고운 정이 있다.

◉ **卯酉** 봄과 가을의 왕지끼리 싸움이 치열하다. 卯酉충이다. 子午충보다는 덜하지만 자존심을 건 싸움이 된다. 서로 피해를 본다.

●**卯戌** 卯戌합이 된다. 지지합은 서로 묶인다. 있어도 사용을 못하는 것이다. 지지합은 암합은 없다. 같은 위도의 기운이 섞일 뿐이다.

●**卯亥** 반합이다. 木의 생지와 왕지의 만남이다. 반합이 되어 木운동이 강해진다. 木과 水라는 출신이 다른 오행이 만나 木운동을 활발히 한다. 반합이지만 암합이 없다.

辰土

●**辰子** 반합이다. 반합으로 水는 강해지지만 辰은 水를 가두니 水기운은 짐차 약화된다. 辰이 水의 기운을 가둔다. 戊癸합이 상간에 있다.

●**辰丑** 丑辰파이다. 金과 水의 묘지 글자가 서로 부딪친다. 辰의 지장간에 戊癸합이 있어 丑과 戊癸합은 없다.

●**辰寅** 寅卯辰에서 가운데 글자가 빠져서 격각이다. 같은 봄인데 하는 일은 다르다. 辰은 水의 일을 마무리하고 寅은 火의 일을 시작한다. 일의 효율이 떨어진다.

●**辰卯** 卯辰해가 된다. 木운동과 水운동을 한다. 卯는 점차 힘을 잃어간다. 봄이 가는 것이다.

●**辰辰** 묘지 글자들의 만남이다. 辰辰형이다. 용끼리 만나서 변화무쌍하다. 곧 봄이 가고 여름이 올 것이다. 많은 변화가 있을 것이다.

●**辰巳** 辰에서 봄은 끝나고 여름이 시작된다. 巳의 기운이 강해진다. 장간에 봄과 여름을 잇는 乙庚합이 있고 戊癸합은 辰 속에 들어 있어 辰巳의 戊癸합은 없다.

◉ **辰午** 辰은 水의 묘지이고 午는 火의 왕지이다. 水와 火운동을 하니 격각이다. 격각이면 일이 꼬인다.

◉ **辰未** 辰未 묘지의 글자끼리 만났다. 묘지는 변화를 포함한다. 많은 변화를 예고한다.

◉ **辰申** 申子辰에서 왕지 子가 없으니 힘이 없다. 시작만 했다가 바로 흐지부지된다. 내부적으로 乙庚 암합이 있다.

◉ **辰酉** 辰酉합이다. 지지의 합은 글자들이 제 역할을 못한다. 풀리기 전에는 사용하지 못한다. 乙庚 암합이 있다.

◉ **辰戌** 辰戌충이다. 묘지끼리의 충으로 변화가 심하다. 그러나 지지 土는 동작은 크지 않기에 육체적 싸움보다는 말싸움 정도로 끝난다.

◉ **辰亥** 辰亥 귀문이다. 늦봄과 초겨울의 기운이 만났다. 귀문은 정신적인 문제와 연관이 있다. 내부적으로 戊癸 암합이 있다.

巳火

◉ **巳子** 巳子는 지장간에 戊癸 암합이 있다. 戊癸는 다른 천간합보다 당기는 힘이 강하다. 그래서 子巳 특합이라는 말도 있다.

◉ **巳丑** 巳酉丑 삼합에서 왕지가 없다. 金운동의 시작과 끝만 있다. 장간에 戊癸합, 丙辛합이 있다.

◉ **巳寅** 寅巳형이다. 寅은 火운동을 하고 巳는 金운동을 한다. 寅申巳 세 글자 중 두 글자 이상 있으면 형이 된다.

◉ **巳卯** 격각이다. 金운동과 木운동이 서로 극의 운동을 하니 일이 잘

안된다. 장간에 乙庚합이 있다. 巳卯는 壬水와 癸水의 천을귀인이다.

◉**巳辰** 봄의 계절을 마치고 여름이 되었다. 만물이 활발히 움직일 때이다. 장간에 乙庚합, 戊癸합이 있어 봄을 여름으로 이어준다.

◉**巳巳** 여름의 시작 기운이 맹렬하다. 꽃이 활짝 피는 것도 씨를 맺기 위함이다. 여름이 시작하면 내부적으로 金운동의 시작이다.

◉**巳午** 여름의 생지와 왕지가 만났다. 움직임이 빠르고 화려하다. 사방에 꽃이 피었다. 그러나 같은 火이지만 巳는 金운동을 하고 午는 火운동을 한다.

◉**巳未** 巳午未에서 午가 없어 격각이다. 金운동과 木운동을 하니 운동이 정반대이다. 격각은 일이 꼬여 상문살, 조객살과 관련 있다. 乙庚암합이 있다.

◉**巳申** 巳申합이 된다. 巳申형도 된다. 형과 합이 있으면 형이 먼저 일어난다. 지지합이 되면 글자들이 묶인다. 있어도 사용을 못한다.

◉**巳酉** 반합이다. 金운동의 생지와 왕지가 만났다. 강한 金기운이 형성된다. 출신은 火와 金으로 다르지만 함께 金운동을 한다. 장간에 丙辛합이 있다.

◉**巳戌** 巳戌 원진이 된다. 金과 火운동이 서로 눈을 노려보고 있다. 장간에 丙辛합이 있다.

◉**巳亥** 巳亥충이 된다. 여름과 겨울의 생지가 만났다. 생지끼리의 싸움은 어린이들의 싸움으로 싸우면서 성장한다. 그러나 寅申충보다는 치열하다. 巳는 뱀처럼 날씬하고 亥는 돼지처럼 뚱뚱하다.

午火

◉**午子** 子午충이다. 水와 火의 왕지끼리의 싸움이다. 음양의 차이가 커서 피해가 크다. 장간에 싸우면서 정(情)이 드는 丁壬합이 있다.

◉**午丑** 丑午 원진, 丑午 귀문, 丑午 해가 된다. 金의 묘지와 火의 왕지가 나란히 있다. 丙辛 암합이 있다.

◉**午寅** 寅午 반합이다. 火의 생지와 왕지가 만났다. 강한 火기운이 형성된다. 출신은 火와 木으로 다르지만 함께 火의 일을 한다. 장간에 甲己합이 있다. 辛金의 천을귀인이다.

◉**午卯** 火운동과 木운동의 왕지의 글자가 만났다. 午卯파가 된다. 대표의 자존심은 있다. 장간에 甲己합이 있다.

◉**午辰** 격각이다. 火와 水운동으로 갈 길이 서로 다르니 되는 일이 없다. 격각의 운에는 좋은 일이 없다.

◉**午巳** 巳午로 火의 기운이 대단하다. 여름으로 밝고 화려하다. 대학 캠퍼스이다. 午는 火의 왕지이고 巳는 金의 생지이다. 하는 일은 다르다.

◉**午午** 왕지 글자의 모임이다. 기운이 넘쳐 午午형이다. 에너지가 넘친다. 무덥다. 환하다. 활발하다.

◉**午未** 午未합이다. 지지가 합되면 풀리기 전까지는 사용을 못한다. 지지합이 반드시 장간에 암합이 있는 것은 아니다.

◉**午申** 격각이다. 火운동과 水운동으로 줄다리기처럼 서로 반대편의 길을 간다. 일이 잘 안 된다. 장간에 丁壬합이 있다. 함께 있기는 하

지만 뜻이 다르다.

◉ **午酉** 여름과 가을의 왕지 글자의 만남이다. 화합하는 맛은 없다. 장간에 丙辛합이 있다.

◉ **午戌** 午戌 반합이다. 火의 왕지와 묘지가 만났다. 일시적으로 火의 기운이 강해졌다가 시든다. 戌은 火의 묘지이기 때문이다. 장간에 丙辛합이 있다.

◉ **午亥** 여름과 겨울이다. 火와 木의 운동을 하려 하니 가는 길이 다르다. 장간에 甲己합, 丁壬합이 있다.

未土

◉ **未子** 子未해, 子未원진이다. 未는 木운동을 마무리하고 子는 水운동의 왕지이다. 장간에 丁壬합이 있다.

◉ **未丑** 丑未충이다. 음양의 교차시기의 충이다. 辰戌충보다 더 많은 변화가 있다. 백호, 입묘와 관련 있다. 甲木, 戊土, 庚金의 천을귀인이다.

◉ **未寅** 寅未 귀문으로 火운동의 생지와 木운동의 묘지가 만났다. 귀문이 동할 때 정신적, 신경질적 언행이 나온다. 甲己 암합이 있다.

◉ **未卯** 卯未 반합으로 木의 기운이 강해진다. 土와 木이라는 출신이 다른 글자가 만나 木의 일을 한다. 未가 木운동의 묘지이기 때문에 木운동은 점차 줄어든다. 장간에 甲己합이 있다.

◉ **未辰** 木운동과 水운동의 묘지가 만났다. 만일 동하게 되면 많은 변화가 있을 것이다. 土의 글자는 백호, 입묘 등과 관련이 있다.

◉**未巳** 巳午未에서 午가 없어 격각이 된다. 木운동과 金운동이 서로 극을 하니 줄다리기 하는 것처럼 일의 진척이 느리다. 되는 일이 없다. 장간에 乙庚합이 있다.

◉**未午** 午未합이다. 강한 火기운을 형성한다. 지지가 묶이면 사용하지를 못한다. 지지합은 장간합이 없어 정(情)도 없다.

◉**未未** 양이 음으로 바뀌는 전환기로 주의해야 할 때이다. 변화의 시기에는 움직임을 줄여야 한다. 커브길에서는 속도를 늦추어야 한다.

◉**未申** 未土가 여름을 가을로 바꾼다. 申金이 이어 받는다. 장간에 여름과 겨울을 잇는 乙庚합, 丁壬합이 있다.

◉**未酉** 격각이다. 木운동과 金운동이 서로 반대 운동을 한다. 서로 당기는 싸움이니 일이 잘 안 풀린다. 격각은 상문살, 조객살과 관련이 있다. 내부적으로 乙庚 암합이 있다.

◉**未戌** 戌未형이 된다. 변화의 글자들이 모였다. 조심해야 할 때이다. 속도를 늦추어야 할 때이다.

◉**未亥** 亥卯未에서 왕지가 없다. 생지와 묘지만 있으니 이끌어줄 리더가 없다. 장간에 丁壬합, 甲己합이 있다.

申金

◉**申子** 申子辰에서 申子로 반합이다. 강한 水기운이 형성된다. 출신은 서로 金과 水로 서로 다르지만 함께 모여 水의 일을 한다. 장간에 戊癸합이 있다.

◉ **申丑** 丑은 庚金의 묘지이니 申金은 차츰 기운을 잃을 것이다. 申金에는 庚金이 많이 들어 있다. 장간에 戊癸합이 있다.

◉ **申寅** 寅申충이다. 봄과 가을의 생지가 충돌하고 있다. 생지의 충이라도 巳亥충처럼 치열하지는 않다. 음양의 차이가 적기 때문이다. 피해도 크지 않다.

◉ **申卯** 卯申 원진이다. 金과 木이 서로 대립하고 있는 모습이다. 하는 일은 水와 木의 일이다. 장간에 乙庚합이 있다.

◉ **申辰** 申子辰에서 가운데 왕지가 없다. 시작만 하다가 끝이 난다. 운에서 子가 오면 삼합이 된다. 장간에 乙庚합, 戊癸합이 있다.

◉ **申巳** 巳申합과 巳申형이 된다. 형이 먼저 일어나고 다음에 합이 된다. 여름과 가을의 생지 글자들이 모여 에너지가 넘쳐 부작용이 난다.

◉ **申午** 격각이다. 水와 火가 만나 서로 반대로 간다. 좋을 리가 없다. 격각은 상문살, 조객살과 관련 있다. 장간에 丁壬합이 있다.

◉ **申未** 未 다음에 申이 온다. 未가 申을 돕는다. 장간에 乙庚합, 丁壬합 있다. 생지와 그 앞의 고지의 글자는 모두 암합이 있다.

◉ **申申** 대단한 金기운이다. 가을의 시작이다. 움직임이 줄어든다. 살벌한 감도 있다. 음으로 가는 운동의 시작이다.

◉ **申酉** 역시 강한 金의 결합이다. 매섭다. 과일과 곡식을 알차게 익게 한다. 싸늘한 가을이다.

◉ **申戌** 격각이다. 水운동과 火운동을 하니 서로 반대이다. 에너지 소모만 크다. 장간에 丁壬합이 있다.

◉ **申亥** 가을과 겨울의 생지들이 만났다. 申亥해. 水운동과 木운동을 하니 갈 길이 다르다.

酉金

◉ **酉子** 子酉파이다. 겨울과 가을의 왕지 글자들이 만났다. 서로 양보할 수 없어 파가 된다.

◉ **酉丑** 삼합에서 巳가 빠져 반합이다. 반합은 강한 기운을 만들지만 酉는 점차 약해진다. 丑이 金의 묘지이기 때문이다. 酉丑에는 암합이 없다. 亥卯에도 암합이 없다.

◉ **酉寅** 寅酉 원진이다. 봄과 가을의 기운이 만나 서로 흘겨보는 상태이다. 장간에 丙辛합이 있다. 장간합으로 헤어지지 못하고 미워하고 있다.

◉ **酉卯** 卯酉충이다. 金과 木의 왕지가 만나 무섭게 싸운다. 장간에 乙庚합 있어 내부적으로 서로 그리워하는 마음은 있다.

◉ **酉辰** 辰酉합이 된다. 지지가 합이 되면 서로 묶여 있어 사용 못한다. 장간에 乙庚합 있다. 지지합이 된다고 반드시 장간합이 있는 것은 아니다.

◉ **酉巳** 반합이다. 반합이 되면 강한 기운이 만들어진다. 金의 생지와 왕지의 만남이다. 金과 火라는 기운이 만나 金운동을 활발하게 한다. 장간에 丙辛합이 있다.

◉ **酉午** 가을과 여름의 왕지가 만났다. 왕지의 합은 서로 합칠 수 없

는 기운이다. 자존심이 있는 것이다. 장간에 丙辛합이 있다.

◉**酉未** 격각이다. 金운동과 木운동이 서로 극 상태이니 되는 일이 없다. 장간에 乙庚합이 있다.

◉**酉申** 金의 기운이 막강하다. 잎이 떨어진다. 서리가 내린다. 추워지기 시작한다. 酉는 金의 왕지이고 申은 水의 생지이다. 두 글자가 가는 길은 다르다.

◉**酉酉** 酉酉형이다. 왕지 글자의 모임이니 영향력이 강하다. 가을의 절정으로 추상(秋霜)같은 기운이 있어 살벌하다.

◉**酉戌** 가을의 글자들의 모임이다. 처음에는 강했던 가을 기운이 점차 약해진다.

◉**酉亥** 金의 왕지와 木의 생지가 만나 격각이다. 격각은 상문살, 조객살과 관련이 있어 불길하다. 丙火와 丁火의 천을귀인이다.

戌土

◉**戌子** 격각이다. 격각은 지지의 글자가 한 자 떨어진 것이다. 火운동과 水운동의 글자들이니 반대편으로 가려 한다. 되는 일이 없다. 장간에 戊癸합이 있다.

◉**戌丑** 丑戌형이다. 丑戌未 글자들 중에서 두 개 이상이 모이면 형이 된다. 土는 묘지에 해당하니 많은 변화가 예상된다. 장간에 戊癸합이 있다.

◉**戌寅** 寅午戌 삼합에서 가운데 왕지가 없다. 그래서 시작과 끝만 있

다. 운에서 午가 오면 강한 火기운이 형성된다. 장간에 丙辛합이 있다.

◉ **戊卯** 卯戌합이다. 지지합은 있는 글자도 사용하지를 못한다. 합이 풀리면 사용 가능하다. 지지합이라고 장간에 합이 있는 것은 아니다.

◉ **戊辰** 辰戌충이다. 묘지의 충도 백호, 입묘 등이 관련되기 때문에 많은 변화가 일어난다. 辰戌丑未 자체가 변화가 많은 시기이다.

◉ **戊巳** 巳戌 원진이다. 火운동과 金운동이 만나 다른 방향으로 간다. 장간에 丙辛합 있다. 장간합으로 미운 정(情)은 있다.

◉ **戊午** 午戌 반합이다. 午火의 火기운이 강해지지만 점차 약해진다. 戌이 火의 묘지이기 때문이다. 장간에 丙辛합이 있다.

◉ **戊未** 戌未형이 된다. 묘지끼리의 형충은 특히 변화가 심하다. 辰戌丑未는 백호, 입묘와 관련이 있기 때문이다.

◉ **戊申** 격각이다. 火운동과 水운동의 대조적인 운동을 하니 헛고생이다. 격각이 되면 부정적인 요소가 많다. 장간에 丁壬합이 있다.

◉ **戊酉** 가을 글자의 모임이다. 가을이 무르익어 간다. 金운동과 火운동으로 하는 일은 다르다.

◉ **戊戌** 가을에서 겨울로 넘어가는 때이다. 火의 글자는 모두 입묘된다. 계절이 바뀔 때는 활동을 줄이고 관망해야 한다. 쓸쓸하다.

◉ **戊亥** 戌亥가 있으면 戌土가 亥水를 도와준다. 가을에서 겨울로 넘어가는 때이다. 장간에 가을과 겨울을 잇는 丁壬합이 있다.

亥水

◉ **亥子** 水의 기운이 강하다. 겨울이니 움직임도 없다. 사방이 고요하다. 밤이다. 亥는 木의 일을 하고, 子는 水의 일을 한다. 장간에 戊癸합이 있다.

◉ **亥丑** 격각이다. 木운동의 생지와 金운동의 묘지가 만나 서로 반대운동을 한다. 장간에 戊癸합, 甲己합이 있다.

◉ **亥寅** 寅亥합이 된다. 지지합이 되면 있는 글자도 사용하지를 못한다. 합이 풀리면 사용이 가능하다. 지지합이라고 모두 장간에 합이 있는 것은 아니다.

◉ **亥卯** 木의 생지와 왕지가 반합으로 강한 木기운이 형성된다. 水와 木이라는 출신이 다른 기운이 만나 함께 木의 일을 한다. 반합이지만 암합 없다.

◉ **亥辰** 辰亥 귀문, 辰亥 원진이다. 木운동과 水운동이 만나 갈 길이 다르다.

◉ **亥巳** 巳亥충으로 생지들의 싸움이다. 생지의 싸움은 파괴력은 크지 않다. 어린이들의 싸움과 같다. 날씬이와 뚱뚱이의 대결이다.

◉ **亥午** 水와 火 출신이 木운동과 火운동을 한다. 서로 방향이 다르다. 장간에 丁壬합, 甲己합이 있다.

◉ **亥未** 亥卯未 삼합에서 가운데 글자가 없다. 시작과 끝은 있으나 왕지가 없어서 하는 일이 흐지부지 끝난다. 장간에 丁壬합, 甲己합이 있다.

◉ **亥申** 가을과 겨울의 생지 글자가 만나서 木운동과 水운동을 한다. 하려는 일이 다르니 서로 다른 출발을 한다. 申亥해가 된다.

◉ **亥酉** 丙火와 丁火의 천을귀인이다. 격각으로 木운동과 金운동을 한다. 격각이 되면 불길하다. 사주는 동(動)하지 않으면 변화 없이 지나간다.

◉ **亥戌** 출신은 水와 土인데 木운동과 火운동을 한다. 戌이 亥를 도와준다. 곧 겨울이 온다. 장간에 丁壬합이 있다.

◉ **亥亥** 亥亥형이다. 겨울의 시작이다. 어두워진다. 동작이 줄어든다. 내부적으로 甲木을 키운다.

3

십간별 귀격(貴格) 정리

甲木

寅월에는 태양 丙火가 우선이다. 丙火 있고 봄비 癸水 있으면 귀격이다. 이른 봄이니 癸水는 투하지 않고 지지에만 있어도 좋다.

卯월에는 甲木이 무성하니 庚金 가위를 써서 가지치기를 한다. 그리고 丙火 태양은 지속적으로 필요하다. 또한 甲木이 넘어지지 않도록 土로 뿌리를 잡아주면 좋다.

辰월의 甲木은 卯월처럼 뻗어나가는 가지를 庚金 가위로 잘라주면서 壬水로 물을 듬뿍 공급해야 한다.

巳午未월 여름은 무더워지니 甲木에게는 우선 비 癸水가 필요하다. 그리고 여름에는 癸水가 약하니 庚金으로 보좌해야 한다. 巳午未월의

甲木에 물이 있으면 丁庚을 써서 벽갑인정(劈甲引丁)을 해도 좋다. 여름의 甲木은 모두 똑같이 보면 된다.

申酉월 甲木은 丁火와 甲木을 쓰는 벽갑인정을 사용하면 귀격이다. 申월에는 甲木이 고목(枯木)이니 庚金으로 장작을 만들어 丁火로 태우면 좋다. 庚金이 투출하고 丁火는 장간에만 있어도 좋다. 酉월에도 庚金을 쓰고 丁火를 쓰면 벽갑인정으로 귀격이 된다. 丁火 대신 丙火만 있어도 좋고 丙丁이 함께 있어도 대귀하다. 가을과 겨울에는 庚金을 쓸 때 丙丁火를 함께 써도 좋다. 丙火는 조후를 담당하고 丁火는 庚金을 제련시키는 역할을 한다.

戌월에는 건조하여 土가 약해지니 戊土를 보완한다. 그리고 庚金을 써서 甲木을 장작으로 만든다. 戌월에도 丁火와 庚金을 써서 벽갑인정을 해도 된다. 그러나 戊土가 건조하니 水로 도우면 좋다.

亥월 甲木은 庚丁을 써서 벽갑인정을 하면 귀격이 된다. 庚金을 쓰면서 亥월은 水가 강하니 戊土를 써도 된다.

子丑월에는 추우니 甲木에게는 丁庚으로 벽갑인정하고 지지에 寅巳가 있을 때는 丙火로 조후해도 된다. 庚金을 쓰고 丙火로 조후해도 子丑월에는 귀격이다.

乙木

寅월 乙木은 甲木과 같이 丙火가 있으면 한기(寒氣)가 해소되고 염양려화(艶陽麗花)가 되어 뛰어난 명(命)이 된다. 癸水와 함께 있어도 좋다. 乙木에게는 丙火만 있어도 한목향양(寒木向陽)으로 귀명이 된다. 寅월 乙木은 丁火와 甲木 또는 丙火와 甲木만 있어도 목화통명(木火通明)으로 귀격이 된다. 乙木이 甲木을 타고 가면 등라계갑(藤蘿繫甲)으로 좋다.

卯월 乙木도 寅월과 마찬가지로 丙火와 癸水를 쓴다.

辰월에는 찬 기운이 가시니 癸水를 먼저 쓰고 丙火를 쓴다.

巳午未월 여름에는 더우니 우선 癸水를 쓴다. 巳월에는 丙火의 달이니 癸水만 있어도 좋고 午未월에는 癸水를 먼저 쓰고 丙火를 쓴다. 甲木이든 乙木이든 丙火 태양은 항상 필요하다.

申酉월 가을철은 다시 한기(寒氣)가 도니 丙火를 먼저 쓰고 癸水를 쓴다.

戌월에는 땅이 마르니 癸水를 쓰고 癸水는 무척 약하니 辛金으로 돕는다. 겨울의 乙木에는 다시 丙火를 가장 먼저 사용한다.

亥월은 丙火 다음에는 壬水의 계절이니 水가 너무 강하여 戊土로 물을 막는다.

子丑월에는 水의 계절이니 丙火만 써도 된다.

丙火

丙火는 壬水를 보면 강휘상영(江暉相暎)이라 하여 귀격이 된다. 壬水의 계절인 亥월만 제외하고 丙火는 壬水와 귀격을 이룬다.

寅월 丙火는 壬水를 쓰고 봄에는 壬水가 약하니 庚金으로 보좌한다.

壬水를 쓰고 지지에 화국(火局)을 이루어도 역시 귀격이 된다.

卯월 丙火는 壬水만 쓰면 강휘상영(江暉相暎)을 이루어 귀격이 되고 壬水를 庚辛金으로 보좌해도 된다. 卯월에는 壬水만 있어도 좋은 명(命)이 된다. 寅卯월의 丙火는 壬水만 있으면 좋다.

辰월부터는 丙火는 더워지니 우선 壬水를 쓴다. 겨울의 水의 계절만 제외하고 丙火는 우선 壬水를 쓰면 좋다. 辰월에 丙火는 壬水를 쓰고 庚金으로 보좌해도 좋고 辰월은 土가 강하니 壬水를 쓰고 甲木으로 소토(疏土)해도 좋다.

巳午월에 丙火는 역시 壬水와 庚金을 쓰면 귀격을 이룬다. 壬水가 없으면 癸水와 庚金을 써도 귀격이다.

未월에도 역시 무더우니 壬水와 庚金을 쓰면 상격이다.

申월 丙火는 壬水만 전용해도 상격이 되고 申월에 壬水는 생지이니 강하므로 壬水와 戊土를 쓰면 좋다.

酉월에는 丙火가 壬水를 보면 광휘(光輝)가 빛나니 상격이다. 壬水가 장간에 癸水를 보아도 酉월의 丙火는 귀격이 된다. 酉월의 丙火가 壬水를 보고 戊土를 본다면 역시 귀격이 된다.

戌월의 丙火는 土가 강하니 일단 甲木으로 소토(疏土)하고 壬水를 쓰면 귀격이 된다.

亥월의 丙火는 亥월이 壬水의 계절이니 壬水를 따로 취하지 않는다. 겨울에는 丙火가 약해지니 우선 甲木으로 도와야 한다. 水가 강하니 戊土를 써서 亥월 丙火는 甲戊庚이 투하면 귀격이다.

子월의 丙火는 壬水를 쓰고 戊土로 제하면 귀격이 된다. 丙火는 우선 壬水를 좋아한다.

丑월 丙火도 丙火가 좋아하는 壬水를 쓰고 겨울이라 약하니 甲木으로 돕는다면 귀격이 된다.

丁火

丁火는 연약하니 사철 甲木으로 도와야 한다. 丁火가 甲木 장작에 불을 지피려면 庚金으로 장작을 만들어야 하니 丁火는 甲庚을 만나면 벽갑인정(劈甲引丁)으로 귀격이 된다.

寅월 丁火는 甲庚을 써서 벽갑인정으로 귀격을 이룬다. 또한 庚金을 제련하고 壬水를 보면 재관쌍미(財官雙美)로 역시 귀격이다.

卯월 丁火도 庚金을 먼저 쓰고 甲木을 써서 귀격이다. 卯월 丁火는 꽃과 같으니 甲木으로 丁火를 돕고 癸水로 甲木을 도우면 대귀하다.

辰월 丁火도 우선 甲庚을 써서 대귀하다. 甲木은 벽갑인정 외에도 강한 土를 억제시키는 일도 한다.

巳월 丁火 역시 甲庚을 써서 목화통명(木火通明) 벽갑인정이 되어 상격이다. 巳월에 丙火가 떠서 丁火의 빛을 빼앗아가는 병탈정광(丙奪丁光)이 일어나면 壬癸水를 써서 火를 억제하면 상격이 된다. 巳월 丁火에 壬丙 또는 癸丙이 투하면 좋다.

午월 丁火는 더우니 우선 壬水를 쓰고 庚金으로 보좌한다. 午월 丁火는 무더운 여름이니 癸水로 구름을 가려도 좋다.

未월 丁火는 土가 강하니 우선 甲木을 쓰고 무더우니 壬水를 쓴다. 甲庚을 써서 벽갑인정해도 좋다.

申월 丁火도 甲庚을 써서 귀격이 된다. 甲庚에 丙火가 있어도 상격이 된다. 가을에는 丙火가 있어도 丁火가 빛을 잃는 병탈정광(丙奪丁光)이 일어나지 않는다.

酉월에도 甲庚을 쓴다. 가을, 겨울 즉 申酉戌亥子丑월에는 甲庚으로 벽갑인정을 만들면 丁火는 귀격이 된다. 酉월 丁火도 申월처럼 甲庚丙을 써도 병탈정광 없이 상격이다.

戌월에도 甲庚을 써서 상격이고 戌월 丁火에 戊土가 많고 甲木이 없으면 상관상진(傷官傷盡)으로 귀격이다.

亥월 丁火는 甲庚을 써서 상격이 된다.

子월 丁火도 甲庚을 쓰는 벽갑인정을 만들면 귀격이다. 甲木이 투하고 庚金이 장간에 있어도 좋다.

丑월 丁火도 亥子월의 丁火처럼 甲木과 庚金으로 상격이 된다.

戊土

土는 만물을 키우려는 데 목적이 있다. 그래서 戊土나 己土는 丙火 태양과 빗물 癸水가 필수적이다.

봄철의 戊土는 丙甲癸의 글자로 귀(貴)를 정한다.

寅월 戊土는 丙甲이 투하고 지지에 癸水가 있으면 상격이다. 丙癸만 투해도 귀격이다. 甲丙은 지장간에 있고 癸水만 투해도 좋다.

卯월 戊土는 寅월과 같다. 丙甲癸가 투하면 좋다. 癸水는 물이니 지장 간에 있어도 좋고 丙甲이 지장간에 있으면 癸水가 투해 하늘에서 비가 와도 좋다.

辰월 戊土는 土가 강하니 甲木을 먼저 쓴다. 그리고 丙火가 투하면 좋다. 甲木을 쓰고 甲木을 가지 치는 庚金이 투해도 좋다.

巳월의 戊土는 역시 土가 강하니 甲木을 먼저 쓰고 丙火가 투하면 좋다. 이때 장간에 癸水가 있어 뿌리를 적셔주면 좋다. 巳월 戊土에 丙火와 癸水만 투해도 귀격이 된다.

午월에 戊土는 무더워서 조후가 시급하니 壬水를 쓴다. 癸水는 증발된다. 午월의 戊土도 土가 강하니 甲木을 쓴다. 午월 戊土는 메말라 壬水가 시급하니 甲木은 장간에만 있어도 소토(疏土) 역할을 한다.

未월 戊土는 다시 癸水로 조후를 맞춘다. 癸水와 甲木 또는 癸水와 丙火를 보면 귀격이 된다. 癸水 대신 壬水와 丙火도 귀격이고 지지가 습할 경우에는 甲木과 丙火도 귀격을 만든다. 戊土는 甲丙癸로 귀를 조율한다.

申월 戊土는 기온이 내려가니 丙火를 먼저 쓰고 癸水와 甲木을 쓰면 귀격이다. 丙癸나 또는 丙甲이 투하면 귀격이다.

酉월 戊土도 추우니 丙火를 쓰고 癸水를 쓰면 귀격이 된다.

戌월 戊土는 土가 강하니 甲木을 먼저 써서 甲木과 癸水 또는 甲木과 丙火를 쓰면 귀격이다.

亥월 戊土는 水의 계절이고 추우니 癸水를 안 쓰고 甲木과 丙火를 쓰면 상격이다. 그리고 丙火만 투(透)해도 된다. 亥월 戊土에 庚金과 丁火가 투하면 용광로에 庚金이 불에 녹는 유화유로(有火有爐)가 되어 귀격이 된다.

子월 戊土는 추우니 丙火를 먼저 쓰고 甲木을 쓰면 귀격이다. 子丑월에는 조후가 중요하니 丙火가 강해야 한다. 丙火가 투하고 甲木이 장간에 있어도 좋다.

丑월 戊土도 子월과 같다. 丙甲이 투하면 귀격이 된다. 甲木은 장간에 있어도 귀격이다.

己土

己土 역시 戊土처럼 만물을 키우는 생의(生意)를 가지려면 丙火와 癸水가 필수적이다. 戊土처럼 甲丙癸로 귀를 조율한다.

寅월 己土는 丙癸가 투하면 귀격이다. 己土는 습토이니 癸水가 없이 丙火만 투해도 좋다.

卯월 己土도 甲木과 癸水가 필요하다. 丙火도 있으면 더 좋아진다.

辰월 己土는 癸水가 지장간에 있으니 丙火와 甲木을 써서 귀격이다. 丙癸가 투해도 좋다.

巳午未 여름의 己土는 더우니 癸水를 먼저 쓰고 丙火를 쓴다. 巳월 己土는 癸水와 丙火가 투하면 귀격이다. 무더우니 장간에 水가 있으면 좋다. 午월 己土는 巳월처럼 조후 때문에 癸水를 먼저 쓰고 丙火를 쓴다. 未월 己土도 마찬가지이다. 巳午월처럼 癸水를 먼저 쓰고 丙火를 쓴

다. 丙火를 쓰는 것은 여름의 논밭은 뜨거워야 곡식이 잘 자라고 익기 때문이다.

申월 己土는 기온이 떨어지니 丙火를 먼저 쓰고 癸水를 쓴다. 癸水 대신 壬水를 써서 丙壬도 좋다.

酉월 己土도 申월과 같다. 추워지니 丙火를 쓰고 癸水를 쓴다. 癸水 대신 壬水를 써도 귀격이다.

戌월은 土가 강해지니 甲木을 쓰고 건조하니 癸水를 쓴다. 지지가 습하다면 甲木과 丙火를 써도 귀격이다.

亥월 己土는 추우니 丙火를 최우선석으로 쓴다. 水의 계절이니 癸水는 취하지 않는다. 丙火를 쓰면 되고 土가 많을 경우 丙火와 甲木을 쓰면 귀격이 된다.

子월의 己土도 亥월 己土와 같다. 丙火를 취하고 土가 많으면 甲木을 쓴다.

丑월 己土도 亥子월과 같다. 조후가 급하니 丙火를 우선적으로 쓴다.

庚金

寅월 庚金은 이른 봄이니 庚金을 쓰지 못한다. 태양 丙火와 土로 덮인 庚金을 甲木으로 소토(疏土)해 주면 좋다. 그래서 寅월 庚金은 庚甲을 쓰면 상격이다.

卯월은 甲木이 단단해져서 庚金을 쓸 수 있다. 卯월 庚金은 丁甲으로 벽갑인정(劈甲引丁)하면 좋다.

辰월 庚金은 土가 강한 계절이니 甲木을 먼저 쓰고 丁火를 써서 벽갑인정한다.

巳월 庚金은 더우니 壬水를 먼저 쓴다. 그리고 戊土를 써서 火의 기운을 흡수하여 金을 생해 주면 좋다. 그래서 巳월 庚金은 壬戊가 귀격이다. 壬水 대신 癸水를 써도 좋으나 壬水가 더 좋다. 壬水와 丙火를 써도 庚金을 壬水로 씻어내고 丙火로 말리니 좋다. 壬丙은 강휘상영(江暉相暎)이라 하여 좋은 십간 관계이다.

午월 庚金도 무더운 철이니 우선 조후상 水가 필요하다 壬癸를 쓰면 귀격을 이룬다.

未월 庚金은 丁庚을 써서 벽갑인정하면 귀격이다. 未월부터 한기가 생기니 未申酉월에는 丁火를 먼저 쓰고 甲木을 쓴다.

申월 庚金도 丁火로 하련(煆煉)하고 甲木으로 丁火를 도우면 상격을 이룬다.

酉월 庚金도 丁甲을 쓰고 丙火가 함께 투해도 좋다. 이때 丙火는 조후를 담당한다.

戌월 庚金은 土가 성하니 甲木으로 소토(疏土)하고 壬水로 씻어내면 좋다. 甲壬은 큰 연못에 서 있는 버드나무로 횡당유영(橫塘柳影)이라 하여 좋다.

亥월 庚金은 추워서 금한수냉(金寒水冷)하니 丁火로 단련(鍛鍊)하고 丙火로 조후하면 귀격이다.

子월 庚金은 丁甲이 투하고 丙火가 조후하면 좋다.

丑월 庚金도 丙丁이 모두 투하고 甲木이 있으면 상격이 된다. 겨울의 庚金은 금한수냉(金寒水冷)하니 丙火의 조후가 필수이다.

辛金

寅월 辛金은 약하니 우선 己土로 힘을 주고 壬水로 씻어낸다. 壬辛은 도세주옥(淘洗珠玉)이라 하여 좋은 십간 관계이다. 그래서 辛金은 항상 壬水를 좋아한다. 壬水는 보석 辛金을 맑게 한다. 壬水로 씻어내고 庚金으로 보좌해도 부귀현달(富貴顯達) 한다.

卯월 辛金은 역시 壬水만 있어도 귀격이다. 壬水에 庚金도 좋고 壬水에 甲木도 辛金이 싫어하는 土를 예방할 수 있어서 좋다.

辰월 辛金은 卯월처럼 壬水와 甲木이 있으면 좋다. 이때 甲木은 土를 막아주는 역할을 한다.

여름의 辛金도 조후상으로 壬水가 필요하다.

巳월에는 더워지니 壬水로 조후하고 壬水가 약하니 辛金이나 庚金으로 보좌하면 귀격이다.

午월 辛金은 壬水도 辛金도 약하니 壬水로 씻어내고 己土로 辛金을 도우면 귀격이 된다. 午월 辛金은 壬己가 투하면 좋다. 이때 지지에 水가 있어 습해야 한다. 午월은 水의 뿌리가 없으면 모두가 메마르기 때문이다.

未월 辛金도 壬水로 씻어내고 庚金으로 돕는다. 未월에는 壬水도 약하다. 가을철 辛金은 壬水로 씻어내고 甲木으로 土를 방어하면 좋다.

申월에도 辛金은 壬水만 있어도 귀격이다. 癸水로 보석 辛金을 씻어 낼 수는 없다. 申월은 壬水가 생지이니 水가 지나치면 戊土로 억제하면 된다.

酉월 辛金도 壬甲을 쓰면 상격이다.

戌월 辛金도 壬水를 쓴다. 戌월이 건조한 土이니 甲木을 쓰고 지지가 습하면 귀격이다.

亥월 辛金은 壬水와 丙火가 좋다. 겨울은 추우니 조후로 丙火를 쓴다. 亥월 辛金에 壬丙이 있으면 금백수청(金白水淸)하다.

子월은 추우니 辛金은 丙火로 먼저 조후하고 壬水를 쓴다. 壬水와 丙火는 강휘상영(江暉相暎)이라 하여 좋은 십간 관계이다.

丑월 辛金 역시 丙火로 조후하고 壬水를 쓰면 좋다.

壬水

寅월 壬水는 약해지는 때이니 庚金을 쓰고 庚金도 약하니 戊土로 보좌하면 귀격이다.

卯월 壬水는 더욱 약하니 戊土로 제방을 만들어 저수지를 만든다. 그리고 辛金으로 壬水를 생해 주면 좋다.

辰월 壬水는 土가 강하니 甲木으로 소토(疏土)하고 庚金을 쓰면 금발수원(金發水源)이 되어 壬水가 강해진다.

巳월 여름철 壬水는 조후상 壬水와 壬水를 돕는 辛金이 필요하다. 辛金 대신에 庚金을 써도 귀격이다.

午월 壬水도 역시 무더우니 癸水를 쓰고 辛金으로 보좌한다. 壬水보다 癸水를 쓰는 이유는 午 중 丁火가 丁壬합으로 壬水의 역할을 약화시키기 때문이다. 癸庚을 쓴다거나 壬庚을 써도 좋다.

未월 壬水는 무척 약하니 辛金으로 금발수원(金發水源)하여 壬水를 돕는다. 그리고 甲木으로 강한 土를 억제하면 귀격이다.

申월의 壬水는 생지를 만나 水가 강하니 戊土를 써서 막고 申월의 강한 金을 丁火로 제지하면 좋다. 그래서 申월 壬水는 戊丁이 투하면 상격이다.

酉월 壬水는 금백수청(金白水淸)한 때이다. 그래서 무엇보다 土를 방지해야 하니 甲木을 쓴다. 申월에는 壬水가 넘쳐서 戊土를 썼지만 酉월에는 土를 방지하기 위해 甲木을 쓴다.

戌월 壬水는 土가 강하니 甲木을 쓰고 추우니 丙火로 조후한다.

亥월이나 子월의 壬水는 水가 강하니 戊土를 먼저 쓴다. 戊土를 쓰고 丙火로 조후하면 좋다. 亥월 壬水에 戊丙이 투하면 귀격이고 子월 壬水에도 戊丙이 투하면 귀격이다.

丑월 壬水는 일단 추우니 丙火만 투해도 귀격이다. 丙火를 쓰고 甲木이 土를 억제해도 좋다. 丑월은 추우니 丙火로 조후하고 壬水와 좋은 관계인 辛金이 투해도 귀격이다.

癸水

寅월 癸水는 약하니 辛金으로 생하고 丙火가 비춰주면 음양화합으로 만물이 발생한다. 봄에는 丙火와 癸水가 좋다. 癸水를 庚金으로 생해 주어도 좋으니 庚丙이 투해도 귀격이다.

卯월은 木이 성장하는 때이니 癸水도 金으로 생해 주면 좋다. 그래서 庚辛金을 쓰면 귀격이 된다.

辰월 癸水는 丙火만 있어도 좋다. 봄철에는 丙火와 癸水는 태양과 봄비이다. 癸水가 약하면 庚金이나 辛金으로 생해 주어도 좋다.

巳월 癸水는 마르기 쉬우니 辛金으로 보좌하고 壬水로 돕는다. 장간에도 火가 적어야 증발되지 않는다. 辛壬이 두 개 모두 투출하고 지지에 火가 강하지 않으면 좋다.

午월 癸水는 더욱 증발하기 쉬우니 庚辛金으로 보좌하고 비겁 壬癸水로 보좌하면 상격이다.

未월 癸水 역시 巳午월처럼 더우니 庚辛金에 壬癸水를 쓰면 상격이 된다. 여름의 癸水는 마르지 않도록 金으로 금발수원(金發水源)하고 비겁으로 도와야 좋다.

申월 癸水는 庚金이 계절을 잡았으니 丁火를 쓰면 좋다. 庚金은 丁火를 보아도 극보다는 생이 된다. 丁庚의 십간 관계는 긍정적이고 발전적이다.

酉월 癸水는 금백수청(金白水淸)하니 辛金을 쓰고 丙火로 조후하면 좋다. 이때 丙辛은 떨어져 있으면 좋다.

戌월 癸水는 약하니 辛金으로 돕고 강한 土를 甲木으로 제어하면 귀격이 된다.

亥월 癸水는 亥 중 甲木으로 인하여 癸水가 약하니 庚辛金으로 도우면 귀격이 된다. 이때 金을 해치는 丁火를 보면 안 된다.

子월 癸水는 추우니 일단 丙火로 해동하고 辛金으로 도우면 금온수난(金溫水暖)하여 귀격이 된다.

丑월 癸水는 추우니 丙火가 투하면 해동되어 좋다.

◉ **탐생망극(貪生忘剋)**

어떤 글자가 생하는 글자와 극하는 글자가 동시에 있을 때 극하는 것보다 생을 먼저 하게 된다는 것을 말한다. 생을 탐하느라 극을 잊는다는 뜻이다. 예를 들어 비겁에 재성과 식상이 있을 경우에는 비겁은 재성을 극하는 것보다 식상을 생하는 일을 먼저 하게 된다.

❶ 申酉戌 방합이 있다.

❷ 강한 金은 일간 甲木을 극하기 이전에 壬水를 생하게 된다.

❸ 金의 생을 받은 壬水는 다시 甲木을 생할 것이다.

❹ 뿌리 없는 甲木은 壬水의 생을 받기도 힘들어 강한 金에 극을 당한다.

❺ 오행의 상생상극은 서로 간에 적절한 힘의 균형을 이루었을 때 성립한다.

◉ 군비쟁재(群比爭財), 군겁쟁재(群劫爭財)

팔자에 비견이 많으면 군비(群比)라 하고 겁재가 많으면 군겁(群劫)이라 한다. 비겁은 재성을 극하기 때문에 비겁이 많으면 군비쟁재 또는 군겁쟁재 현상이 일어난다. 팔자에 재성이 없으면 극할 재성이 없으니 이러한 작용이 적지만 재성이 있을 때는 재성이 파괴되기 쉽다. 이렇게 비겁이 강할 때는 식상이 있어 완충역할을 해주면 좋다.

《乾》

時	日	月	年
丙	壬	癸	癸
午	子	亥	亥

❶ 亥月에 壬水가 비겁이 많다.

❷ 강한 비겁이 재성을 극하게 된다.

❸ 군겁쟁재의 사주이다.

◉ 득비리재(得比理財)

득비리재는 군겁쟁재(群劫爭財)와는 반대 개념으로 재성이 많아 신약한 팔자에 비겁이 오면 오히려 도움이 되는 경우를 말한다.

時	日	月	年
庚	丙	丙	辛
寅	午	申	酉

❶ 재성 金의 기운이 강하다.

❷ 재성이 많아 일간이 약할 때는 비겁이 도움이 된다.

❸ 친구나 형제가 도움이 되는 경우이다.

◉ 군겁탈부(群劫奪夫)

관성은 비겁을 극하지만 비겁이 많고 관성이 적으면 관성이 비겁을 극하지 못한다. 이를 군겁탈부라 한다. 군겁탈부는 자매강강(姉妹剛强)이라고도 한다. 비겁(比劫)이 많아도 팔자에 재관(財官)이 아예 없으면 군겁쟁재(群劫爭財), 군겁탈부가 아니다.

《坤》

時	日	月	年
丁	戊	辛	己
巳	午	未	未

❶ 未月에 戊土가 비겁이 많다.

❷ 반면 관성은 未 중 乙木으로 지장간에만 있어 약하다.

❸ 비겁은 강하고 관성은 약하니 군겁탈부 현상으로 남편복이 없다.

◉ 등라계갑(藤蘿繫甲)

등라계갑이란 乙木이 甲木을 타고 가는 아름다운 모습이다. 계갑(繫甲)이란

甲木에 얽혀 있다는 뜻이다. 甲木과 乙木이 있으면 무조건 등라계갑의 모습이 되는 것은 아니다. 乙木이 신약할 때 타고 올라갈 甲木과의 관계를 말한다.

❶ 戌月의 乙木이 약하다.

❷ 甲木은 乙木이 타고 올라갈 좋은 버팀대가 된다.

❸ 재상을 지낸 등라계갑 사주의 예이다.

◉ **벽갑인정(劈甲引丁)**

성장한 甲木에 丁火로 바로 불을 붙일 수는 없다. 이때는 庚金 도끼로 쪼개어 장작을 만들어야 불이 잘 붙는다. 이렇게 甲木에 庚金이 있을 때 丁火도 함께 있으면 좋아지므로 이를 벽갑인정 또는 벽갑인화(劈甲引火)라고 한다.

❶ 申月에 丁火로 재격이다.

❷ 천간에 庚金이 투하여 벽갑인정이 된다.

❸ 甲·丁·庚이 힘의 균형을 이루어야 한다.

◉ 탐재괴인(貪財壞印)

억부용신에서 신약격이 되면 인성을 용신으로 삼는데 이때 재성이 있으면 인성 용신을 극하게 된다. 이를 탐재괴인이라고 한다. 재물이나 여자를 탐하다가 명예나 위신을 잃게 된다.

❶ 卯酉충으로 신약하여 인수를 용한다.

❷ 寅午 반합에 丁火가 투하여 재성이 강하다.

❸ 재성이 강해 용신 인수가 극을 당했다.

❹ 탐재괴인으로 운이 火로 갈 때 큰 곤경을 겪었다.

◉ 제살태과(制殺太過)

칠살은 적장에 해당하니 식신으로 극하면 좋다. 그러나 극하는 것도 적당해야지 지나치면 제살태과가 된다. 제살태과가 되면 칠살이 지나치게 제복(制伏)되어 격국이 깨지니 재앙을 예고한다.

❶ 辰月에 두 개의 戊土가 투하여 신왕하니 丙火 칠살을 용한다.

❷ 그러나 지지 申子辰 삼합으로 식상이 강해져 칠살을 극한다.

❸ 제살태과가 된 사주이다.

◉ 관살혼잡(官殺混雜)

관살혼잡은 파격이다. 관살이 동시에 있으면 일간이 무척 강해야 한다. 관살혼잡이 되었을 경우 하나를 합해 가는 합살류관(合殺留官)이나 합관류살(合官留殺)이 되면 성격된다.

❶ 천간과 지지에 관살이 따로 있다.

❷ 관살혼잡이 아니다.

❸ 관살혼잡은 천간 또는 지지에 관살이 섞여 있을 때를 말한다.

◉ 부성입묘(夫星入墓)

여명에서 부성(夫星)인 관살이 묘지(墓地)를 만났다는 것이다. 이는 남편이 묘지에 있어 손발이 묶인 상황을 의미하니 남편이 무능하기 쉽다. 그래서 여명에 부성입묘를 꺼린다.

❶ 관성 丙火가 묘지 위에 앉아 있다.

❷ 부성입묘이다.

❸ 지지 형충운이 오면 丙火가 입묘된다.

◉ 거살류관(去殺留官), 합살류관(合殺留官)

정편관이 혼잡해 있으면 관살혼잡(官殺混雜)으로 혼탁하다. 이때 합이나 극으로 하나를 제거하고 나머지 하나만 남긴다면 좋아지게 된다. 관살이 중(重)하다면 충으로 극하는 거살류관이나 합으로 하나를 정지시키는 합살류관을 만들면 좋다.

❶ 천간에 관살이 혼잡되어 있다.

❷ 丙辛합으로 살(殺)이 합거(合去)되고 관(官)만 남는다.

❸ 합살류관이 되어 사주가 맑아진다.

❶ 천간에 丙丁이 있어 관살혼잡이다.

❷ 壬水가 丙火를 제거하니 거살류관이 된다.

❸ 거살류관보다 합살류관이 격이 더 높다.

◉ 관인쌍전(官印雙全), 살인상생(殺印相生)

관성은 재성과 인성의 도움을 좋아한다. 관성과 인수가 조화를 이루면 귀격이 되니 관인쌍전이라고 한다. 살인상생은 칠살격에 인수를 용신으로 쓰는 것으로 칠살의 흉의를 인수가 설기시켜 일간을 돕게 된다.

❶ 木 인수가 강한 사주이다.

❷ 시간 癸水가 일간을 극하는 모양이나 癸水는 인수 木을 생한다.

❸ 癸水의 뿌리가 있었으면 격이 더 높아졌을 것이다.

◉ 파료상관(破了傷官)

파료상관이란 상관을 손상시킨다는 의미에서 상관상진(傷官傷盡)과 비슷하다. 그러나 상관상진은 일간이 신약할 때 상관이 강하면 힘의 소모가 커서 일간이 위험하니 상관의 힘을 뺀다는 의미이고, 파료상관은 신강한 사주에는 상관으로 힘을 빼는 것이 필요한데 인수운이 와서 상관을 파괴시켜 버리니 좋지 않은 경우를 말한다. 그래서 상관상진은 긍정적인 의미가 있지만 파료상관은 부정적인 의미가 된다.

時	日	月	年
甲	丙	丙	丁
午	辰	午	酉

❶ 午月의 丙火가 비겁이 많아 신왕하다.

❷ 일간이 강하니 식상으로 흘러 보내면 좋다.

❸ 그래서 辰土가 좋으나 甲木이 辰을 극하니 파료상관이다.

◉ 상관상진(傷官傷盡)

상관상진은 상관을 극하여 상관이 기진맥진(氣盡脈盡)해진다는 뜻이다. 상관을 상진시키는 이유는 상관이 정관을 극하기 때문이다. 또 상관은 일간의 기운을 심하게 설기시키니 상관의 힘을 빼서 일간을 보호하자는 뜻도 있다. 상관상진의 사주에 관성이 전혀 없고 신왕하거나 인수운이 오면 귀하게 된다. 이를 진상관이라고 한다. 그러나 일간의 힘이 너무 강하다면 상관으로 힘이 흘러가게 하면 좋다.

時	日	月	年
辛	戊	丁	辛
酉	寅	酉	酉

❶ 戊土 일간에 상관 金이 강하여 신약하다.

❷ 상관이 강하니 丁火 인수로 상관을 극해 준다.

❸ 상관상진이다.

❹ 상관용인격(傷官用印格)에 해당한다.

❺ 상관격에 인수를 용신으로 쓴다는 말이다.

◉ 재관쌍미(財官雙美)

재관쌍미란 단어 그대로 정재와 정관이 있어 아름답다는 뜻이다. 재관(財官)을 동시에 쓰게 되므로 신강해야 한다. 60간지에서 癸巳일과 壬午일을 보면 지장간에 재관이 동시에 들어 있다. 이 두 간지에만 재관쌍미를 적용하고 다른 간지에는 적용하지 않는다. 봄이나 여름생은 水일간 입장에서는 신약할 가능성이 크므로 재관쌍미를 적용하지 않는다.

❶ 癸巳 일주에는 巳 중에 戊丙 재관(財官)이 들어 있다.

❷ 재관(財官)을 쓰려면 신강해야 하는데 金水가 많아 신강하다.

❸ 乙未 甲午 대운에 갑부가 된 사주이다.

◉ 천원일기격(天元一氣格)

네 개의 천간이 모두 같은 글자로 되어 있는 것을 말한다. 천원일기격이 되면 특별히 좋다거나 나쁘다는 것은 없고 일반 사주 보듯이 판단한다. 그러나 오행이 균형 잡히지 못했다는 점에서 삶이 치우칠 가능성이 크다. 네 개의 지지가 모두 같은 것을 지신일기격(地辰一氣格)이라고 한다. 지신일기격도 특별히 좋거나 나쁘다고 할 수 없다.

❶ 천간이 모두 甲木인 천원일기격이다.

❷ 寅에 뿌리를 두어 신강한 사주가 된다.

◉ 천한지동(天寒地凍)

천한지동이란 하늘은 차고 땅은 얼었다는 뜻으로 亥子丑 겨울생을 말한다. 亥子丑 겨울생이라도 木火 일간은 춥지 않겠지만 金水 일간은 주변에 木火 글자도 없으면 천한지동의 상태가 된다. 이때 시급히 요구되는 것은 火의 기운이다. 火의 기운이 강해 언 땅이 녹으면 귀하게 되고 그렇지 못하면 종해야 한다. 火도 없고 종격도 안 되면 힘들다.

❶ 子월에 壬水로 사주가 차다.

❷ 강한 水기운은 寅木으로 흐른다.

❸ 甲寅 乙卯 대운에 변호사 시험에 합격하였다.

◉ 가살위권(假殺僞權)

가살위권이란 신강한 사주에서는 칠살이 변하여 도리어 권(權), 즉 정관으로 된다는 뜻이다. 이와는 반대로 신약한 사주에서는 정관도 일간에 피해를 주니 살(殺)이 된다. 가살위권이 되면 벼슬이 높고 힘과 덕으로써 만인을 다스린다고 한다.

❶ 未月에 己土로 일간이 강하다.

❷ 칠살 乙木도 卯未 반합에 뿌리를 두어 강하다.

❸ 丑에 뿌리를 둔 식신 辛金이 살(殺)을 제한다.

❹ 일간, 칠살, 식신이 모두 강하여 군왕이 된 사주이다.

◉ 아우생아(兒又生兒)

아우생아란 아(兒)가 다시 아(兒)를 낳는다는 뜻이다. 손자를 본 것이다. 아 (兒)란 식상이고 식상이 또 식상을 낳았으니 즉 재성을 낳는 것으로 물 흐르듯 이 순탄하게 흘러감을 의미한다. 식상생재격에 해당한다. 이때 식상이나 재성 을 극하는 비겁이나 인수가 있으면 안 된다. 물론 신강해야 한다.

❶ 丁壬합 있고 지지에 식상 木이 강하다.

❷ 일간의 힘이 木으로 흐르고 다시 木은 시간 丙火로 흘러간다.

❸ 일간의 뿌리가 되는 亥子 대운에 급제하여 대귀하게 된 사주이다.

◉ 거탁유청(去濁留淸)

거탁유청이란 사주에 청탁(淸濁)이 혼재되어 있다가 탁기는 사라지고 청기
만 남은 것을 말한다. 탁(濁)이란 관살혼잡(官殺混雜)이나 기토탁임(己土濁壬)
같은 경우를 말한다. 사주에서 탁(濁)을 제거하면 다시 사주가 청해져서 격이
좋아진다. 불이 너무 강하면 물로 불을 억제하고 木이 너무 강하면 金으로 억제
시키는 것도 거탁유청이다.

❶ 卯未 반합에 甲乙木이 투하여 일간이 강하다.

❷ 칠살에 재성이 있으면 파격이니 재성을 극하면 좋다.

❸ 그러면 거탁유청으로 사주가 좋아진다.

◉ 살인상정(殺刃相停)

살인상정이란 칠살과 양인이 서로 균형을 이룬다는 것이다. 칠살은 있으나
양인이 없으면 내 몸이 다치기 쉽고, 양인만 있고 칠살이 없으면 양인이 재성을
반드시 겁탈한다. 그래서 칠살과 양인이 있을 때는 살인상정되어야 한다. 살인
상정이 되면 주로 무관으로 가서 귀한 사주가 된다.

時	日	月	年
庚	丙	辛	壬
寅	午	亥	申

❶ 寅午 반합이 있고 일지 양인이다.

❷ 칠살 壬水 역시 생지 申 위에 있고 亥月 출생으로 강하다.

❸ 살인상정의 사주로 제갈공명의 사주라고 한다.

◉ 모쇠자왕(母衰子旺)

모쇠자왕은 일간은 약한데 식상이 강하다는 뜻이다. 여기서 모(母)는 인수를 말하는 것이 아니고 식상의 모(母)인 일간을 말한다. 모(母)라는 단어를 썼으니 식상을 자녀로 쓰는 여명(女命)에만 적용한다. 모쇠자왕 사주는 출산할 때 유산을 하는 등 힘들다고 한다. 이렇게 식상이 강할 때도 사주에 인수가 있다면 식상을 극하게 되어 다시 정상이 된다.

時	日	月	年
己	丁	己	己
酉	丑	巳	丑

❶ 巳月에 己土가 세 개 투하여 식상이 강하다.

❷ 그래서 일간 모(母)는 약해지고 자식은 강하다.

❸ 지지에 巳酉丑 금국도 있으니 일간 모(母)는 더욱 약하다.

❹ 일간의 뿌리되는 午未운에 좋았다가 申酉운으로 가면서 좋지 않다.

● 모자멸자(母慈滅子)

　　모자멸자란 어머니가 너무 인자하여 자식을 망친다는 뜻이다. 여기서 인수는 모친이 된다. 이렇게 인수가 강하면 비겁이 많아 인수의 힘을 설기시켜야 한다. 형제 자매가 희신이 되는 것이다. 또 하나 방법은 인성이 강하면 힘이 있는 재성을 사용하면 된다. 모자멸자 사주에서 비겁이나 재성이 없거나 극히 약하다면 종해야 한다.

時	日	月	年
戊	甲	壬	壬
辰	寅	子	辰

❶ 子辰 반합에 두 개의 壬水가 투하여 인수 모(母)가 강하다.

❷ 水가 많으면 木은 뜨게 되나 이 사주는 木이 뿌리가 있다.

❸ 그리고 戊土 재성이 강한 인수를 제하니 좋은 사주가 된다.

時	日	月	年
壬	丁	甲	癸
寅	卯	寅	卯

❶ 지지는 온통 木으로 천간에 甲木이 투하여 인수 모(母)가 강하다.

❷ 모(母)가 너무 강하여 모자멸자의 사주가 된다.

❸ 평생 고생하다가 대운 丁未 丙午 비겁운에 운수대통한다.

◉ 아능생모(兒能生母)

아능생모란 칠살이 강할 때 나의 아(兒)인 식상이 칠살을 제어하는 사주를 말한다. 예를 들면 木 일간이 약할 때 金 칠살이 강하면 일간은 버틸 수가 없다. 이때 아(兒)에 해당하는 火 식상이 金 칠살을 막아주면 일간인 모(母)가 좋아지는 것이다.

❶ 寅月의 어린 甲木에게 金의 기운이 강하다.

❷ 다행히 식상 丙午火가 있어 金을 제어한다.

❸ 아능생모에 해당한다.

❹ 식신제살격(食神制殺格)의 유형이다.

❺ 식신이 칠살을 억제해서 좋아진 것이다.

◉ 삼기득위(三奇得位)

여기서 말하는 삼기(三奇)는 정재, 정관, 정인을 말한다. 삼기득위란 이 세 가지가 사주에 있을 때를 말한다. 일간이 강하고 삼기도 뿌리를 두고 튼튼하면 대귀한 사주가 된다.

❶ 재성 庚金, 子辰 반합으로 관성, 亥未辰 속에 인성이 있다.

❷ 일간 丁火의 뿌리가 약하고 인성 木이 약한 것이 흠이다.

❸ 유명 장군의 사주이다.

◉ 재자약살(財滋弱殺)

재자약살은 사주가 신강할 때 용신은 칠살을 쓰는데 칠살이 너무 약해 재성이 도와줄 때를 말한다. 가장 중요한 점은 신강해야 하고 칠살이 약해야 한다는 것이다. 명관과마(明官跨馬)라고도 하여 크게 번창하는 사주가 된다. 반대로 신약한데 재성이 칠살을 도우면 일간은 큰 환란에 닥친다. 이때 마(馬)는 재성을 말한다.

❶ 일간 乙木이 무척 강한 사주이다.

❷ 일간이 강하고 庚金이 약하니 재성 辰土의 도움을 받는다.

❸ 辰巳午未申 대운에 번영했던 귀부인의 사주이다.

❹ 巳午 식상 대운에도 재를 생하고 다시 관을 생하여 좋다.

◉ 명관과마(明官跨馬)

재성이 천간에 투한 관성을 도우면 명관과마라고 하여 남편의 지위가 높다. 팔자에 재관(財官)이 뚜렷하여 부귀한 팔자라는 뜻이다.

時	日	月	年
乙	己	癸	丙
亥	亥	巳	申

❶ 재성이 癸水로 천간에 투한다.

❷ 편관 乙木은 亥에 뿌리를 둔다.

❸ 재성이 관성을 생하여 명관과마의 사주이다.

❹ 장관 부인의 사주이다.

◉관살병용(官殺併用)

관살병용이란 관(官)과 살(殺)을 모두 함께 쓴다는 뜻이다. 관살혼잡(官殺混雜)은 일반적으로 몹시 꺼리는데 관살병용이 대길할 때도 있다. 酉月 庚金은 추울 때로 金이 몹시 강하니 丙丁을 모두 사용한다. 강한 金을 丁火로 단련하면서 丙火로 조후하면 좋다.

時	日	月	年
丙	庚	丁	丙
子	子	酉	子

❶ 酉月의 庚金으로 양인격이다.

❷ 일간 庚金을 丁火로 단련하고 丙火로 조후를 맞춘다.

❸ 정일품에 오른 사주이다.

참고

▌ 납음오행표 ▌

간지	오행	간지	오행	간지	오행	간지	오행	간지	오행
甲子 乙丑	해중 金	丙寅 丁卯	노중 火	戊辰 己巳	대림 木	庚午 辛未	노방 土	壬申 癸酉	검봉 金
甲戌 乙亥	산두 火	丙子 丁丑	간하 水	戊寅 己卯	성두 土	庚辰 辛巳	백납 金	壬午 癸未	양류 木
甲申 乙酉	천중 水	丙戌 丁亥	옥상 土	戊子 己丑	벽력 火	庚寅 辛卯	송백 木	壬辰 癸巳	장류 水
甲午 乙未	사중 金	丙申 丁酉	산하 火	戊戌 己亥	평지 木	庚子 辛丑	벽상 土	壬寅 癸卯	금박 金
甲辰 乙巳	복등 火	丙午 丁未	천하 水	戊申 己酉	대역 土	庚戌 辛亥	차천 金	壬子 癸丑	상자 木
甲寅 乙卯	대계 水	丙辰 丁巳	사중 土	戊午 己未	천상 火	庚申 辛酉	석류 木	壬戌 癸亥	대해 水

▌팔괘(八卦)▐

팔괘의 구성은 양효(一)와 음효(--)로 되어 있다. 양효(陽爻)는 하나로 이어져 있기 때문에 강하고 실(實)하며, 음효(陰爻)는 둘로 나누어져 약하고 허(虛)하다. 양효와 음효는 세 개씩 모여 하나의 괘를 이룬다. 그 경우의 수가 여덟 가지이므로 팔괘라고 한다. 각 괘는 제일 위에 있는 효가 하늘을 상징하고, 가운데 있는 효는 사람을 상징하고, 제일 밑에 있는 효는 땅을 상징한다. 팔괘는 두 쌍을 이루어 주역의 64괘가 된다.

팔괘명	건(乾)	태(兌)	리(離)	진(震)	손(巽)	감(坎)	간(艮)	곤(坤)
팔괘부호	☰	☱	☲	☳	☴	☵	☶	☷
숫자	1	2	3	4	5	6	7	8
자연	하늘 천	연못 택	불 화	우레 뢰	바람 풍	물 수	뫼 산	땅 지
인간	부친	소녀	중녀	장남	장녀	중남	소남	모친
오행	陽金	陰金	火	陽木	陰木	水	陽土	陰土
신체	머리	입	눈	발	허벅지	귀	손	배
방위	서북	서	남	동	동남	북	동북	서남
지지	戌亥	酉	午	卯	辰巳	子	丑寅	未申
사상(四象)	태양(太陽)		소음(少陰)		소양(少陽)		태음(太陰)	
양의(兩儀)	양(陽)				음(陰)			
태극	태극(太極)							

1 중천건 重天乾	**2** 중지곤 重地坤	**3** 수뢰둔 水雷屯	**4** 산수몽 山水蒙	**5** 수천수 水天需	**6** 천수송 天水訟	**7** 지수사 地水師	**8** 수지비 水地比
9 풍천소축 風天小畜	**10** 천택리 天澤履	**11** 지천태 地天泰	**12** 천지비 天地否	**13** 천화동인 天火同人	**14** 화천대유 火天大有	**15** 지산겸 地山謙	**16** 뇌지예 雷地豫
17 택뢰수 澤雷隨	**18** 산풍고 山風蠱	**19** 지택림 地澤臨	**20** 풍지관 風地觀	**21** 화뢰서합 火雷噬嗑	**22** 산화비 山火賁	**23** 산지박 山地剝	**24** 지뢰복 地雷復
25 천뢰무망 天雷无妄	**26** 산천대축 山天大畜	**27** 산뢰이 山雷頤	**28** 택풍대과 澤風大過	**29** 중수감 重水坎	**30** 중화리 重火離	**31** 택산함 澤山咸	**32** 뇌풍항 雷風恒
33 천산돈 天山遯	**34** 뇌천대장 雷天大壯	**35** 화지진 火地晉	**36** 지화명이 地火明夷	**37** 풍화가인 風火家人	**38** 화택규 火澤睽	**39** 수산건 水山蹇	**40** 뇌수해 雷水解
41 산택손 山澤損	**42** 풍뢰익 風雷益	**43** 택천쾌 澤天夬	**44** 천풍구 天風姤	**45** 택지췌 澤地萃	**46** 지풍승 地風升	**47** 택수곤 澤水困	**48** 수풍정 水風井
49 택화혁 澤火革	**50** 화풍정 火風鼎	**51** 중뢰진 重雷震	**52** 중산간 重山艮	**53** 풍산점 風山漸	**54** 뇌택귀매 雷澤歸妹	**55** 뇌화풍 雷火豐	**56** 화산려 火山旅
57 중풍손 重風巽	**58** 중택태 重澤兌	**59** 풍수환 風水渙	**60** 수택절 水澤節	**61** 풍택중부 風澤中孚	**62** 뇌산소과 雷山小過	**63** 수화기제 水火旣濟	**64** 화수미제 火水未濟

저는 수년간 정통명리를 배우기 위해 인터넷카페와 서울 등 여러 지역에서 유명선생의 강의, 서적 등을 수없이 접해 보았지만 공부방법과 이론이 다 다르고 이해가 되지 않아 많은 시간을 허비하며 고민하던 중 우연히 인터넷을 통해 나이스님을 알게 되었습니다. 그리고 사주명리학의 난해한 부분을 초보자도 알기 쉽게 체계적으로 설명하신 것에 만족을 느끼고 있습니다. 나이스 선생께서 이번에 출간하시는 교재 『나이스 사주명리』는 명리공부를 하고 싶어도 훌륭한 선생을 만나지 못해 헤매는 많은 독자에게 기쁨과 희망이 되리라 생각합니다. _해벽

어두운 산길을 헤매이다가 저 멀리에서 비치는 등불 하나를 보면 어떤 생각이 들까요? 지금 머릿속에 떠오르는 그 느낌…… 명리가 여러분의 안식처이며 이 책이 여러분의 등불입니다. 나이스 선생님의 공덕에 감사할 따름입니다. _가을연못

마음으로 전하는 길을 잃은 그대에게…… 후학을 위해 책을 내신다니 샘의 따뜻한 마음을 느낍니다. _새싹사랑

샘의 차분한 이미지와 길 잃은 학습자에게 등불이 되어 주시는 부분이 책 이름과 너무 잘 맞습니다. 베스트셀러가 되기를 빌며 샘의 부지런함을 배우고 싶습니다. _불성화

저도 명리학에 관심을 가진 지 오래되었고 개인교습도 받아 보았으며 학원도 찾아가 보았지만 바쁜 생활 속에서 시간을 짜내어 공부를 한다는 것이 그

리 쉽지만은 않은 듯합니다. 무엇보다도 나는 어떤 모습으로 태어났나? 하는 궁금증과 호기심에 명리를 접하게 되었고 우연히 인터넷카페를 통해 나이스님을 알게 되었습니다. 교육자 생활을 하셔서 그런지 섬세하고 알기 쉽게 설명하셔서 우매한 저도 알아들을 수 있었습니다. 살다 보면 많은 일들이 발생합니다. 안개 속을 걷는 것처럼 앞이 보이지 않거나 지혜가 필요할 때 이 공부를 통해서 지혜를 얻고 인생의 나침반 역할을 할 수 있는 공부이었으면 하는 바람입니다.   _자운영

"명리도 학문이다."라는 말이 선뜻 생각나네요. 독학으로는 한계가 있고…… 명리 학원에도 많이 다녔지요. 끝이 없는 것이 공부인가요? 다시금 나이스 사주명리에서 열공하는 사람입니다. 초보자님들께서 여기 와서 눈을 확 뜨신 것 같습니다. 카페의 이름으로 책을 만든다니 너무 좋네요. 멋진 책으로 태어나길 두 손 모아 박수를 칩니다. 나이스샘!! 화이팅!!이라고…… 짝짝짝짝짝짝짝짝   _단골샘

귀동냥으로 들은 것이 명리의 전부로 알았던 왕초보이나, 인연의 때를 따라 동영상과 교재를 통해 스승님의 체계적인 가르침을 받고 보니 우매했던 나 자신, 남모르게 부끄러웠습니다. 보여지는 것과 드러나지 않는 것, 각자의 사주와 음양오행에 있음을 깨달았고, 덤으로 저의 인성님은 스승님의 가르침을 따라 기지개를 켜고 제 삶에 지향할 바를 알려주는 보배가 되었습니다. 제 인성의 나침반이 되어 주시고 청출어람이 되라 하신 스승님 응원, 마음 깊이 새기며 존경합니다. 감사합니다.   _하늘의 별

추천사

상업적 수단이 아닌 순수한 우리 연구의 집대성 작품이라 이름부터가 참 신선해요. 자신의 운명은 자신이 잘 알고 헤쳐나가는 것이 만물의 영장인 인간만이 누릴 수 있는 특권이니까 자신의 판단과 해결이 필요하리라 생각됩니다. 모쪼록 수고 많으십니다. 사이드에서 힘껏 도와드리겠습니다!!　_한라산

나이스님의 행보에 진심으로 깊은 감탄과 감사를 드립니다. 하시는 마음 씀으로 뵐 때 고집도 있으시고 '하고 싶은 건 한다' 라는 낭만, 자율을 가지신 것 같습니다. 아무튼 본받고 싶습니다. 『나이스 사주명리』 교재 발간이 순조롭게 잘 성사되어 나이스님의 또 다른 행복 결정체가 되시길 진심으로 바랍니다.　_클레오

틈틈이 명리를 독학으로 공부한 지는 오래되었으나 시중에 나온 수많은 명리서적들의 내용이 서로 달라서 엄청 헤매었던 기억이 납니다. 저는 명리학이란, 자연현상을 철저히 궁구하여 인간세사의 길흉화복을 예측하는 미래예측학이라고 생각합니다. 따라서 어떠한 신공이 개입되어서는 안 된다고 생각합니다. 이곳 나이스 학회에서 운영하는 사이트 및 본 서적은 초학자들이나 저처럼 기본이 결여된 채로 수년 동안 공부한 사람들에게 기본의 틀을 제시해 줄 것으로 생각합니다. 나이스 선생님께 항상 감사드립니다.　_태양과지구

참으로 책 이름이 너무 좋네요! 초보에서 고급까지 체계 있는 내용 '명리학습의 나침반' 『나이스 사주명리』 환영합니다. 참 좋아요! 무슨 어려운 철학서의 이름보다 더 구입하고 싶은 책 이름입니다.　_cbh595거명